Diabolo menthe

3

Méthode de français

W. Landgraaf
M. Bazin

Hachette F.L.E.
58, rue Jean-Bleuzen
92170 Vanves

DIABOLO MENTHE 3

- 1 livre de l'élève *(20 leçons).*
- 1 cahier d'exercices *(300 exercices).*
- 1 guide pédagogique donnant des indications méthodologiques, des conseils d'utilisation pour chaque leçon, les corrigés des exercices et les transcriptions des textes d'écoute et des dictées enregistrés sur cassettes.
- 5 cassettes, dont 1 de chansons.

Chansons

VINCENT : Revaux-Sardou / A.R.T. Music France. C'EST LA VIE : Lavoine-Aboulker / A.V.R.E.P. TOUT L' MONDE PEUT SE TROMPER : Bruel-Presgurvic / Public F. SARBACANE : Cabrel / Chandelle productions. JOUE PAS : Feldman-Moreau / Marilu Music. MON MEC À MOI : Bernheim-Barbelivian / © 1988 by Zone Music 61, Éditions Back to Paris. AMSTRONG : Nougaro-Vander / © 1966 by Agence Musicale Internationale, avec l'aimable autorisation de EMI Music Publishing France SA. C'EST NORMAL : Cardona / Laureen Music. TOMBÉ DU CIEL : Higelin / Aken Editions. NÉ QUELQUE PART : Le Forestier-Sabar / © 1987 by Editions Coïncidences.

Photos

ABC Press Service : 9.2-4/14.3/15.3a/17.4a/29/30.1/32.3/33.2/34.2-3-6-7/35.5-6/39/48.4/49.2-4/63.3/73.1/78.3/84.1/88.3/-98.1-4/101. 1-3/103.4/114.2/119. ANP Foto : 63.4-5-6/69.4. M. BAZIN : 116/117 Benelux Press : 9.1/13.3-5/15.5a/17.1a-2a/19.2/-34.1-8/35.4-7-8-9-10/41.3-4-6/51.2/53.1-2/65.3/73.2/79.5. H. Bronkhorst : 58. Lucien Clergue : 14.1-5. Concorde Film : 99.2. Durand : 98.2-5. Ronald van Engers : 94.1-2-3-4-6/95.1-2-3-6. Explorer : 13.4/19.1/23.3-4/24.1/32.1/45.2/47.2-3-6/48.1-3/49.1-3/78.2/-79.2-4/91/93.2/98.3/99.2-3. O.Garreau : 85.1. Giraudon : 32.2/33.1-3/69.1-2. Vincent Van Gogh/Rijksmuseum, Amsterdam : 57. Gijs Haak : 25.2. Hughes-Gilbey, Upper Farringdon : Denis Hughes-Gilbey : 34.4-5/35.1-3 ; Mancini : 35.4. The Hutchinson Library : 94.5/-95.4-5. Kippa : 122/126. Harm Kuiper : 27.2/55/59.2/60/61/85/96.1/99.1. W. Landgraaf : 14.4/23.1/24.2/30.2-3/31/47.4-5/64.1/-67/79.1/93.1/96/97/103.2-3. Marco Polo : 15.2a-4a/17.3a/84.2-3. National Gallery of Scotland, Edinburgh : 14.2. Rapho : 41.2-5/43/103.1. Roger-Viollet : 62/69.3. A. Ruigrok : 73.3. Sunshine : 121/122/123/125. Maria Vlaar : 35.3. Cor Vos : 63.1-2.

Dessins

Franck Bourgeron : 108/111. François Davot : 7.2/9/11/13/15/17/24/27/32/33/36/37/43/45/53/64/65/75/77/83/85/87/-89/105.2/107/109/113.2-3. Valérie Le Roux : pages d'activités. Eric Van Rootselaar : 7.1/21/25/41/71/81/105.1/113.1. Studio Meini : lettrage.

Cartographie

Theo Pasveer : 11/13/15/23/45/47/67/75/78.

Mise en page

F. Crozat

Couverture

P. Bourbon

ISBN.2.01.016276.5

Introduction

DIABOLO MENTHE 3 s'adresse aux adolescents qui abordent leur troisième niveau de français, langue étrangère. C'est le troisième et dernier volet de l'ensemble pédagogique **DIABOLO MENTHE.**

Ses objectifs grammaticaux et langagiers ont pour but de permettre à l'élève de s'exprimer de façon plus abstraite que dans les niveaux précédents.
L'aspect civilisationnel occupe une place importante : les régions françaises sont visitées selon un itinéraire chronologique complété de panoramas historiques.
La vie française est abordée dans ses aspects politiques, sociaux et culturels.

Le MANUEL se compose de 20 leçons, chacune comprenant une à quatre **pages de dialogues et de textes** complémentaires, auxquelles correspondent une ou deux **pages d'activités.** Celles-ci sont organisées en rubriques autour des points de grammaire et des thèmes sémantiques introduits dans les textes en regard. La rubrique OBSERVE met en évidence un nouveau point de grammaire ou de langue. Elle est parfois remplacée par la rubrique JE ME SOUVIENS qui rappelle un point de grammaire important à approfondir. Les points de GRAMMAIRE sont synthétisés en tableaux et exploités dans des ACTIVITÉS. Le vocabulaire nouveau des leçons n'est pas repris, comme dans les niveaux précédents, dans une rubrique spécifique. Par contre, une nouvelle rubrique COMMENT DIRE POUR... recense, dans certaines leçons, des expressions qui doivent permettre à l'élève d'exprimer certaines notions abstraites.
Des bilans, intitulées **Somme toute,** recouvrent le contenu grammatical et civilisationnel des cinq leçons les précédant et doivent permettre à l'élève de « faire le point ».
Les **Revues pour tous**, toujours sous forme de magazines très vivants, complètent l'approche civilisationnelle des leçons. En fin de volume, l'élève retrouvera un **précis grammatical** qui rassemble les points de grammaire importants abordés dans le manuel, et des **tableaux de conjugaison**, ainsi qu'un **lexique multilingue** reprenant le vocabulaire nouveau des leçons.

DIABOLO MENTHE 3 est un ensemble pédagogique comprenant un **CAHIER D'EXERCICES** qui complète les pages d'activités, des **CASSETTES SONORES** (dont une de chansons) sur lesquelles sont enregistrés tous les textes du livre, ainsi que d'autres textes d'écoute, et un **GUIDE PÉDAGOGIQUE** qui propose à l'enseignant un déroulement des leçons et des suggestions d'activités complémentaires.

DIABOLO MENTHE 3 se referme sur un texte littéraire qui laisse place à l'imaginaire, à l'évasion. C'est un point d'orgue à **DIABOLO MENTHE,** à cet apprentissage du français auquel, nous l'espérons, l'élève aura pris plaisir.
Nous espérons aussi qu'il lui aura donné l'envie d'ouvrir d'autres livres en français et de persister dans l'étude de cette langue.

Contenus

LEÇONS

10	*Avant que - avant de* L'expression du but La comparaison progressive Le subjonctif après les verbes d'opinion et de doute	L'enseignement des langues Exprimer sa pensée Exprimer le doute Exprimer la certitude
11	La tournure emphatique *c'est... qui / que ...* Accord du verbe dans la relative Le conditionnel passé La proposition conditionnelle au plus-que-parfait	Mettre un mot, un groupe de mot, en valeur Téléphoner de la poste Prévoir Les grandes dates de l'Histoire de France depuis la Révolution
12	La voix passive *Lequel, lesquels,* etc. La nominalisation	Les faits divers Raconter un accident
13	Le discours indirect (2) L'impératif au discours indirect Les pronoms démonstratifs Les pronoms démonstratifs + les pronoms relatifs	La santé Appeler un médecin Dire comment on se sent S'informer de la santé de quelqu'un Présentation des régions de l'Est
14	L'ordre et la place des pronoms personnels *Lequel, lesquels* etc. interrogatifs Quelques expressions de temps (2)	Chercher quelque chose Faire une déclaration de perte Les jobs de vacances
15	L'expression de l'opposition Le verbe *craindre*	La vie politique et sociale des Français
16	Les indéfinis (fin) L'expression de la conséquence Le subjonctif dans la relative	Demander des renseignements à l'Office de Tourisme Les loisirs, les distractions, les spectacles
17	Les pronoms possessifs Le discours indirect au passé (3)	Le vélo, la voiture La rencontre Exprimer l'amour
18	Le discours indirect au passé (fin) Le pronom personnel C.O.I. *en*	L'égalité des sexes Donner son avis
19	Le passé récent Le pronom personnel C.O.I. *y* *Vieil, nouvel, bel*	La route Les informations routières et ferroviaires Donner des conseils
20	Lecture d'un texte littéraire	

ACTIVITÉS

JE ME SOUVIENS

C'est la série *que* Jean-Luc regarde...
C'est l'histoire d'un type *qui* a été très malade...

> *Grammaire*
>
> **Les pronoms relatifs**
> - Ils remplacent le nom ou le pronom qui est juste devant eux (qu'on appelle *antécédent*).
> - Ils relient deux phrases.
>
> **QUI** : toujours sujet
> *C'est la fille qui joue du saxo.*
> *J'aime les films qui font rire.*
> **QUE** : toujours C.O.D.
> *C'est une fille que je ne connais pas.*
> *La musique qu'on entend est très belle.*

ACTIVITÉ 1

De mot en mot...

Trouve une définition pour les mots proposés.
Utilise *c'est... qui* ou *c'est... que.*
Exemple : *C'est quelqu'un que le journal ou la télé envoie spécialement dans un pays ou une ville quand il se passe quelque chose. Qui est-ce ?* → un envoyé spécial.

À toi ! PRÉSENTATEUR PROGRAMME FEUILLETON ANIMATEUR ÉPISODE REPORTAGE ÉMISSION ÉCRAN

ACTIVITÉ 2

Le **verbe caché :** un même verbe pour toutes ces phrases ! **Trouve-le** et **conjugue-le** au temps demandé entre parenthèses.

- Je *(présent)* .... du saxophone dans un orchestre et vous ?
- Nous, nous *(présent)* .... au foot dans l'équipe du lycée.
- Pierre et Paul, eux, ils *(futur)* .... une pièce de théâtre au spectacle de fin d'année : c'est *Le Malade imaginaire* de Molière : Pierre *(présent)* .... le malade, et Paul, le serviteur.
- Bon, et maintenant, on va *(infinitif)* .... aux cartes. Nous *(futur)* .... contre vous.
- Pendant que vous *(imparfait)* .... de la guitare, les enfants *(passé composé)* .... avec le chat.

Maintenant, **fais** la liste de toutes les prépositions qu'on peut trouver avec ce verbe :
Combien d'emplois différents de ce verbe as-tu trouvés ? Avec quelles prépositions ?

OBSERVE

Je crois *que* c'est bien. C'est la série *que* Jean-Luc regarde...

> *Grammaire*
>
> **QUE** est :
> - pronom relatif après un nom ou un pronom.
> *C'est le livre que je lis.*
> - conjonction après un verbe.
> *J'espère que tu viendras.*

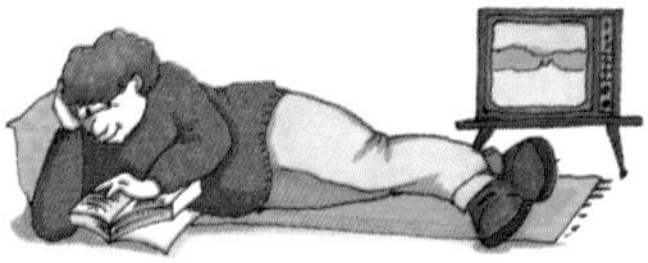

ACTIVITÉ 3

Dans le texte suivant, **dis** si *que* est pronom ou conjonction.
Quand il est pronom, **dis** quel mot il remplace.

Je crois *que* je ne vais pas regarder l'émission *que* tu veux voir. Je sais *que*, en général, je n'aime pas les feuilletons *qu'*on passe à la télé. Et puis, je veux finir le livre *que* j'ai commencé. Pierre, *que* j'ai vu hier, m'a dit *que* la fin de ce roman était extraordinaire et *que* je devais me dépêcher de la lire. Après, je te le prêterai, et toi *que* je ne vois jamais lire, peut-être aimeras-tu ce livre ?

I

Qu'est-ce qu'il y a à la télé ce soir?

RMARCHE
CG
CA

a

Yvonne est la copine de Serge. Ils jouent tous les deux dans un orchestre. Alain Selier y joue du saxophone. Yvonne pense qu'ils doivent répéter ce soir.

Yvonne On répète chez Alain ce soir?

Serge Ah non, ce n'est pas aujourd'hui, c'est jeudi.

Yvonne Tu as raison. Je me rappelle maintenant. Si tu veux, je t'emmène jeudi. Je peux prendre la voiture de Maman.

Serge C'est sympa. Mais qu'est-ce qu'on fait ce soir? Tu viens chez moi?

Yvonne Si tu veux. Qu'est-ce qu'il y a à la télé?

Serge Je ne sais pas. Où est le programme?

Yvonne Voici. Euh... sur FR3, il y a... «Les amours des années folles». C'est une série.

Serge Je crois que c'est bien. C'est la série que Jean-Luc regarde toutes les semaines. C'est l'histoire d'un type qui a été très malade et qui part pour un long voyage.

Yvonne Oh, regarde, il y a *Fort Saganne*. Ça, c'est formidable. C'est un film avec Sophie Marceau.

Serge C'est le film qu'elle a fait avec Gérard Depardieu?

Yvonne Oui. On regarde ça? Ça commence à 20h35. Et il y a une interview avec elle après.

Serge Zut. J'avais oublié. Il y a du foot ce soir sur Antenne 2. Marseille joue contre Monaco.

Yvonne Pas de problème. On enregistre le film sur le magnétoscope et on regarde le match. D'accord?

Serge Oui. D'accord. Vive la vidéo!

ACTIVITÉS

JE ME SOUVIENS

des temps du passé.

Il y *avait* beaucoup de monde quand Pascal *a annoncé* ses projets.

Grammaire

Imparfait	**Passé composé**
Il exprime une durée imprécise dans le passé.	Il marque une action qui est précisée dans le passé.
On l'utilise :	
• pour décrire • pour indiquer une habitude, une répétition • pour présenter l'action en train de se dérouler • pour une action qui a commencé avant une autre au passé composé et qui continue	• pour raconter • pour indiquer une action soudaine • pour indiquer que l'action est terminée • pour une action qui vient interrompre une action à l'imparfait

ACTIVITÉ 4

Mets le texte « Sophie Marceau » au passé.
« Rappelons le début de la carrière de Sophie Marceau. Au moment où est sorti *La Boum,* elle avait 14 ans. Elle... »

Quelles sont les expressions de temps qui indiquent un moment précis dans le texte ? Quel temps as-tu utilisé après ?
Exemple : Un jour... *(passé composé).*

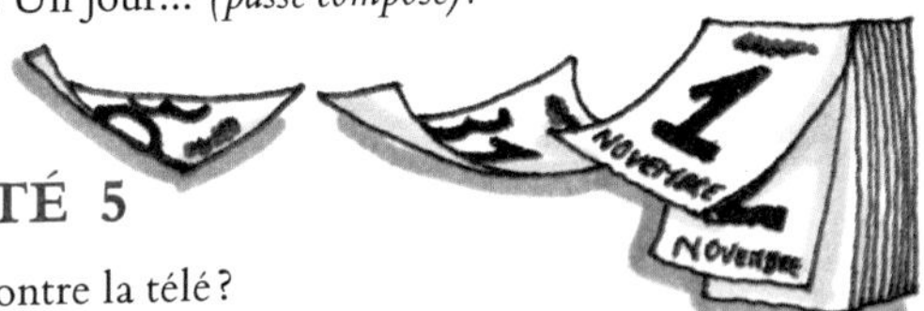
1
NOVEMBRE
NOVEMBRE

ACTIVITÉ 5

Pour ou contre la télé ?

Trouve cinq raisons pour dire que la télé est une bonne chose, et cinq autres pour dire que ce n'est pas une bonne chose ! **Explique** pourquoi.

JE ME SOUVIENS

Germaine s'*est* reposé*e*.
Ces buts ven*us* d'autre part.
Pascal *a* annonc*é* ses projets.

Grammaire

L'accord du participe passé

- **Avec** l'auxiliaire **ÊTRE** : accord avec le sujet.
  Elle est partie.
- **Avec** l'auxiliaire **AVOIR** : accord avec le C.O.D. seulement quand il est devant le verbe.
  Ces livres, elle les a lus mais *Elle a lu ces livres.*
- **Pour les verbes pronominaux** réfléchis et réciproques : accord avec le C.O.D., qui est souvent le pronom réfléchi. C'est comme faire l'accord avec le sujet.
  Ils se sont levés. (= ils ont levés eux-mêmes) *Elles se sont lavées.* (= elles ont lavées elles-mêmes).
- **Sans auxiliaire :** on fait l'accord comme pour un adjectif.
  Une émission proposée par FR3.
- **Attention !** on ne fait jamais l'accord avec **en.**
  Des livres, j'en ai lu beaucoup.

ACTIVITÉ 6

Un journaliste commente un match de foot. Écris l'article pour lui. **Mets** le texte au passé composé et fais l'accord des participes passés.

« Le match de foot Marseille contre Monaco est terrible. Les joueurs se battent comme des lions. Ils donnent un spectacle magnifique. Les spectateurs viennent nombreux pour les voir. L'équipe de Marseille se défend bien, mais elle ne réussit pas à marquer un seul but. C'est l'équipe de Monaco qui gagne par 2 à 0. ''Cette victoire, nous la méritons'', déclare le capitaine. »

MARDI 30 NOVEMBRE

b

14.55 MATT HOUSTON
Série américaine. D'après le roman policier de Michael Carston.

15.35 YOUPI, L'ÉCOLE EST FINIE
jeunes **Pour rire**: Dessin animé: Mangeons vite, on va au cinéma ce soir!

15.50 PORTRAIT
Le reporter, un brave type.

16.05 REPORTAGE
Une nouvelle agence de publicité.

16.30 ROMAN POLICIER
Série, no. 3. Un touriste traverse la rue. Un accident arrive.

16.50 CYCLISME
Tour des Communautés Européennes. Commentaires d'Hervé Duthu. Reportage en direct de l'ancien Tour de l'Avenir. Nous commençons le reportage par le résumé filmé de la dernière étape montagne de la journée.

17.30 MOTO: 52e Bol d'Or
Reportage du circuit du Castelet. Arrivée de la course en direct.

17.55 TENNIS
Championnats internationaux des États-Unis. Finale dames.

Martina Navratilova

18.20 TÉLÉ-FOOT
Coupe d'Europe
Mercredi dernier, quatre clubs français, Monaco, Bordeaux, Saint-Étienne et Nantes, ont joué dans le troisième tour des diverses coupes européennes. Nous suivons un résumé des quatre rencontres.
Ces buts venus d'autre part
Les buts principaux marqués sur les divers terrains européens.
Portrait
Nous découvrons un joueur ou un club qui a bien joué ces derniers jours.

19.15 LES AMOURS DES ANNEES FOLLES
Dixième épisode. Il a fait très beau samedi. Germaine s'est reposée après une longue journée de travail. Il y avait beaucoup de monde au café quand Pascal a annoncé ses projets de voyage. Il y a eu une fête de famille le soir.

20.00 JOURNAL ET MÉTÉO

20.35 FORT SAGANNE
Film français avec Sophie Marceau et Gérard Depardieu, suivi d'une interview avec Sophie Marceau.

Le film raconte les aventures de Charles Saganne, officier au Sahara, pendant la guerre de 1914.

22.15 S.O.S. NATURE
La pollution des mers. Émission proposée par Igor Garrani.

23.30 JOURNAL

23.55 FIN DES ÉMISSIONS

Sophie Marceau

Rappelons le début de la carrière de Sophie Marceau. Au moment où sort *La Boum,* elle a quatorze ans. Elle vit dans la banlieue parisienne. Elle ressemble à toutes les filles de son âge: elle cherche un job pour les vacances pour gagner un peu d'argent. C'est difficile. Elle ne trouve rien. Un jour, elle a un rendez-vous avec le metteur en scène Claude Pinoteau. Grâce à lui, elle obtient son premier rôle. Et puis, ça va vite. Pendant les vacances, on tourne *La Boum*. À la rentrée, Sophie Marceau reprend sa place en troisième. Pour elle, c'étaient des vacances merveilleuses, mais seulement des vacances. Dans le film de ce soir, elle joue avec Gérard Depardieu son premier rôle de femme.

ACTIVITÉS

JE ME SOUVIENS

du futur.
Pascal *passera* 15 jours.

ACTIVITÉ 1

Pascal a écrit à son ami italien Piero pour lui annoncer sa venue prochaine.

Piero lui répond aussitôt...

Complète sa lettre avec les verbes au futur.

Cher Pascal,

Je suis très content de votre arrivée, à ton ami et à toi. Ne t'inquiète pas pour dormir, il y (avoir) *assez de place parce que mon frère et ma sœur* (partir) *en vacances le jour où vous* (arriver)...
Ça tombe bien ! J'(aller) *vous attendre à la gare, ce* (être) *plus pratique. Ma mère a dit qu'elle* (faire) *une énorme pizza en votre honneur. Alors, venez vite !*

Piero

PS : Mon père (vouloir) *encore parler français avec vous. Il* (falloir) *lui faire plaisir et lui dire qu'il parle bien !*

ACTIVITÉ 2

Tu conseilles un ami étranger qui doit prendre le train dans ta ville. Que devra-t-il faire ?
Tu iras à la gare...

Continue, mais explique-lui dans l'ordre et au futur. (aller à la gare ; réserver ; monter dans le train ; lire les informations sur le tableau ; acheter un billet ; s'installer ; vérifier le numéro de la place ; composter le billet ; se rendre au guichet ; mettre les bagages dans le compartiment à bagages).

JE ME SOUVIENS

de l'interrogation avec **quand, où, combien...**

ACTIVITÉ 3

À quelle question a-t-il répondu ?

Question	**Réponse**
• Quand arrives-tu ?	• J'arrive mardi après-midi
•	• Je dois changer à Paris
•	• J'arrive gare Saint-Lazare
•	• Je repars de la gare de Lyon
•	• Nous irons en taxi à la maison
•	• Nous mettrons 20 minutes environ
•	• Le billet coûte 250F
•	• Je dois prévenir Piero
•	• Oui, j'ai réservé ma place
•	• J'ai réservé parce qu'il y a beaucoup de voyageurs en cette saison
•	• Si, mon sac est lourd

OBSERVE

- Il demande comment il trouvera la maison de Xavier.
- Pascal : « Comment est-ce que je ferai pour trouver ta maison ? »

Grammaire

Le discours direct	**Le discours indirect**
C'est quelqu'un qui parle.	On rapporte les paroles de quelqu'un.
Pierre : – *Comment vas-tu ?* Moi : – *Je vais bien.*	*Pierre me demande comment je vais et je lui réponds que je vais bien.*

Ce qui peut changer : les pronoms *(je, tu, me, te...)* ;
les possessifs *(mon, ma, mes, ton, ta, tes...)* ;
certains mots interrogatifs :
est-ce que.

2

J'arriverai mardi prochain

a

Pascal Darbaud, un jeune étudiant qui habite à Caen, passera quinze jours chez un ami, Xavier Duparc. La famille Duparc habite à Villeneuve-lès-Avignon. Pascal téléphone pour annoncer quand il arrivera. Il demande comment il trouvera la maison de Xavier.

Pascal Allô, c'est toi, Xavier? Ici Pascal.
Xavier Oui, c'est moi. Comment vas-tu, Pascal? Quand est-ce que tu arrives ici?
Pascal Je vais bien, merci. Écoute. J'arriverai à Avignon mardi prochain, à 15h38. Ça va?
Xavier Oui, ça va.
Pascal Comment est-ce que je ferai pour trouver ta maison?
Xavier Il n'y a pas de problème. Je t'attendrai à la gare. Nous prendrons un taxi. Tu sais, nous habitons assez loin de la gare.
Pascal Très bien. À mardi alors.
Xavier Oui, à mardi. Je serai très heureux de te voir.

b

Pascal est à la gare pour acheter son billet. Il prend un billet «aller», car Pascal et Xavier finiront peut-être leurs vacances en Italie après le séjour de Pascal à Villeneuve.

Pascal Un aller deuxième pour Avignon, s'il vous plaît.
L'employée Voilà, Monsieur, ça fait 490F.
Pascal C'est direct?
L'employée Non, Monsieur, vous devrez changer à Paris. Vous descendrez à la gare Saint-Lazare. Vous aurez presque une heure pour changer.
Pascal Merci, Madame.

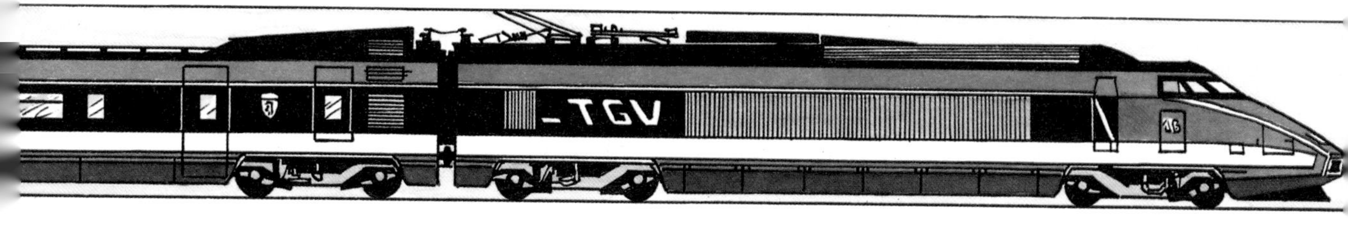
TGV

ACTIVITÉS

ACTIVITÉ 4

Reprends les questions de l'activité 3 que tu as trouvées mais, maintenant, tu les répètes pour la grand-mère de Jean qui n'entend plus très bien.
Il lui demande quand il arrive.
. . . .
Quels changements as-tu dû faire ?

OBSERVE

La petite chambre *où* on a soigné Van Gogh...

> **Grammaire**
>
> **Le pronom relatif OÙ :** pour le lieu (où on est / où on va).

ACTIVITÉ 5

Relie la 2e phrase à la 1re avec le pronom relatif *où*. (Attention à la place de la proposition relative : elle doit toujours suivre l'antécédent).

- Je vais en Provence. Il fait très beau en Provence.
  → *Je vais en Provence où il fait très beau.*
- Je vais à Orange. Je visiterai l'arc de triomphe à Orange.
- À Saint-Rémy, on peut visiter la chambre de Van Gogh. Je suis allé à Saint-Rémy l'année dernière.
- Avignon est très célèbre aussi. Les Papes ont vécu à Avignon pendant le Moyen Âge.
- J'aime bien la Camargue. De nombreux animaux vivent en Camargue.

JE ME SOUVIENS

du pronom **Y.**

> **Grammaire**
>
> **Y :** pour le lieu où on est / où on va, mais il ne relie pas deux phrases !

ACTIVITÉ 6

Dans l'exercice précédent, **transforme** le complément de lieu par *y* :

- *Je vais à Orange. J'y visiterai l'arc de triomphe.*
- . . . .

OBSERVE

*C'est pour cette raison qu'*elle est très touristique.

> **Grammaire**
>
> **L'expression de la cause**
>
> - Pour expliquer, on peut utiliser : **c'est pour cette raison que** (l'explication vient après).
> - Exactement dans le même sens, on a : **c'est pourquoi.**
> - Il existe d'autres moyens :
>
> **parce que** + indicatif — *Je rentre parce que je suis fatigué.*
> **comme** + indicatif — *Comme il fait froid, je ne sors pas.*
> (*Comme* se met toujours en début de phrase.)
> **puisque** + indicatif — *Puisque tu ne m'écoutes pas, je me tais.*
> **grâce à** + nom
> (la cause est positive) — *J'ai réussi grâce à ton aide.*
> **à cause de** + nom
> (la cause est négative) — *Il a perdu à cause de sa bêtise.*
> (la cause est neutre) — *Je dois rentrer à cause de mes parents.*

ACTIVITÉ 7

Complète les phrases suivantes avec une des expressions de la cause :

- Je suis en retard . . . . j'ai raté le bus.
- J'ai raté le bus. . . . . je suis en retard !
- . . . . de la chaleur très forte et de la sécheresse, il y a très souvent des forêts qui brûlent en Provence.
- . . . . je ne voulais pas sortir, je suis resté chez moi et j'ai regardé la télé.
- Les gardians peuvent garder facilement leurs taureaux . . . . leurs rapides chevaux blancs.

Provence-Côte d'Azur

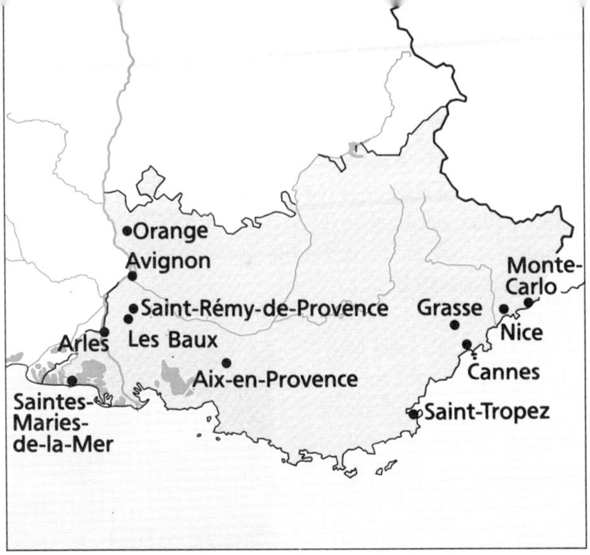

Orange
Avignon
Saint-Rémy-de-Provence
Les Baux
Arles
Aix-en-Provence
Saintes-Maries-de-la-Mer
Grasse
Monte-Carlo
Nice
Cannes
Saint-Tropez

c

La région a un climat privilégié. C'est entre autres pour cette raison qu'elle est très touristique.
L'été, la température moyenne est de 22°. Elle n'est pas souvent inférieure à 18°. (Comparez : Paris 18°, Brest 15°.) L'hiver, les températures sont en général supérieures à 10 degrés. On compte environ 3000 heures de soleil par an. Mais le mistral, un vent du nord-ouest très froid, souffle parfois pendant plusieurs jours.

La Côte d'Azur, c'est depuis plus de cent ans le chic de Cannes et de Nice, la roulette de Monte-Carlo, la mode, le snobisme et le show-biz de Saint-Tropez.

Dans l'arrière-pays, les nombreux touristes admireront les profondes gorges du Verdon, ou ils iront à Grasse, la ville du parfum, ou aux Baux, un des nombreux villages bâtis sur des rochers. Ils auront le choix.

SIX
8
NINE
10
4
5
COME
3-4-9-10-11

Orange

Les Baux

Arles

La Provence possède le plus grand nombre de monuments romains de toute la France. Arles a ses Arènes et Orange son Arc de Triomphe.
À Saint-Rémy-de-Provence, il y a quelques beaux monuments romains, mais aussi la petite chambre où on a soigné Van Gogh pendant sa maladie.

La Provence est en effet le pays des peintres. Cézanne est le peintre d'Aix-en-Provence, Van Gogh a vécu à Arles et Nice est la ville de Matisse et de Chagall. Et puis, la Provence a sa langue qui a produit une littérature très riche.

«la montagne Sainte-Victoire» par Cézanne

La Provence est aussi une terre de tradition. Deux fois par an, les bohémiens viennent faire un pèlerinage à la petite église des Saintes-Maries-de-la-Mer où reposent les restes de Sarah, leur patronne.

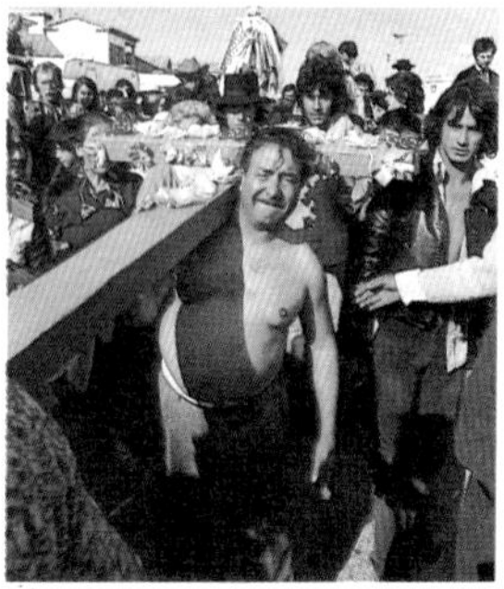

C'était la servante de deux saintes, Marie-Jacobé et Marie-Salomé, qui ont apporté la religion chrétienne en France. Pendant le pèlerinage, on porte à la mer une barque avec les statues de ces deux saintes.

Les Saintes-Maries sont en Camargue, le delta du Rhône. Vous y verrez encore de vrais «gardians» qui, sur leurs chevaux blancs, gardent les petits taureaux noirs. Vous pourrez y voir aussi les flamants roses qui vivent dans une réserve zoologique.

Qui dit Provence, dit Rhône. Et qui dit Rhône, dit Avignon, ville pleine de vie, mais aussi ville du Moyen Âge avec son pont célèbre, ses remparts et son palais des Papes.

3
Qu'est-ce qui t'intéresse?

a

La classe de première du lycée Carnot passe une semaine dans une auberge de jeunesse. Avant une conférence que va leur faire un spécialiste de l'orientation professionnelle, quelques élèves discutent de leurs projets d'avenir et des choses qui les intéressent. Hélas, la discussion finit mal.

Éric Qu'est-ce qui t'intéresse comme métier, Louise?
Qu'est-ce que tu veux faire plus tard?

Louise Je veux devenir infirmière. Et toi, Éric?

Éric Moi, je veux devenir médecin.

Louise Ah, comme ta mère! Et toi, Patrick?

Patrick Moi, je m'intéresse à l'informatique. Je voudrais devenir informaticien. Dis, Valérie, qu'est-ce que tu vas faire?

Valérie Je vais étudier la biologie. Je voudrais essayer de trouver un job dans une organisation écologique. Il faut que nous protégions la nature.

Patrick Tu as raison. On a créé aussi d'autres associations pour la défense de la nature. C'est bien ça.

Valérie Mon oncle est fermier en Bretagne. Toute ma famille est bretonne. Je passe toujours mes vacances à la ferme là-bas. Pour moi, la nature…

Éric Tiens. Moi aussi, je suis breton!

Patrick Je suis tout à fait d'accord, Valérie. La nature, l'environnement, c'est très important. Moi aussi, je passe toujours les vacances à la campagne. Mais la nature comme métier, non.

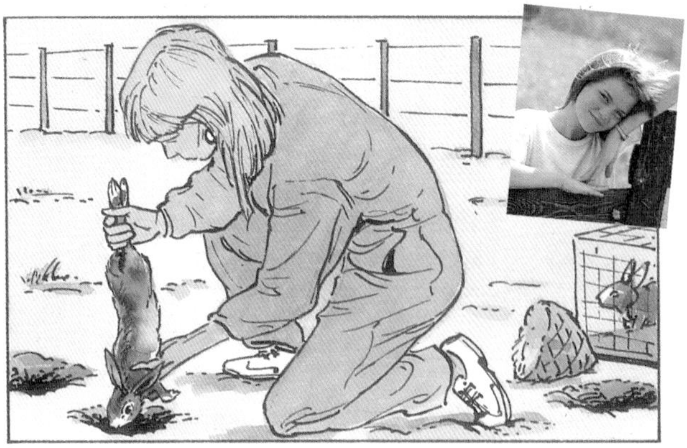

ACTIVITÉS

OBSERVE

Qu'est-ce qui t'intéresse ? *Qu'est-ce que* tu veux faire plus tard ?

Grammaire

On s'interroge.

On veut connaître	le sujet du verbe	le C.O.D. du verbe
c'est une chose	**qu'est-ce qui...**	**qu'est-ce que...**
c'est une personne	**qui est-ce qui...**	**qui est-ce que...**

ACTIVITÉ 1

Qu'est-ce qui ou *qu'est-ce que* ?

- .... tu as visité ? J'ai visité le musée du Louvre.
- .... s'est passé ? Il s'est passé quelque chose de terrible.
- .... tu vas faire ? Je vais aller à la piscine.
- .... t'est arrivé ? Il m'est arrivé une drôle d'histoire.
- .... fait ce bruit ? C'est le vent.
- .... te fait rire ? C'est son histoire.

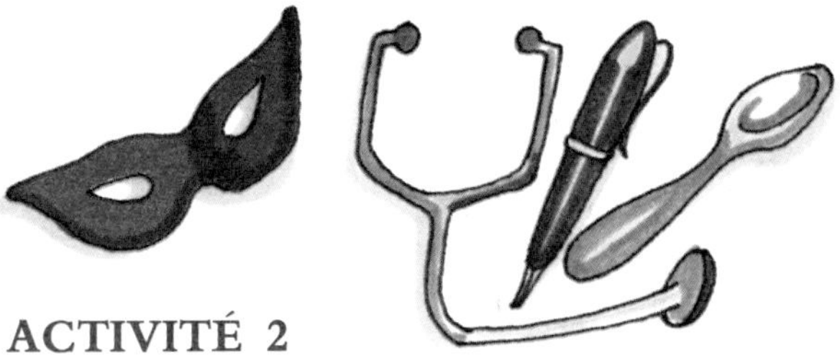

ACTIVITÉ 2

Qui est-ce qui ou *qui est-ce que* ?

- .... tu as vu ? J'ai vu tes parents.
- .... a fait ce dessin ? C'est moi qui l'ai fait.
- .... a appelé ? Personne n'a appelé.
- .... vous avez rencontré ? Nous avons rencontré nos amis.
- .... tu veux inviter ? Je veux inviter Pascal et Xavier.
- .... va venir ? Mes cousines vont venir.

ACTIVITÉ 3

De mot en mot...

Où travaille-t-il ?

comédien •	• atelier
employé •	• usine
instituteur •	• restaurant
épicier •	• bureau
artisan •	• magasin
cuisinier •	• école
ouvrier •	• théâtre
avocat •	• tribunal

JE ME SOUVIENS

du futur proche.

... une conférence que *va* leur *faire* un spécialiste...

Grammaire

Le futur proche : aller + infinitif.

La place du pronom personnel complément :
aller + pronom personnel + infinitif
je vais lui dire *tu vas y aller* *elle veut en boire*

ACTIVITÉ 4

Réponds aux questions en remplaçant le futur par un futur proche et le complément par un pronom personnel.

- Est-ce que tu feras des études supérieures ? *Bien sûr, je vais en faire.*
- Est-ce que vous irez à Paris pour étudier ? *Oui, nous*
- Est-ce que tes parents loueront une chambre ? *Oui, ils...*
- Tu crois que tu aimeras les cours de la Sorbonne ? *Oui, je suis sûr que je...*
- Est-ce que tu feras ton travail avec sérieux ? *Oui, mes amis et moi, nous...*
- Est-ce que les professeurs donneront des conseils aux étudiants ? *Oui, ils...*

Mets ces phrases à la forme négative.

b

Sophie Moi, je veux devenir cadre dans une grande entreprise. Je trouve ça intéressant comme boulot.

Gérard Moi, j'aime mieux voyager. Je vais essayer de trouver un poste dans une organisation internationale. Vivre dans un pays étranger, ça me plaît. J'ai un copain aux Etats-Unis...

Sophie Alors les langues sont importantes pour toi. Tu sais l'allemand, l'anglais, l'espagnol, le russe, l'italien? Tu parles français?

Gérard Ne rigole pas. Je fais de l'anglais. Et avec mon copain américain, je me débrouille. Dis, Didier, qu'est-ce que tu vas faire?

Didier Je veux devenir aviateur. Les avions, ça m'a toujours intéressé.

Annick Hmmm! Intéressant. Moi, je vais étudier le droit. Je veux devenir avocate. Dans la société d'aujourd'hui, c'est un métier important.

Valérie Le droit, ça ne me dit rien. Je ne vois pas à quoi ça sert.

Annick Tu n'as pas besoin de réagir comme ça, Valérie. Qu'est-ce qui t'intéresse, toi? Les petits oiseaux qui volent dans l'air, les fleurs dans les champs, les étoiles dans le ciel du soir? Tricoter une veste pour ton oncle...

Valérie Dis donc, Annick, je...

Gérard Oh là là, ne vous disputez pas. Ça sonne. La conférence commence. Allons-y!

ACTIVITÉS

OBSERVE

Il faut que nous *protégions* la nature.

Grammaire

Le subjonctif présent

- Pour le former, on prend le radical du verbe au présent, à la 3e personne du pluriel, et on ajoute les terminaisons suivantes :

(je)	**-e**
(tu)	**-es**
(il/elle)	**-e**
(nous)	comme à l'imparfait
(vous)	comme à l'imparfait
(ils/elles)	**-ent**

partir : ils partent
→ *que je parte*

- Il y a quelques **subjonctifs irréguliers :**
être, avoir, aller, faire, pouvoir, savoir, valoir, vouloir.

Être	**Avoir**
que je sois	que j'aie
que tu sois	que tu aies
qu'il soit	qu'il ait
que nous soyons	que nous ayons
que vous soyez	que vous ayez
qu'ils soient	qu'ils aient

Aimer : que j'aime ; que nous aimions
Finir : que je finisse ; que nous finissions
Venir : que je vienne ; que nous venions
Aller : que j'aille ; que nous allions
Faire : que je fasse ; que nous fassions
Pouvoir : que je puisse ; que nous puissions
Savoir : que je sache ; que nous sachions
Valoir : que je vaille ; que nous valions
Vouloir : que je veuille ; que nous voulions

- Le subjonctif s'emploie après les verbes qui expriment :
la volonté : *je veux que..., j'interdis que...*, etc. ;
l'obligation : *il faut que...*, etc. ;
les sentiments : *j'aime que..., je suis triste que..., c'est dommage que..., j'ai peur que...*, etc.

ACTIVITÉ 5

Conjugue le verbe entre parenthèses au subjonctif présent.

- Je veux que vous *(aller)* .... chez le coiffeur.
- Il faut que tu *(venir)* .... tout de suite.
- Il désire que nous *(savoir)* .... nos leçons.
- Il faut absolument que vous *(voir)* .... ce film.
- C'est dommage qu'il *(faire)* .... mauvais.
- Je suis désolé que tu *(être)* .... malade.

ACTIVITÉ 6

Indicatif ou subjonctif ? **Choisis :**

	Indicatif	**Subjonctif**
je pense que	tu as raison	tu aies raison
elle dit qu'	il viendra	il vienne
je veux que	tu viens	tu viennes
il faut que	vous partez	vous partiez

ACTIVITÉ 7

Vous **discutez** de quelque chose (voitures, acteurs, sports, mode, chanteurs... et vous n'êtes pas d'accord. **Utilisez** les expressions de la rubrique COMMENT DIRE POUR...

COMMENT DIRE POUR...

dire qu'on aime :
ça me plaît (de + infinitif)
ça m'intéresse (de + infinitif)
(comme + nom)
je trouve ça intéressant
j'aime bien, je préfère
j'aimerais, je voudrais

dire qu'on n'aime pas :
ça ne me plaît pas (du tout)
ça ne me dit rien
je n'aime pas (du tout)
ça ne m'intéresse pas
j'ai horreur (de + infinitif)
(de + nom)
je déteste

dire qu'on est d'accord :
je suis d'accord
j'approuve
tu as raison (de + infinitif)
tu as tout à fait raison
c'est vrai

dire qu'on n'est pas d'accord :
tu as tort (de + infinitif)
tu te trompes
je ne suis pas d'accord
ce n'est pas vrai
c'est faux
je ne suis pas du tout d'accord

À quel métier pensez-vous?

c

À 14 ou 15 ans, travailler, ça veut dire faire ses devoirs, apprendre ses leçons. Travailler pendant l'été, c'est tout autre chose. C'est gagner de l'argent de poche, le premier boulot. Penser à un métier, c'est penser à l'avenir.
Quel va être votre métier? Cela dépend de vos goûts personnels, mais aussi de votre travail à l'école.
En France et à l'étranger, au début de l'année scolaire, beaucoup de professeurs posent à leurs élèves des questions sur leurs projets d'avenir. Voici les résultats d'un mini-sondage (100 filles et garçons interrogés). 23 pour cent de ces jeunes pensent à une profession médicale: ils veulent devenir médecin, vétérinaire, infirmier ou infirmière, etc. On constate toujours certaines différences entre garçons et filles. Les garçons veulent travailler dans l'informatique ou dans l'électronique, être aviateur, etc. Un autre sondage nous apprend que 24 pour cent des filles pensent à l'enseignement, devenu un métier «féminin». 28 pour cent veulent être employées de bureau et 31 pour cent se tournent vers le secteur social.
Un bon métier, c'est un métier qui nous plaît. C'est un métier où on se sent bien. C'est aussi un métier qui offre la possibilité de trouver un poste. C'est difficile maintenant à cause du chômage, le grand malheur de notre temps.
La situation est difficile depuis longtemps dans l'agriculture, la pêche, les mines, le bois, le textile et le cuir. D'autres secteurs, comme le métal, perdent aussi du terrain depuis quelque temps. Il y a des possibilités dans l'alimentation, l'électronique, le bâtiment, etc. Mais tout cela peut changer d'un moment à l'autre.
Qu'est-ce qu'on doit faire pour avoir la possibilité de trouver du travail après l'école? Avoir d'abord une bonne culture générale et faire une spécialisation plus tard. Malgré tout, cela veut donc dire: bien travailler et réussir aux examens.

sciences économiques et sociales
Terminale B

ACTIVITÉS

OBSERVE

Bruno y a déjà mangé le jour *où* il a fêté son bac.

> *Grammaire*
>
> **Le pronom relatif OÙ** sert aussi à indiquer le temps. Il a le même sens que QUAND, mais il suit obligatoirement un nom qui a une idée de temps (année, semaine, heure, minute...).

ACTIVITÉ 1

Choisis parmi ces expressions pour compléter les phrases suivantes :
Le mois où; la semaine où; le jour où; à l'instant où; à la seconde où; l'heure où; l'année où.

- Je l'ai vu .... je pensais à elle.
  Je l'ai vu à l'instant où je pensais à elle.
- .... ma sœur est née, il y a eu une grosse tempête.
- Août, c'est .... la plupart des Français partent en vacances.
- Pendant .... je suis resté à Paris, je me suis bien amusé.
- Il a téléphoné .... j'allais l'appeler.
- J'ai connu Laurence .... je suis venu étudier en France.
- 4 heures, c'est .... les enfants prennent leur goûter en France.

ACTIVITÉ 2

Complète avec *où*, ou *quand*.

- C'est une année .... il n'a pas fait froid.
- .... je l'ai vu, il était bien habillé.
- Tu sais .... il doit arriver?
- Il m'a téléphoné à la minute .... je sortais.
- Dimanche, c'est le jour .... les gens se reposent.
- Tu viens .... tu veux!

OBSERVE

Je veux essayer un plat *dont* on m'a parlé.

> *Grammaire*
>
> **Le pronom relatif DONT**
>
> Il remplace un complément introduit par DE.
> *Parler de quelque chose. → La chose dont on m'a parlé.*

ACTIVITÉ 3

Relie les deux phrases avec le pronom relatif *dont.*

- J'ai besoin de ce livre. Je prends ce livre.
  → *Je prends le livre dont j'ai besoin.*
- Il ne se sert plus de ce stylo. Il me donne ce stylo.
- Nous parlons d'un étudiant. Je ne connais pas cet étudiant.
- Je suis très content de ce vélo. Je viens d'acheter ce vélo.
- J'ai très envie de cette pomme. Je vais manger cette pomme.
- Ils se servent d'une machine. Je n'ai jamais vu cette machine.
- Vous avez besoin de ces renseignements. Je vais vous donner ces renseignements.

OBSERVE

Je vous *laisse choisir.* Il va nous *faire attendre* longtemps...

> *Grammaire*
>
> **Laisser + infinitif :** idée de liberté accordée.
>
> **Faire + infinitif :** idée d'obligation.

ACTIVITÉ 4

Tu invites un ou une ami/e au restaurant. Mais tu n'as que 135 F. Qu'allez-vous choisir? (Bien sûr, comme c'est toi qui invites, tu laisses ton ami/e choisir en premier...)

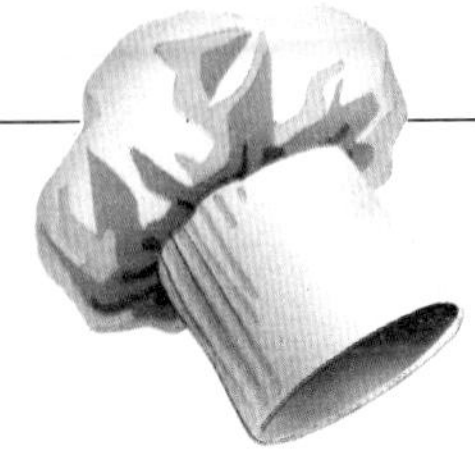

4 Je meurs de faim!

a

Valérie et Bruno arrivent dans un restaurant. Bruno y a déjà mangé le jour où il a fêté son bac. Ils vont s'asseoir à une table près de la fenêtre.

Valérie Ouf! Enfin, on y est. J'ai une de ces faims!
Bruno Moi aussi, je meurs de faim!
Le garçon Bonjour. Désirez-vous prendre un apéritif?
Bruno Non merci, on en a déjà pris un.
Le garçon Bien, voilà la carte, je vous laisse choisir.
Bruno Voyons, qu'est-ce que tu veux? De la viande?
Valérie Non, je n'en mange pas.
Bruno Ah bon, tu es végétarienne?
Valérie Pas du tout. C'est seulement que je n'aime pas ça.
Bruno Du poisson, alors? Il y a de la truite aux amandes à la carte, et au menu aussi.
Valérie Oui, je vais prendre ça. Et toi, qu'est-ce que tu prends?
Bruno Je veux essayer un plat dont on m'a parlé; c'est la spécialité d'ici: une entrecôte sauce à la diable. Mmh! de la bonne viande rouge!
Valérie Cannibale, va! Tu prends une entrée?
Bruno Non. Bon, il y a du poisson et de la viande...
Il faut penser au vin... du rouge ou du blanc?
Valérie Oh, prends le vin dont tu as envie.

b

Bruno Bon. Tiens, tu as vu, il y a des crêpes en dessert! C'est rare, dans un restaurant...
Valérie Oui, mais n'oublie pas que nous sommes en Bretagne!
Bruno Très juste! Tu as le sens de l'observation très développé!
Bon, alors, j'ai faim, moi! Il va nous faire attendre encore longtemps, le garçon? Ah, le voilà.

Le garçon arrive pour prendre la commande.

c

RESTAURANT DU CHATEAU

HORS-D'ŒUVRE
Assiette de charcuterie *35F*
Crudités *15F*
Moules marinière *20F*
Jambon de Paris *15F*
Jambon de pays *25F*
6 escargots *28F*
Terrine de foie gras *60F*
Œuf dur mayonnaise *8F*
Pâté de campagne *16F*
Saucisson sec *16F*

SOUPES
Soupe à l'oignon *16F*
Soupe de poisson *16F*
Soupe de légumes *12F*

POISSONS
Truite aux amandes *35F*
Sole meunière *47F*

VIANDES
Steak tartare *42F*
Entrecôte grillée *40F*
Échine de porc forestière *38F*
Entrecôte à la diable *45F*
Tournedos au poivre vert *55F*
Côtes d'agneau *50F*
Bavette à l'échalote *42F*

LÉGUMES
Frites *15F*
Haricots verts *20F*
Gratin dauphinois *20F*
Pommes vapeur *15F*
Salade verte *15F*
Riz nature *8F*

FROMAGES
Gruyère *10F*
Cantal *15F*
Camembert *10F*
Chèvre *15F*
Roquefort *15F*

DESSERTS
Mousse au chocolat *18F*
Crème caramel *15F*
Tarte aux pommes *15F*
Crêpes confiture/miel *12F*
Glaces et sorbets *12F*
Corbeille de fruits *15F*

Le service est compris

ACTIVITÉS

ACTIVITÉ 5

Qu'est-ce que tu dis :

Le chat veut entrer... Je fais entrer le chat?
Je laisse entrer le chat?

Je ne voulais pas qu'il parte mais... je l'ai fait partir.
je l'ai laissé partir.

Il doit faire des progrès en lecture,
je le fais lire chaque soir.
je le laisse lire chaque soir.

ACTIVITÉ 6

Classe les expressions suivantes du **–** au **+**.

Je mangerai un bœuf. J'ai l'estomac dans les talons.
Je meurs de faim. J'ai faim. Je n'ai pas très faim.
J'ai une faim de loup.

ACTIVITÉ 7

Es-tu *gastronome, gourmand* ou *gourmet*?

Si tu aimes manger, tu es ....
Si tu aimes les bonnes choses, tu es ....
Si tu t'intéresses à la cuisine et aux bonnes choses, tu es ....

JE ME SOUVIENS

EN (C.O.D.) **+ quantité**

On *en* a déjà pris *un*.

ACTIVITÉ 8

Remplace le complément par le pronom personnel *en* (+ quantité).

- J'ai acheté 3 pommes → *J'en ai acheté 3.*
- J'ai bu de l'eau → *J'en ai bu.*
- Je mange trop de gâteaux → *J'en mange trop.*
- Les élèves ont du travail pour ce soir.
- Je n'ai pas de vélo.
- Mes parents ont une voiture.
- Il a deux bons copains.
- Il a vu beaucoup de films.

ACTIVITÉ 9

Deux recettes :

Imagine la recette d'un gâteau 10 fois bon parce que tu y mettras 10 bonnes choses...
Imagine un plat pour quelqu'un que tu n'aimes pas...

OBSERVE

Ils *sont* fiers *que* le roi Arthur et ses chevaliers *aient vécu* leurs aventures...

Grammaire

Le subjonctif passé

auxiliaire ÊTRE / AVOIR au subjonctif présent + participe passé.

Ils sont fiers *que le roi Arthur ait vécu...*
(maintenant) (avant)

ACTIVITÉ 10

Conjugue au subjonctif passé.

- Je suis désolé que tu *(ne pas réussir)* .... ton examen.
  → *Je suis désolé que tu n'aies pas réussi ton examen.*
- Le professeur n'est pas content que les élèves *(ne pas faire)* .... leurs devoirs.
- Je crains que le train *(partir déjà)* .... parce que je suis très en retard.
- Il est dommage que nous *(se lever)* .... si tard!
- Je regrette qu'il *(pleuvoir)* .... le week-end dernier.
- Elle est heureuse que vous *(ne pas oublier)* .... son anniversaire.
- Il est dommage que je *(arriver)* .... juste après la fin du concert!
- Je suis désolé que tu *(être)* .... malade pendant tes dernières vacances.

La Bretagne

d

La Bretagne est la première région française pour la pêche avec 42% de la production nationale. Un pêcheur français sur deux est breton. Voici Le Croisic, un des nombreux ports de pêche.

La Bretagne est aussi une importante région agricole. L'agriculture bretonne nourrit une bonne partie des Français. Elle fournit une bonne part de la production nationale de légumes et aussi la moitié du bétail.

SN 276750
SN 429630

Les Bretons tiennent à leur langue comme à leur liberté. Un quart de la population (surtout dans la Basse-Bretagne) parle le breton, qui est une langue celtique. Les vrais Bretons veulent même qu'elle soit la langue officielle de la région.

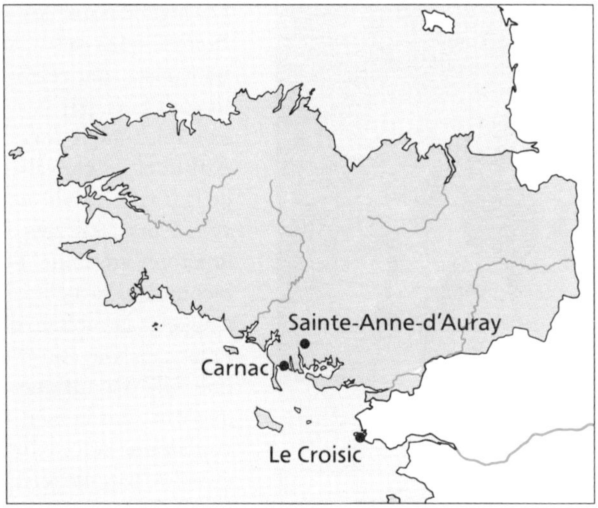
Sainte-Anne-d'Auray
Carnac
Le Croisic

C'est dommage qu'il pleuve un peu trop en Bretagne, surtout dans le nord et l'ouest de la région. Elle tient quand même une place importante comme région touristique. Les côtes magnifiques, très sauvages à certains endroits, attirent les touristes. Il y a de belles plages de sable où l'on peut se baigner dans une mer très propre. Si vous allez en Bretagne, n'oubliez pas de manger des crêpes et de boire un bol de cidre dans une vraie crêperie bretonne.

Dans le sud de la Bretagne, il faut voir, près de Carnac, les dolmens et les menhirs. Ce sont des monuments mystérieux, faits de pierres énormes dont certaines pèsent plus de 350 000 kilos. On ne sait toujours pas pourquoi le peuple qui a habité la Bretagne avant les Gaulois les a dressées.

Les «pardons», grandes fêtes religieuses populaires, forment aussi une attraction touristique. Le plus célèbre est le pardon de Sainte-Anne-d'Auray qui a lieu le 25 et le 26 juillet. C'est une des occasions assez rares de voir les anciens costumes traditionnels. On admirera surtout les belles coiffes blanches des femmes.

Les légendes que les Bretons nous ont transmises sont célèbres. Ils sont fiers, par exemple, que le roi Arthur et ses chevaliers de la Table Ronde aient vécu leurs aventures dans une forêt bretonne. Et on raconte qu'on a choisi d'appeler la capitale de la France en souvenir d'Is, une ville magnifique disparue sous la mer. On voulait que cette ville soit «par-Is», pareille à Is : Paris!

5

Qui est ton petit copain?

a

Brigitte et Gabrielle se rencontrent dans la rue. De quoi parlent-elles? De quel sujet? Bien sûr, elles parlent des garçons et des copines qui font partie de leur groupe.

Brigitte Tu as toujours le même petit copain?
Gabrielle Tu parles de Michel?
Brigitte Oui, le garçon un peu gros avec qui tu sors souvent. Il porte des lunettes.
Gabrielle Non, c'est fini.
Brigitte Il n'est pas sympa?
Gabrielle Si, il est très gentil, mais il est si sérieux!
Brigitte Ah, je comprends. Il était quand même bien. Enfin... dommage.
Gabrielle Oui, bien sûr. Mais j'ai rencontré Rahid depuis.
Brigitte Rahid? C'est le garçon contre qui tu as joué au tennis la semaine dernière?
Gabrielle Oui, c'est lui. Il est grand, sportif, il aime la musique, il est gai, il s'habille bien... il est super.
Brigitte Tu as de la chance. Je suis heureuse pour toi.

b

Gabrielle Tu connais Claudette Albert?
Brigitte Tu parles de la fille brune avec qui Luc est allé à la boum de Mireille?
Gabrielle Oui. C'est ma copine.
Brigitte Elle est gentille?
Gabrielle Oui, très gentille, mais un peu timide.
Brigitte Je la trouve un peu grosse.
Gabrielle C'est vrai, elle n'est pas très mince.

c

On vous présente...

Rahid

Nom de famille	Jabbour
Prénom	Rahid
Nationalité	française
Numéro du passeport	45678
Date de naissance	2 août 1972
Lieu de naissance	Avignon
Patrie	France
Province	Provence
Date d'arrivée à Longueville	10 mai 1990
Adresse actuelle	28, quai du Canal, Longueville
Taille	1 m 82
Épaules	carrées
Poids	73 kilos
Caractère	calme; pas du tout méchant; gai
Profession actuelle	chauffeur de poids-lourd
Profession future	maître d'école, ministre ou président de la République
Loisirs	collectionner de vieux instruments de musique
Plat préféré	truite aux amandes
Fleur préférée	rose
Musique préférée	pop, jazz
Instruments préférés	guitare, clarinette et flûte
Lectures préférées	romans, poésies et magazines
Sports préférés	foot; tennis
Véhicule préféré	camion
Vacances préférées	voyager sans bagages
Vêtements préférés	veste: en cuir pantalon: jean chemise: tee-shirt chaussettes: rouges chaussures: bottes en hiver, espadrilles en été pas de cravate
Qualité principale	type formidable

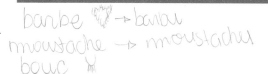

barbe → barbu
moustache → moustachu
bouc

ACTIVITÉS

OBSERVE

Le *garçon* un peu gros *avec qui* tu sors...

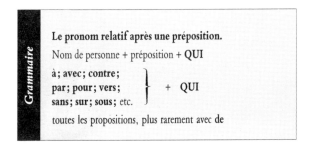

> *Grammaire*
>
> **Le pronom relatif après une préposition.**
>
> Nom de personne + préposition + **QUI**
>
> **à ; avec ; contre ;**
> **par ; pour ; vers ;** } + **QUI**
> **sans ; sur ; sous ;** etc.
>
> toutes les propositions, plus rarement avec **de**

ACTIVITÉ 1

Imagine la suite de ces phrases.

- C'est M. Dupont, pour qui...
- J'aime Pierre, sans qui...
- Arrive le Président, vers qui...
- J'ai rencontré Michel, avec qui...

JE ME SOUVIENS

des **féminins irréguliers :**

le garçon un peu gros	Je la trouve un peu *grosse*
elle est *gentille*	il est gentil
il est sportif	elle est *sportive*
je suis *heureuse*	il est heureux

ACTIVITÉ 2

Quel est le féminin des expressions suivantes ?

un gros garçon → *une grosse fille*
un neveu sérieux →
un oncle gentil →
un homme grand →
un chat blanc →
un copain jaloux →
un homme doux →

OBSERVE

Quand je lui *aurai expliqué* mon problème, il ne pourra pas refuser de m'aider.

> *Grammaire*
>
> **Le futur antérieur**
> Futur de ÊTRE ou AVOIR + participe passé du verbe.
>
> Il indique qu'une action va se passer avant une autre action au futur.
>
> *Quand tu auras fini ton travail, tu pourras sortir.*
> (d'abord) (après)

ACTIVITÉ 3

Mets le verbe entre parenthèses au futur antérieur.

- Quand ils *(courir)* . . . . tous ces kilomètres, ils seront bien fatigués !
- Je vous rendrai vos livres quand vous me *(rendre)* . . . . mes disques.
- Elle préparera un goûter quand nous *(rentrer)* . . . . de la piscine.
- Quand tu *(apprendre)* . . . . le français, tu commenceras une autre langue ?
- Nous allumerons la télé quand les enfants *(s'endormir)* . . . .

ACTIVITÉ 4

Transforme les phrases suivantes comme dans l'exemple pour utiliser le futur antérieur :

- Je dois me reposer ; après, je continuerai.
  → *Je continuerai quand je me serai reposé.*
- Je dois finir mon travail ; après, je sortirai.
- Le professeur doit expliquer la leçon ; après, les étudiants comprendront.
- Vous devez écrire cette lettre ; après, vous la porterez à la poste.
- Ils doivent ranger leur chambre ; après, ils pourront partir.
- Elle doit s'excuser ; après, je lui parlerai de nouveau.

Mireille et mon petit copain

d

Je connais Mireille depuis la maternelle. Nous avons toujours été copines. Nous n'avons jamais eu de problèmes. Mais maintenant, il y en a un. C'est à cause de Nicolas. Nicolas est mon petit copain depuis trois semaines. C'est mon premier petit copain (j'ai 14 ans) et je l'aime beaucoup. Malheureusement, Mireille le déteste. Elle le trouve moche, «bébé», etc. Et c'est faux! Nicolas n'a que 14 ans, mais il fait plus vieux que son âge. Et il n'est pas laid. Il est brun, il a des yeux bleus, il est mince, il est toujours habillé à la mode. Mireille exagère, Nicolas est très bien. Quand nous sortons, Mireille, Nicolas et moi, elle fait la tête. Hier, elle a dit: «Je suis ta copine depuis près de dix ans. À toi de choisir, lui ou moi.»

Je sais pourquoi elle dit cela. Elle est jalouse. Et pourtant je la comprends. Nous sommes amies depuis si longtemps. Je veux qu'elle reste ma copine. Je peux quand même avoir une copine et un petit copain, n'est-ce pas? Et j'ai une idée. Je vais demander à Nicolas s'il a un ami. Quand je lui aurai expliqué mon problème, il ne pourra pas refuser de m'aider. Et on pourra sortir tous les quatre, si c'est le cas...

e

Signalement de Mireille

Taille	1 m 65
Poids	56 kilos
Visage	ovale
Front	haut
Bouche	grande, gourmande
Peau	douce, un peu grasse, pas du tout sèche
Cheveux	roux; va souvent chez le coiffeur
Oreilles	petites
Nez	droit
Yeux	marron; beaux
Cou	long
Dos	droit
Bras	ronds
Mains	une main gauche, une main droite
Doigts	fins
Jambes	longues
Pieds	petits
Caractère	doux
Regard	sombre
Portefeuille	vide
Formation	lycée, faible en langues, forte en maths
Vêtements préférés	collant: noir à fleurs gilet: noir jupe: courte
Qualité principale	fille gentille et aimable

SOMME TOUTE

1 Je n'ai pas oublié l'accord du participe passé

Ce matin, Hélène s'est levé... tard. Aujourd'hui, l'école est fermé... : c'est les vacances. Sa mère lui a demandé... de faire des courses. Mais les fruits qu'elle a rapporté... n'étaient pas beaux. Sa mère en a jeté... beaucoup. Étonné..., elle l'a questionné... « Pourquoi les as-tu acheté...? » Hélène a répondu... qu'ils n'étaient pas chers.

2 Je connais les pronoms relatifs

1. J'attends mon ami ... doit venir à 10 heures.
2. C'est un magasin ... on trouve tout.
3. Voici l'employé ... j'ai demandé des renseignements.
4. J'ai écouté le disque ... tu m'as offert.
5. Je te rends ton stylo ... je n'ai plus besoin.
6. Nous avons rendez-vous dans le bar ... est près de la gare.
7. J'ai été malade l'année ... il a fait si chaud.

3 J'aime le subjonctif

« Il faut que j'*(aller)*... à Aix : Pascal désire que nous *(partir)*... ensemble en Italie. Je suis heureux que, le mois dernier, il m'*(proposer)*... ça. Mais j'ai peur qu'il ne *(faire)*... pas très beau et qu'il y *(avoir)*... des orages. Il faudra que je *(prendre)*... un imperméable : il ne faut pas que je *(être)*... malade!

4 Je n'hésite plus entre l'imparfait et le passé composé

Mets le texte suivant au passé.

Un homme se promène dans la rue quand soudain il aperçoit un portefeuille par terre. Il se baisse et le ramasse. Puis il l'ouvre, parce qu'il cherche le nom ou l'adresse du propriétaire. Mais rien! Il se demande à qui ce portefeuille appartient. Comme il est honnête, il va au commissariat et le donne à l'agent qui se trouve au bureau des objets trouvés.

5 Je m'amuse à transformer au discours indirect

Bernard demande à Marcel :
– Tu connais Martine?
– Oui, elle est sympa. Comment l'as-tu connue?
– C'est une copine de mon copain Alain.
– Est-ce que je le connais?
– Peut-être. Où on va ce soir?
– Il y a une fête chez Serge. Tu veux y aller?
– Oui. A quelle heure je passe te chercher?
– Quand tu veux.

6 Les pronoms personnels, oui, je m'en souviens

1. Tu veux du chocolat? Oui, ...
2. Tu as pris tes affaires? Oui, ...
3. Tu as rencontré beaucoup d'amis? Oui, ...
4. Vous avez regardé un match? Oui, ...
5. Tu as acheté 4 croissants pour nous? Oui, ...
6. Tu vas manger aussi un croissant? Bien sûr, ...

7 Je chasse les intrus

magnétoscope	: cassette *ou* projecteur
T.G.V.	: vitesse *ou* avion
avocat	: tribunal *ou* hôpital
volaille	: escargot *ou* canard
regard	: oreille *ou* œil

8 Et en plus, je suis cultivé

• La 1re région pour la pêche c'est :
– la Provence – la Normandie
– l'Île de France – la Bretagne
• Cézanne est :
– un peintre – un sculpteur
– un musicien – un cinéaste
• L'écologie, c'est :
– la protection de la nature – une école de langue
– un pinceau à colle – une maladie

REVUE POUR TOUS

PARCS DE LOISIRS

LA FRANCE GASTRONOMIQUE

Comment dit-on en France?

L'HISTOIRE DE FRANCE

PARCS DE LOISIRS

Nom	**Astérix**	**Eurodisneyland**	**Mirapolis**	**Zygofolis**	**Schtroumpfs**	**Parc du futur**
Ville	Plailly	Marne-la-Vallée	Cergy-Pontoise	Le Crémat (Nice)	Hagondange	Poitiers
Département	Oise	Seine-et-Marne	Val d'Oise	Alpes-maritimes	Moselle	Vienne
Ouverture	avril 1989	1992	mai 1987	juillet 1987	mai 1989	partielle 1987
Superficie	18 ha	150 ha	35 ha	35 ha	17 ha	56 ha
Réserves	130 ha	1550 ha	90 ha		70 ha	2000 ha
Parkings	22 ha	100 ha			18 ha	
Coût	780 000 000 F	10 000 000 000 F	500 000 000 F	250 000 000 F	870 000 000 F	220 000 000 F
Visiteurs par an	2,6 millions	10 millions (prévus)	2,5 millions	1,2 millions	1,8 millions	0,6 millions

Cergy-Pontoise
Plailly
Marne-la-Vallée
Hagondange
Poitiers
Le Crémat

Le Parc du futur est un parc tout à fait différent, une vraie technopole.
Réalisations:
▲ Futuroscope (musée de technologie)
▲ Institut de l'Innovation
▲ Monde des enfants (parc d'attractions classiques et modernes)
▲ Kinémax (salle de cinéma avec écran de 600 m^2, le plus grand d'Europe)
▲ Lycée pilote innovant (école expérimentale où l'on utilise l'informatique, la télématique et la vidéo)

CITE ROMAINE
VILLAGE GREC
VILLAGE GAULOIS
MERCI ET VOUS?
VIA ANTIQUA
DELPHINARIUM

Il est maintenant possible de suivre de nouvelles aventures d'Astérix le Gaulois et de ses amis en venant passer une journée magique au parc d'Astérix.

A 38 KM DE PARIS
DANS L'OISE
ACCÉS DIRECT PAR
AUTOROUTE A1

PARC Astérix®
une journée magique

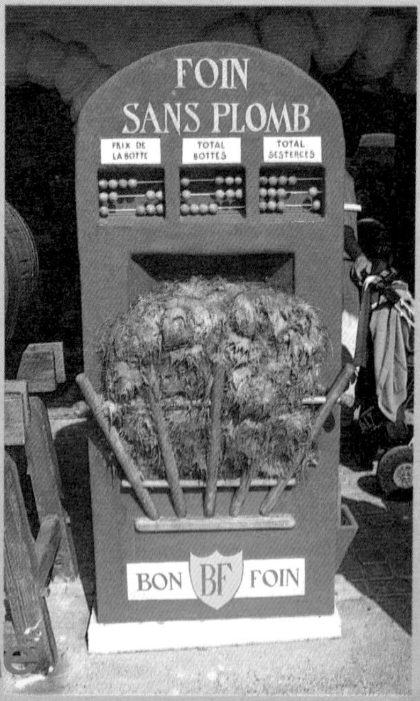
FOIN
SANS PLOMB
PRIX DE LA BOTTE
TOTAL BOTTES
TOTAL SESTERCES
BON BF FOIN

Une fois par jour, en milieu d'après-midi, grande parade dans le parc: Romains, Gaulois, pirates et même Cléopatre défilent gaiement.

Dans le «village gaulois», les visiteurs auront l'occasion de retrouver leurs héros.

Pour ceux qui aiment les sensations fortes: Goudurix, grand huit le plus impressionnant jamais construit: 30 mètres de haut, accélérations à 75 km/h. En tout, sept fois la tête en bas!

Ils découvriront le passé dans la «rue de Paris», reconstitution de l'histoire, du Moyen Âge au 20e siècle.

La balade d'Astérix, une promenade en bateau autour du village gaulois.

L'HISTOIRE D

la Renaissance — le grand siècle — les Bourbons

1500 — 1598 — 1600

UN DE MES ANCÊTRES ÉTAIT GRAND VENEUR À LA COUR DE FRANÇOIS IER. C'ÉTAIT À L'ÉPOQUE DE LA RENAISSANCE. QUAND LE ROI PARTAIT À LA CHASSE, LA COUR S'AMUSAIT À LA TERRASSE CONSTRUITE SUR LE TOIT DU CHÂTEAU DE CHAMBORD AU PAYS DE LA LOIRE, LE «JARDIN DE LA FRANCE».
SON PETIT-FILS ÉTAIT PROTESTANT. GRÂCE À L'ÉDIT DE NANTES (1598), MA FAMILLE A PU PRATIQUER SA RELIGION PENDANT PLUS D'UN SIÈCLE. LE ROI HENRI IV EST DEVENU CATHOLIQUE («PARIS VAUT BIEN UNE MESSE»), MAIS IL EST RESTÉ FAVORABLE AUX PROTESTANTS.
UN AUTRE ANCÊTRE ÉTAIT JARDINIER DE LOUIS XIV. IL RACONTAIT SOUVENT QUE LE ROI LUI AVAIT MONTRÉ COMMENT TAILLER LES ARBRES.

E FRANCE

la Révolution — l'Empire

1700 — 1789 — 1800 — 1804 — 1900

UN DES DESCENDANTS DU JARDINIER SE TROUVAIT PARMI LA FOULE QUI A PRIS LA BASTILLE LE 14 JUILLET 1789. IL SERAIT BIEN ÉTONNÉ, S'IL REVOYAIT LA PLACE MAINTENANT. MAIS IL FAUT DIRE QU'IL A TOUJOURS AIMÉ LA MUSIQUE.
SON FILS A SERVI DANS LA GARDE DE NAPOLÉON IER. IL ÉTAIT PRÉSENT À L'ADIEU DE FONTAINEBLEAU.

LA FRANCE

Far breton

- 250 g farine
- 250 g sucre
- 1 l lait
- 3 g sel
- 4 œufs
- 250 g pruneaux
- 2 cl rhum
- 15 g beurre

Mettre la farine dans une terrine avec le sel; casser les œufs un à un et mélanger soigneusement. Travailler la pâte pour la rendre légère. Ajouter le sucre, puis le lait. Parfumer avec le rhum. Mettre enfin les pruneaux trempés la veille, mais sans jus. Verser la pâte dans un plat beurré. Mettre à four chaud et ralentir la cuisson, le far une fois saisi.

Choucroûte alsacienne

- 1 kg choucroute
- 100 g oignons
- 0,25 l vin blanc
- 150 g saindoux
- 300 g lard fumé
- 250 g saucisse
- 500 g pommes de terre
- 6 tranches de jambon

Faire fondre le saindoux. Y mettre les oignons et la choucroûte. Arroser avec le vin blanc, saler, poivrer et laisser cuire pendant 2h... à petit feu. Mettre à ce moment le lard fumé qui doit ... puis mettre 30 minutes avant de servir la ... terre coupées en quartiers. S... jambon, coupés en...

Grives rôties

- 6 grives
- 125 g lard gras
- 10 à 12 feuilles de vigne
- poivre
- genièvre en grains
- sel

Envelopper chaque oiseau dans 1 ou 2 feuilles de vigne. Introduire dans l'intérieur 1 grain de poivre et 1 grain de genièvre. Saler. Embrocher. Mettre le beurre dans une sauteuse. Y placer les oiseaux, les faire sauter 10 à 12 minutes à feu vif. Ajouter du genièvre, du sel, du poivre. Mouiller avec du vin blanc. Couvrir. Laisser mijoter 25 ...utes à feu modéré. Servir avec leur jus, sur canapé.

Truffes au naturel

Envelopper de belles truffes, nettoyées et séchées, dans deux morceaux de papier alu. Tremper rapidement dans l'eau. Faire cuire au four moyen ou sous la cendre très chaude, pendant 35 minutes. Oter le papier. Servir sous une serviette chaude.

codec
TRIPES À LA MODE DE CAEN
tripes à la mode de Caen
gâteau aux marro
far breton
grenouilles en sauce
coquille St-Jacques à la nantaise
casse-musea poitevin
chouée vendéenne
huîtres des Charentes
entrecôte bordelaise
pâté de foie d'c
jambon de Bayonne
prunea d'Age
poulet basquaise

GASTRONOMIQUE

hochepot picard
grives à l'ardennaise
pot au feu champenois
quiche lorraine
choucroute alsacienne
andouillette de Troyes
fondue franc-comtoise
bœuf bourguignon
coq de Bresse au vin
soupe à l'oignon
tripoux Auvergne
alose savoyarde
truffes au naturel
bouillabaisse provençale
escargots à la mode de Nîmes
salade niçoise
sauce béarnaise

Bouillabaisse provençale

- ▲ 2,5 kg poissons (merlan, vive, congre, lotte, rascasse, grondin, rouget, saint-pierre)
- ▲ 1 l moules
- ▲ pain en tranches
- ▲ persil
- ▲ laurier
- ▲ fenouil
- ▲ 1 kg de crustacés (langoustines, langoustes)
- ▲ 100 g blancs de poireaux
- ▲ 100 g oignons
- ▲ 250 g tomates
- ▲ 30 g ail haché
- ▲ 1 dl huile
- ▲ safran
- ▲ sel
- ▲ poivre

Faire revenir dans une casserole assez grande, à l'huile chaude, les oignons et les blancs de poireaux hachés, les tomates concassées, les gousses d'ail écrasées et hachées. Assaisonner avec: sel, fenouil, épices variées. Ajouter les poissons à chair ferme, préparés en tronçons (congre, vive, lotte), les langoustes et les langoustines. Recouvrir avec la quantité d'eau prévue (1 assiette creuse par personne). Porter à ébullition très vive pendant 7 minutes. Ajouter …oissons à chair tendre. Cuire 8 minutes à grande ébullition. …isonnement. Couper le pain en tranches, les griller et …ans la soupière, verser le bouillon. Servir les … sur un plat.

Bœuf bourguignon

- ▲ *700 g bœuf*
- ▲ *100 g lard salé*
- ▲ *50 g beurre*
- ▲ *bouquet garni*
- ▲ *60 g oignons*
- ▲ *100 g champignons*
- ▲ *30 g farine*
- ▲ *3 dl vin rouge*
- ▲ *3 dl bouillon*

Couper le bœuf en morceaux. Tailler le lard en dés. Faire fondre le beurre, y faire revenir les oignons et les lardons. Les retirer et faire dorer la viande dans la même graisse. Saupoudrer avec la farine, laisser roussir et mouiller avec le bouillon chaud. Ajouter les lardons, les oignons, le vin rouge, sel, poivre, bouquet garni. Cuire doucement 2h30. 30 minutes avant de servir, mettre les champignons épluchés, lavés et coupés en petits morceaux.

Comment dit-on en France?

Combinez les lettres des proverbes avec les numéros des images.

a L'habit ne fait pas le moine.
b Qui se ressemble, s'assemble.
c Mieux vaut tard que jamais.
d Avec des «si», on mettrait Paris en bouteille.
e Qui ne risque rien, n'a rien.
f L'argent n'a pas d'odeur.

1

2

3

CAISSE

4

5

6

solution: 1d, 2f, 3c, 4a, 5e, 6b

6

Tu fais du ski nautique, toi?

a

CONVERSATION SUR LA PLAGE.
REGARDE CLAUDETTE. ELLE VA VITE. TU FAIS AUSSI DU SKI NAUTIQUE, TOI?
NON. J'AIME ÇA, MAIS MALHEUREUSEMENT ÇA COÛTE TROP CHER.
CLAUDETTE N'EST PAS RICHE, TU SAIS.
PEUT-ÊTRE. DE TOUTE FAÇON, ELLE FAIT ÇA BIEN.
HMM. ALORS ELLE A PROBABLEMENT LOUÉ LES SKIS ET LE BATEAU.
VICTOR
REGARDE FRANÇOIS. IL AVANCE TRÈS LENTEMENT.
OUI. MAIS IL A UNE PLANCHE TRÈS LENTE.
TU AS UNE PLANCHE, TOI?
OUI, ELLE EST MEILLEURE QUE LA PLANCHE DE FRANÇOIS.
C'EST CHER, UNE PLANCHE COMME ÇA?
OUI. ÇA COÛTE ASSEZ CHER. MAIS J'AI TRAVAILLÉ LONGTEMPS DANS UNE LIBRAIRIE. COMME ÇA J'AI PU LA PAYER.
ON VA SE BAIGNER. TU VIENS?
HMMM... JE NAGE MAL, TU SAIS.
C'EST PAS GRAVE. TU PEUX RESTER PRÈS DE RAYMOND. C'EST UN BON NAGEUR.
IL NAGE VRAIMENT BIEN, LUI? J'AI PEUR, TU SAIS.
IL NAGE MIEUX QUE MOI, EN TOUT CAS. ET JE NE SUIS QUAND MÊME PAS UNE MAUVAISE NAGEUSE. VIENS! LA MER EST CALME AUJOURD'HUI.
D'ACCORD. JE SERAI PRÊT DANS UN QUART D'HEURE.

ACTIVITÉS

OBSERVE

Elle est *meilleure* que la planche de François.
Il nage *mieux* que moi.

Grammaire

Le comparatif

	infériorité	**égalité**	**supériorité**
adjectif	moins *haut* que...	aussi *grande* que...	plus *beau* que...
adverbe	moins *vite* que...	aussi *bien* que...	plus *loin* *que...*
nom	moins de *temps* que...	autant de *copains* que...	plus de *chance* que...
verbe	*manger* moins que...	*dormir* autant que...	*voyager* plus que...

Comparatifs irréguliers

bon	bien	mauvais
meilleur que	mieux que	pire que

ACTIVITÉ 1

Compare.

- Il est très bon nageur. Pas moi. → *Il est meilleur nageur que moi.*
- Il joue bien au tennis. Pas moi. → *Il joue* . . . .
- Il court vite. Moi aussi. → *Il court* . . . .
- Il aime bien le foot. Pas moi. → *Il aime* . . . .
- Il ne fait pas beaucoup de jogging. Moi, si. → *Il fait* . . . .
- Il a beaucoup d'amis sportifs. Moi aussi. → *Il a* . . . .
- Au judo, il est mauvais. Pas moi. → *Au judo, il est* . . . .

ACTIVITÉ 2

Quel sport préfères-tu ? Pourquoi ? Est-ce que c'est celui que tu pratiques ? Quels sont les avantages de ton sport préféré ? (la natation : muscle la poitrine, pas cher...). Penses-tu que le sport peut être mauvais pour la santé ? Explique.

OBSERVE

Pas *spécialement.*
Malheureusement, ça coûte trop cher.

Grammaire

Formation des adverbes sur l'adjectif.

- Si l'adjectif se termine par une voyelle (e, i, u) :
adjectif masculin + MENT *vrai* → *vraiment.*
- Si l'adjectif se termine par une consonne :
adjectif au féminin + MENT *sûr* → *sûrement.*
- Si l'adjectif se termine par -ENT ou -ANT :
on retire -NT, et on met -MMENT à la place
récent → *récemment* *courant* → *couramment*
(les deux formes se prononcent /aman/).

ACTIVITÉ 3

Complète la phrase avec un adverbe formé sur l'adjectif correspondant.

- Ce conférencier a été très *long.* Il a parlé *longuement.*
- Pierre mène une vie très dangereuse. Il vit . . . .
- Il est très élégant. Il est . . . . habillé.
- Cet enfant est très poli. Il répond toujours . . . .

OBSERVE

Ils ont *tous* envie ; ils sont *toute* une bande ; *tout* cela est sans aucun doute excellent ; ils vont *tout* seuls loin des autres.

Grammaire

Tout peut être :

- **pronom** ou **adjectif indéfini** : il s'accorde alors.
- **adverbe** : il a le sens de « complètement ». Il est normalement invariable, sauf devant un adjectif féminin qui commence par une consonne ou un *h* aspiré.

Un moniteur pas comme les autres

b

Sur la plage de Courseuilles, une journaliste, Yvonne Jabier, interviewe Marc Laforge, un moniteur pas comme les autres.

Bonjour, Marc Laforge. J'écris pour un journal sportif un article sur les sports de plage en France. Est-ce que vous me permettez de vous poser quelques questions?
Bien sûr, allez-y.

Vous êtes moniteur ici, n'est-ce pas?
En ce moment, oui.

Est-ce que vous voulez dire par là que vous ne faites pas toujours ce travail de moniteur?
Bien sûr que non. Ce n'est pas possible. Je suis prof de gym et pendant les vacances, je m'amuse ici. Les touristes aussi d'ailleurs, j'espère. Ce sont surtout des jeunes. C'est donc un public que je connais.

J'ai l'impression qu'ils sont contents. Il y a pas mal de monde sur la plage.
Oh, vous savez, ils ont tous envie de retrouver la forme. Ils sont restés assis trop longtemps pendant l'année scolaire. Et puis, ici, ils peuvent pratiquer des sports qu'on ne fait pas à l'école.

Est-ce que vous vous occupez de tous les sports?
Non, non. Nous sommes une équipe de moniteurs. Moi, je m'occupe de la natation et de la plongée. Il y a des collègues qui dirigent les sports d'équipe comme le volley, le basket, etc. Ce sont des jeux qu'on pratique en général en salle. Ici, ça se fait en plein air. Ils s'amusent, ils sont toute une bande. C'est tout à fait différent.

Vous avez choisi la natation?
Pas spécialement. Nous nous partageons le travail. Ça me plaît beaucoup. Je considère la natation comme le sport de base à la plage. C'est en fait le meilleur des sports. L'eau salée, les mouvements, l'effort, tout cela est sans aucun doute excellent pour les muscles. Le dos devient plus fort, la poitrine plus ferme, et on respire mieux.

Et la plongée, est-ce que tout le monde peut en faire?
Oui. Mais attention, hein. Avant de commencer, il faut passer une visite médicale. On doit être en parfaite santé pour faire de la plongée. C'est un sport fascinant.

La planche à voile ne vous intéresse pas?
Si. Mais c'est un collègue qui fait ça. D'ailleurs, les débutants, c'est presque de mon domaine, car ils passent autant de temps dans l'eau que sur la planche. Non, là, je rigole. La planche est très populaire maintenant. C'est un sport magnifique. Malheureusement, il y a des jeunes qui sont imprudents et qui vont tout seuls loin des autres. Il ne faut jamais faire cela. C'est vraiment dangereux.

C'est vrai aussi pour la voile, n'est-ce pas?
Bien sûr. Il faut faire attention. Surtout quand on fait de la voile en mer. Ce n'est pas sans danger. La voile est, en fait, la mère de la planche à voile. Il y a une très bonne école de voile ici.

Mais c'est bien vous et vos collègues qui vous occupez de la voile, non?
Non, non, c'est l'école de voile. Il y a de plus en plus d'écoles de voile sur toutes les côtes françaises. Pour bien apprendre la voile, le plus sage, c'est de s'inscrire à un stage. C'est un conseil à donner à vos jeunes lecteurs. Ils apprendront à naviguer et rencontreront des tas d'amis. Ainsi, ils pourront joindre l'utile à l'agréable. Ici, ils vont bien employer leurs vacances.

Bon, d'accord. Je vais leur dire ça. Alors, Marc, merci pour cette interview.
Je vous en prie, Yvonne.

ACTIVITÉS

OBSERVE

Garçon ou fille *vendant* ou *échangeant* affiches.

Grammaire

Le participe présent : radical du verbe à la 1re personne pluriel du présent + ANT.

Aimer = (nous aim-ons) participe présent : *aimant.*
Finir = (nous finiss-ons) participe présent : *finissant.*
Croire = (nous croy-ons) participe présent : *croyant.*
Être = participe présent : *étant.*
Avoir = participe présent : *ayant.*
Savoir = participe présent : *sachant.*

- Le participe présent est toujours invariable. Il a le même sens qu'une proposition relative introduite par *qui* : aimant = qui aime.
- Le participe présent peut avoir le même sujet que le verbe conjugué :
  Étant étranger, je comprends mal votre langue.
- Le participe présent peut avoir un sujet et le verbe conjugué un autre.
  Je connais quelqu'un parlant très bien chinois.

ACTIVITÉ 1

Tu vas répondre aux annonces avec les phrases qui suivent. Mais à chaque fois, tu devras changer la phrase avec *Comme* par un participe présent.

Comme je fais moi aussi collection de timbres, je désire correspondre avec toi → *Faisant moi aussi collection de timbres, je désire correspondre avec toi.*

- Comme je parle français, et comme je cherche à venir en France, je pense qu'on pourra s'entendre.
- Comme je commence à bien me débrouiller à la guitare, je fais peut-être l'affaire pour ton duo?
- Comme je voyage souvent à l'étranger, et comme j'ai déjà mon bac, on peut partir sans problèmes ensemble.
- Comme je fais beaucoup de sports, que je lis beaucoup et que je vais souvent au cinéma, je suis la correspondante idéale pour toi!

ACTIVITÉ 2

Tu **choisis** une des annonces de la page 41. Tu y réponds, avec des participes présents; tu te présentes et tu expliques pourquoi l'annonce t'a intéressé(e).

Les lapins

– Il ne reste plus de melon pour toi, dit Mme Lepic ; d'ailleurs, tu es comme moi, tu ne l'aimes pas.
– Ça se trouve bien, se dit Poil de Carotte.
On lui impose ainsi ses goûts et ses dégoûts. En principe, il doit aimer seulement ce qu'aime sa mère. Quand arrive le fromage :
– Je suis sûre, dit Mme Lepic, que Poil de Carotte n'en mangera pas.
Et Poil de Carotte pense :
– Puisqu'elle en est sûre, ce n'est pas la peine d'essayer.
En outre, il sait que ce serait dangereux.
Et n'a-t-il pas le temps de satisfaire ses plus bizarres caprices dans des endroits connus de lui seul? Au dessert, Mme Lepic lui dit :
– Va porter ces tranches de melon à tes lapins.
Poil de Carotte fait la commission au petit pas, en tenant l'assiette bien horizontale afin de ne rien renverser.
À son entrée sous leur toit, les lapins, coiffés en tapageurs, les oreilles sur l'oreille, le nez en l'air, les pattes de devant raides comme s'ils allaient jouer du tambour, s'empressent autour de lui.
– Oh, attendez! dit Poil de Carotte ; un moment, s'il vous plaît, partageons.

J. Renard, *Poil de Carotte.*

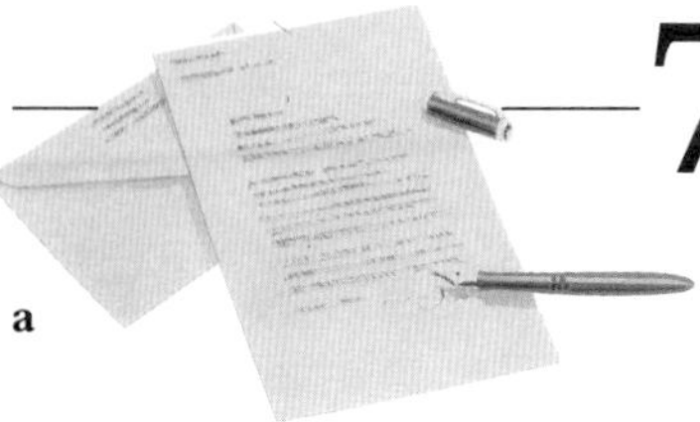

a

7

PETITES ANNONCES

Lycéen de 14 ans cherche correspondance avec garçon ou fille vendant ou échangeant affiches, posters et timbres-poste. Lionel Bosq, 22, rue des Dragons, 05330 Chantemerle.

Désire correspondre avec jeune fille anglaise, parlant français, pour échange vacances. J'ai 15 ans. Véronique Cadain, place de l'Eglise, 93200 Saint-Denis.

Cherche garçon de 18 à 20 ans, jouant très bien de la guitare, habitant la région de Grenoble, pour former duo.
Alain Porte, 8, rue des Platanes, 71000 Mâcon.

Désire rencontrer jeune fille, 18 à 20 ans, finissant ses études cet été, pour organiser ensemble voyage ou séjour à l'étranger. Gabrielle Barruel, 210, rue Ribot, 75005 Paris.

J'ai 18 ans et je désire correspondre avec garçons ou filles âgés de 17 à 19 ans, aimant le ski, la lecture, le cinéma, les bandes dessinées et les réunions entre amis. Envoyer lettres à Claudine Nebel, 23, rue Peltrisot, 83100 Toulon.

ACTIVITÉS

OBSERVE

Ma mère *avait décrété* que la danse était bonne...

Grammaire

Le plus-que-parfait

Auxiliaire ÊTRE / AVOIR } à l'imparfait + participe passé du verbe.

Il indique qu'une action s'est passée avant une autre action au passé composé ou à l'imparfait.

J'ai lu le livre que tu m'avais prêté.

(D'abord tu me prêtes le livre, après je le lis.)

ACTIVITÉ 3

Mets le verbe entre parenthèses au plus-que-parfait.

- J'ai rendu le livre que je *(emprunter)* . . . .
- Il a revu Pierre, l'ami avec qui il *(partir)* . . . . en vacances l'année dernière.
- J'ai retrouvé mon sac. Je croyais que je l' *(perdre)* . . . .
- Nous regardions la télé seulement quand nous *(finir)* . . . . nos devoirs.

OBSERVE

J'aurai 15 ans le mois prochain... Il y a un an, je suis allée à un cours de danse. Au bout d'un mois, mes parents ont accepté...

Grammaire

Les expressions de temps

nom + *dernier* (passé)	*le mois dernier, il a fait froid*
nom + *prochain* (futur)	*l'année prochaine, j'irai en Italie*
pendant + nom (durée)	*il a plu pendant 3 jours*
	je travaille pendant la journée
il y a + nom (passé)	*je l'ai vu il y a une semaine*

depuis + nom (indique le début de la durée)
il attend depuis 1 heure

au bout de + nom (indique la fin de la durée = après)
il a attendu, mais au bout d'une heure, il est parti.

ACTIVITÉ 4

Complète avec *prochain, dernier, il y a, depuis, pendant, au bout de.*

J'apprends le français . . . . 2 ans. Ce n'est pas facile comme langue. . . . . ces 2 années, j'ai travaillé plus ou moins dur, mais j'ai décidé que cette année, et l'année . . . . ne seront pas comme l'année . . . . , parce que je n'ai pas fait assez de progrès ; . . . . un an, j'ai rencontré quelqu'un qui avait fait du français . . . . seulement 15 mois, et qui parlait vraiment très bien. J'espère que moi aussi, ... 4 ans, je saurai me débrouiller dans cette langue si je vais en France un jour !

ACTIVITÉ 5

Imagine des situations où tu pourrais employer des expressions de la rubrique COMMENT DIRE POUR.

COMMENT DIRE POUR...

dire qu'on ne supporte plus :
je n'en peux plus (de + infinitif / + nom)
j'en ai marre (de + infinitif / + nom)
j'en ai assez (de + infinitif / + nom)
ça ne se passera pas comme ça
c'est révoltant
ça me met hors de moi
ça m'énerve
je ne me laisserai pas faire
je ne me laisserai pas marcher sur les pieds
il exagère (infinitif : exagérer)

dire qu'on est en colère :
il est rouge de colère
la moutarde lui monte au nez
il est monté sur ses grands chevaux
il est sorti de ses gonds
il a les nerfs en pelote
il rouspète (infinitif : rouspéter)
il a un caractère de cochon
il a perdu son calme
il a perdu patience

LA LOI : LES NORMES LÉGALES   GAMINE : PETITE FILLE   SE PLAINDRE -
POURTANT : PAR CONSÉQUENT   MIEUX = MEJOR.   AJOUTER : AGREGAR
BIZARRE : ÉTRANGE   TANT PIS = DE MALAS.   SE TAIRE : FAIRE SILENCE.
PARAÎTRE : PARECE   PAREIL = PARECIDO.   SE FICHER : JE M'EN FICHE.
AU BOUT DE : DENTRO DE...   LA PAIX - LA GUERRE.
SE PLAINDRE (LES PLAINTES)

Laissez-moi vivre ma vie

b

Je ne suis plus une gamine enfin! J'aurai 15 ans le mois prochain. Pourtant, chez moi, on me considère encore comme un bébé. Tout le monde veut tout régler pour moi. Je ne suis pas d'accord, moi. Alors, ça cause des problèmes. «Elle est si difficile», disent mes parents. «Absolument terrible», ajoute ma grande sœur. Et que fait mon frère de 17 ans? Il est du côté des autres. Il est vrai qu'il ne peut plus me donner des ordres comme avant. Et Papa? Il trouve que «je vais trop loin». Et il se plaint à ma mère. Il y a un an, je suis allée dans un cours de danse. Pourquoi? Parce que ma mère avait décrété que la danse était bonne pour moi, sur les conseils de ma sœur qui croit que tout lui est permis, parce qu'elle est l'aînée. Comme Maman, elle veut tout décider pour moi.

Si je veux acheter une jupe ou un pull que je trouve super, je dois demander si elles sont d'accord. Si ce n'est pas le cas, c'est le drame. Autrefois, j'acceptais. Maintenant, je refuse. Je ne me tais plus.

c

Pour les sports, c'est pareil. Pour moi, le meilleur sport, c'est le judo. Ça peut paraître bizarre pour une fille, mais j'aime ça. Drame donc à la maison. «Comment? Du judo? Mais ce n'est vraiment pas féminin.» Au bout d'un mois, mes parents ont finalement accepté.

Même histoire pour le choix de mes amis. Mais tant pis s'ils ne les aiment pas.

Hier, c'était pour le cinéma. Moi, je voulais voir un très bon film italien. Mais ma mère et ma sœur avaient choisi le dernier James Bond. Mon père a annoncé: «Ou tu viens voir James Bond avec nous, ou tu restes à la maison. Tu ne vas tout de même pas faire la loi ici, à 14 ans.» Alors j'ai suivi la troupe. Mieux vaut ça que rien du tout.

Et les livres! Qu'est-ce que je dois lire? Des livres sans intérêt. Ils veulent peut-être que je continue à lire les livres de la bibliothèque *Rouge et Or*. Les chanteurs, les vedettes? «Ça n'a pas d'importance», disent-ils. Mais si c'est important pour moi?

Je veux choisir toute seule. Je veux qu'on me laisse vivre enfin, qu'on me fiche la paix.

ACTIVITÉS

OBSERVE

Qu'est-ce qu'il y a à visiter? Au village? *Rien du tout.*
Il n'y a *personne* à cette heure-ci.
On pourrait aller *quelque part...* Je vois *quelqu'un* là-bas.

Grammaire

Les indéfinis (suite)

quelque chose ≠ rien + ne + verbe; ne + verbe + rien
quelqu'un ≠ personne + ne + verbe; ne + verbe + personne
quelque part ≠ (ne + verbe)... nulle part

ACTIVITÉ 1

Reconstitue les phrases à l'aide de ces morceaux.

pour personne.
Personne ne
m'aime.
Il y a
déjà vus
rien n'a rien.
Qui ne risque
On s'est
quelque part.
Je ne suis là
quelqu'un?

ACTIVITÉ 2

Saurais-tu retrouver les titres de ces chansons (avec *quelque part; rien; personne*).

- Brigitte Bardot chantait : « Je n'ai besoin de .... en Harley Davidson ».
- Edith Piaf nous a fait pleurer avec « Non, ... de ...., non, je ne regrette .... ».
- Et Maxime Leforestier nous a fait danser avec « Être né .... ».

ACTIVITÉ 3

Quel est le contraire des phrases suivantes?

- Je n'ai vu personne. → *J'ai vu quelqu'un.*
- Je ne l'ai trouvé nulle part.
- Je veux dire quelque chose.
- Quelqu'un a téléphoné pour toi.
- Je ne vais jamais à la montagne.
- J'ai encore sommeil.
- J'ai acheté un guide du Périgord.

EUROCHEQUES

OBSERVE

Je peux aller à *n'importe quelle* banque.

Grammaire

une chose précise	≠ n'importe quoi
un endroit précis	≠ n'importe où
une personne précise	≠ n'importe qui
une manière précise	≠ n'importe comment
un moment précis	≠ n'importe quand
cette (banque)	≠ n'importe quelle (banque) (n'importe quel, quels, quelles)

ACTIVITÉ 4

Complète avec *n'importe qui, quoi, comment, quand, lequel, où, quel.*

– Où on va aujourd'hui? → *Oh, n'importe où. On part au hasard, on verra bien.*
– Oh là là, les Français conduisent mal! Ils conduisent ....
– Ne dis pas .... s'il te plaît! Les Français conduisent très bien!
– Oh, non, regarde, sur .... route, ils vont très vite, ils doublent ...., même quand il y a une ligne jaune. Et .... Français te dira qu'il conduit très bien! Ah, ça, au volant, ils ne se prennent pas pour ....!
– Bon, allez, ça suffit. Quelle route on prend? La nationale ou la départementale?
– Ça m'est égal. Mais ne roule pas trop vite!

8

Une balade en voiture

a

Brigitte et Pierre passent leurs vacances dans le Périgord. Ils sont dans un camping. Très souvent, ils font des excursions avec la petite 2cv de la mère de Pierre. Elle leur a prêté sa voiture pour les vacances.

Brigitte Il pleut. On pourrait faire une balade en voiture aujourd'hui. Un peu plus loin, il fait peut-être beau.

Pierre Hmmm. Si nous allions faire une promenade au village. Qu'est-ce qu'il y a à visiter?

Brigitte Au village? Rien du tout.

Pierre Alors, nous pourrions en effet nous promener dans les environs. Il y a plein de châteaux. J'aimerais bien en visiter un.

Brigitte Excellente idée. Si on allait à Monbazillac? Ça t'intéresserait?

Pierre Moi, je veux bien. Et après, on pourrait passer par Monpazier et peut-être par Trémolat.

Brigitte C'est un peu loin, non?

Pierre Oui, mais ça ne fait rien. A Trémolat, la vue sur la Dordogne est fantastique, tu sais.

Brigitte Je dois d'abord aller à la banque pour prendre de l'argent.

Pierre Tu as un compte où?

Brigitte Ça n'a pas d'importance. Je peux aller à n'importe quelle banque. J'ai des eurochèques.

Pierre Il est midi. C'est fermé maintenant. Il n'y a personne à cette heure-ci.

Brigitte Alors on ira à 3 heures. Il y a sans doute une banque à Monbazillac.

Pierre C'est sûr. On y va? N'oublie pas ton appareil photo!

b

Pendant leur excursion, Brigitte et Pierre se sont trompés de route. Dans un petit village, ils veulent demander leur chemin. Mais personne n'est là pour les renseigner.

Brigitte Il n'y a personne ici. Ils dorment tous.

Pierre Non, ils mangent. Oh là là, c'est vraiment un petit village ici. On pourrait sonner quelque part.

Brigitte Non, attends, il y a quelqu'un là-bas.

Une dame sort d'une petite maison; Brigitte court pour lui parler.

Brigitte Pardon, Madame, la route de Trémolat s'il vous plaît?

La dame Vous suivez d'abord la N703. Au premier feu, vous tournez à droite. Mais vous pourriez aussi passer par une petite route le long de la Dordogne. C'est plus joli comme paysage.

Brigitte Merci, Madame.

La dame Je vous en prie, Mademoiselle.

c

Pierre J'ai la carte. Tu saurais me dire comment il faut faire?

Brigitte Regarde. Nous pouvons prendre la N703 et ensuite la D30 ou bien suivre la Dordogne. Mais c'est plus long.

Pierre Si nous avions le temps, nous prendrions la petite route, mais il est déjà tard...

Brigitte Oui, je crois que nous ferions mieux de prendre la route nationale.

ACTIVITÉS

OBSERVE

On *pourrait* faire une balade.

Grammaire

Le conditionnel présent

- C'est comme le futur avec les terminaisons de l'imparfait.

ÊTRE	**AVOIR**
je serais	j'aurais
tu serais	tu aurais
il/elle serait	il/elle aurait
nous serions	nous aurions
vous seriez	vous auriez
ils/elles seraient	ils/elles auraient

AIMER : j'aimerais, nous aimerions
FINIR : je finirais, nous finirions
VENIR : je viendrais, nous viendrions
ALLER : j'irais, nous irions

- On l'utilise pour exprimer une possibilité, une hypothèse.
- Il sert aussi pour exprimer la politesse dans une demande.

Je voudrais quelques renseignements.

ACTIVITÉ 5

Dans le texte de la page 45, **retrouve** les verbes qui sont au conditionnel et donne leur infinitif.

OBSERVE

Si nous *avions* le temps, nous *prendrions* la petite route...

Grammaire

Pour **exprimer une hypothèse** possible un jour, ou impossible au moment où on parle, on utilise :

SI + verbe à l'imparfait, verbe au conditionnel présent.
Si nous avions le temps, nous prendrions la petite route.
(mais nous n'avons pas le temps).

ACTIVITÉ 6

Complète les phrases suivantes avec le conditionnel présent.

- Si j'avais du temps, j'*(aller)* . . . . me promener.
- S'ils venaient, ils *(pouvoir)* . . . . mieux comprendre la situation.
- Nous *(être)* . . . . très heureux si vous restiez avec nous.
- Si tu partais un jour, il ne *(falloir)* . . . . pas nous oublier.

Si c'était...

– Si c'était un arbre, ce serait un palmier à cause des poils fauves qui en couvrent le tronc. Si c'était un oiseau, ce serait le corbeau du Pacifique à cause de son cri rauque et aboyant. Si c'était une partie de mon corps, ce serait ma main gauche à cause de la fidélité avec laquelle elle aide ma main droite. Si c'était un poisson, ce serait le brochet chilien à cause de ses dents aiguisées. Si c'était un fruit, ce serait deux noisettes à cause de ses petits yeux bruns.
Qu'est-ce que c'est?
– C'est Tenn, notre bon chien, répondit Robinson. Je l'ai reconnu avec son poil fauve, son aboiement, sa fidélité, ses crocs aiguisés et ses petits yeux noisette.

M. Tournier, *Vendredi ou la vie sauvage,*

ACTIVITÉ 7

« Si c'était... » Comme dans le texte de Michel Tournier, **fais** le portrait d'un animal ou de quelqu'un, ou d'un endroit..., avec des « Si c'était... ».

Le Périgord

Les Eyzies
Sarlat
Trémolat
Monpazier
Beynac-
et-
Cazenac

d

Le Périgord est le pays des châteaux qui, depuis le Moyen Âge, s'élèvent sur ses nombreuses collines et ses rochers. Le château de Beynac-et-Cazenac est situé sur un rocher qui domine la Dordogne. Chaque année, beaucoup de touristes passent leurs vacances dans cette région, qu'ils appellent – à tort – la Dordogne. La Dordogne, c'est le nom du département.

La Dordogne, c'est aussi une longue rivière (à peu près 500 kilomètres) qui prend sa source dans le Massif Central. Elle traverse une région aux magnifiques paysages très variés. La rivière forme beaucoup de boucles. Une des plus belles est la boucle de Trémolat (à droite).

Sarlat

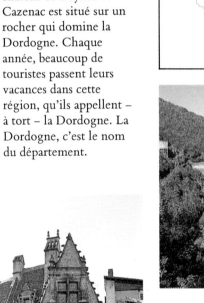

La Dordogne joue son rôle dans l'économie de la France. On a construit sur la rivière des barrages et des lacs artificiels. Maintenant, elle produit une part importante de l'énergie électrique française.

Il y a dans le Périgord de jolies villes comme Sarlat et Monpazier.

Monpazier

Le Périgord est aussi le pays des grottes préhistoriques. Les peintures sur les murs de la grotte de Lascaux sont les premiers documents de l'histoire de France. La mystérieuse «maladie verte» les menace maintenant. C'est pourquoi, en 1963, on a fermé la grotte au public.

C'était dommage!
Alors on en a fait une copie conforme qu'on a appelée Lascaux 2. Il aura fallu 10 ans de travail, mais le résultat est parfait et ne craint aucune maladie.

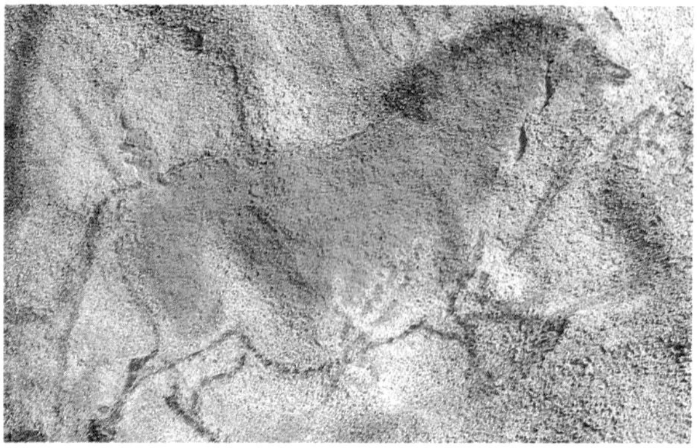

Les abris sous roches qu'on peut visiter aux Eyzies datent de 40 000 ans avant notre ère. Il n'est pas étonnant qu'on appelle ce site «la capitale de la préhistoire».

Le château de Montbazillac, construit vers 1550, n'a pas changé depuis. C'est une belle forteresse féodale au milieu d'un océan de vignes. Car c'est une région où on produit un vin blanc doux qui accompagne la grande spécialité du Périgord: le foie gras, truffé ou non.

Le Périgord est vraiment une très belle région.
De plus, on y mange vraiment très bien.

FOIE GRAS D'OIE TRUFFÉ
PRODUIT DE FRANCE
INGRÉDIENTS : FOIE GRAS D'OIE (95%), TRUFFES (3%)
SEL, POIVRE, CONSERVATEUR E 250
PRÉPARÉ PAR
ROUGIÉ
24200 SARLAT-FRANCE
POIDS NET : 410 g (14.4 OZ)

9
La vie de château

Amboise

a

Les rois et les seigneurs de la Renaissance (16e siècle) ont choisi de s'installer dans la vallée de la Loire, «le jardin de la France», après y avoir fait bâtir de magnifiques châteaux.

Quand vous aurez visité Amboise, qui se reflète dans les eaux du fleuve, il faudra aller à Chambord, le château de François Ier (1494-1547, roi de France de 1515 à 1547). Sa terrasse ressemble à un vrai village, et offre une vue extraordinaire. Le château de Chenonceau est un palais élégant construit sur un pont qui traverse le Cher. Il s'élève au milieu de jardins charmants.

Chambord

Chenonceau

Dans plusieurs châteaux de la Loire, on peut admirer de beaux meubles anciens et d'autres œuvres d'art. On a même parfois retrouvé les meubles qui avaient appartenu aux châteaux où on les a replacés comme autrefois.

Les châteaux d'Amboise et de Blois ont joué un rôle important dans l'histoire de France depuis le Moyen Âge.

Blois

FRANÇOIS Ier
GUERRES
GAGNÉES
PERDUES

b

Les rois de France ont fait beaucoup de guerres. François Ier a remporté une grande victoire à Marignan en 1515. Bien sûr, ils n'ont pas gagné toutes leurs batailles.

ACTIVITÉS

JE ME SOUVIENS

Quand vous *aurez* visité Amboise, il *faudra* aller à Chambord.
On *a retrouvé* les meubles qui *avaient appartenu* au château.

Grammaire

Deux actions ne se passent pas en même temps

	1re action	*2e action*
dans le futur	futur antérieur	futur
dans le présent	passé composé	présent
dans le passé	plus-que-parfait	imparfait ou passé composé

ACTIVITÉ 1

Raconte ce que tu as fait hier. Pour cela, **utilise** les éléments qui sont classés dans ces trois colonnes. **Emploie** l'imparfait, le passé composé et le plus-que-parfait.

- faire beau - avoir rendez-vous - film mauvais	- sortir - aller au cinéma - dîner chez Pierre - regarder film vidéo - se coucher tard	- avoir fini travail - Pierre avoir loué film - sa mère avoir préparé tarte aux pommes

Hier, il faisait beau, et je suis sorti parce que j'avais fini mon travail...

OBSERVE

Les rois... ont choisi de s'installer dans la vallée de la Loire, *après* y avoir fait bâtir de magnifiques châteaux.

Grammaire

après que + sujet + verbe conjugué

après + avoir / être + participe passé du verbe (c'est l'infinitif passé. On l'utilise quand les deux verbes ont le même sujet).

Je sortirai quand j'aurai fini. *Je sortirai après avoir fini.*

OBSERVE

En se *promenant* à Versailles, on peut...

Grammaire

Le gérondif : EN + participe présent.

Il peut remplacer une proposition qui commence avec :
- pendant que / quand :
  j'écoute de la musique en faisant mes devoirs. = (...pendant que je fais mes devoirs)
- si :
  en me levant tôt, je pourrai voir le lever du soleil. = (si je me lève tôt...)
- parce que :
  en répondant à sa lettre, tu lui as fait plaisir. = (...plaisir parce que tu as répondu à sa lettre)

Le gérondif a toujours le même sujet que le verbe conjugué.
Il est invariable.

ACTIVITÉ 2

Remplace la subordonnée par un gérondif :

- Je l'ai rencontré quand je suis sorti du cinéma → *je l'ai rencontré en sortant du cinéma.*
- Si on roule trop vite, on peut provoquer des accidents.
- Je lui ai fait de la peine parce que je ne suis pas venu le voir.
- Je pose toujours des questions au guide pendant que je visite des monuments.

Maintenant, retrouve le sens du gérondif : parce que, si, ou quand ?
Écris la phrase :

- En lisant le journal, j'ai vu une annonce bizarre.
- En se promenant dans Versailles, on pourra se faire une idée de la grandeur de cette époque.
- Tu ne dois pas sortir en étant malade !
- Il a pris froid en sortant sans son manteau.
- Les soldats français ont défendu leur pays en chantant la Marseillaise.

Louis XIV, le Roi-Soleil, a même avoué à la fin de sa vie qu'il avait fait trop de guerres. Ce roi avait déclaré, lorsqu'il était encore très jeune: «L'État, c'est moi.» Il est le symbole du pouvoir absolu.

Il a fait construire le célèbre château de Versailles au 17e siècle. En se promenant dans Versailles, on peut se faire une idée de la grandeur de cette époque.

c

Le 14 juillet 1789, le peuple prend la Bastille, la prison de Paris. C'est le début de la Révolution. 1789 est une date très importante dans l'histoire du monde, car c'est aussi l'année de la Déclaration des Droits de l'Homme.
Peu après 1789, c'est la République. Elle a des ennemis dans beaucoup de pays d'Europe. Bientôt les soldats français défendront leur pays en chantant la «Marseillaise». C'est depuis l'hymne national de la France.

DÉCLARATION
DES DROITS DE L'HOMME
PRÉAMBULE
AUX REPRESENTANS DU PEUPLE FRANCOIS

ACTIVITÉS

OBSERVE

Avant que vous *arriviez*, votre français n'était...
Avant de parler, je me dis...

> **Grammaire**
>
> **Avant que +** subjonctif.
>
> **Avant de +** infinitif : on l'utilise quand les deux verbes ont le même sujet, obligatoirement.
> *Je réfléchis longtemps avant de répondre.*
> (= avant que je réponde)

ACTIVITÉ 1

Choisis *Avant de* + infinitif ou *Avant que* + subjonctif pour les phrases suivantes.

- Avant *(je - partir)*, je dois sortir le chien.
  → *Avant de partir, je dois sortir le chien.*
- Nous allons rentrer avant *(il - pleuvoir)*.
- Ils vont étudier longtemps avant *(ils - devenir interprètes)*.
- Avant *(le match à la télé - commencer)*, je vais me chercher à boire.
- Réfléchissez un peu avant *(vous - dire n'importe quoi)* !

OBSERVE

Dans le but de devenir interprètes.
*Pour qu'*on puisse me prendre pour une Française.
*De peur d'*être ridicule.
De façon à bien préparer l'avenir...

> **Grammaire**
>
> **L'expression du but**

+ *subjonctif*	+ *infinitif*
pour que	pour
afin que	afin de
de façon que	de façon à
de peur que	de peur de
	dans le but de

> Quand les deux verbes ont le même sujet, il faut utiliser les structures avec l'infinitif.

ACTIVITÉ 2

Pour quelle(s) raison(s) font-ils cela ? **Complète** les phrases avec l'infinitif ou le subjonctif.

- L'étudiant utilise un dictionnaire pour . . . .
- Les gens vivent pour . . . .
- Mon père lit le journal dans le but de . . . .
- Elle met un manteau de peur . . . .
- Il parle très fort de façon . . . .
- Nous apprenons le français pour . . . ., dans le but de . . . . et de peur . . . .

OBSERVE

Plus on commencera tôt l'étude d'une langue, *plus* on aura de chances de bien la parler.

> **Grammaire**
>
> Quand on veut **comparer** et donner en même temps l'idée d'une proportion.
>
> **plus . . . ., plus . . . .**
> **moins . . . ., moins . . . .**
> **plus . . . ., moins . . . .**
> **moins . . . ., plus . . . .**
>
> **Attention !** Ne pas oublier les comparatifs irréguliers quand il les faut :
>
> ***Plus** on étudie une langue, **mieux** on la parle.*
> ***Plus** un sportif s'entraîne, **meilleur** il est.*

ACTIVITÉ 3

Utilise *plus . . . ., plus . . . . ; moins . . . ., moins . . . . ; plus . . . ., moins . . . . ; moins . . . ., plus . . . .*. Tout est permis : tu peux respecter la logique de la phrase, ou faire des phrases... bizarres.

- . . . . on vieillit, ... les cheveux deviennent blancs.
- . . . . on mange, ... on devient gros.
- . . . . j'étudie, ... je sais de choses.
- . . . . les vacances approchent, ... les élèves sont contents.
- . . . . j'aide ma mère, ... elle est contente.

BAR L'ÉCLUSE CAVE

IO

Ils veulent devenir interprètes

a

Maria, une jeune Espagnole, Francesca, une jeune Italienne, Samuel, qui est danois, et Henri, qui vient des Pays-Bas, suivent des cours de français à Strasbourg, dans le but de devenir interprètes au Parlement européen. Comme ils ont beaucoup de points communs, ils ont vite sympathisé et sont devenus inséparables. À leur groupe s'est jointe Lucie Lacombe, encore lycéenne, mais passionnée par les langues étrangères.
Avant que les vacances prochaines ne les séparent pendant quelques semaines, ils se réunissent dans un bistrot et discutent...

Lucie Qu'est-ce que vous avez fait comme progrès en français, c'est fou! Il faut dire que, avant que vous arriviez ici, votre français n'était déjà pas mauvais. Mais quand même, bravo!

Maria C'est gentil de nous dire ça. Mais il faut que je travaille ma phonétique, pour qu'on puisse me prendre pour une Française...

Samuel Eh bien, bon courage! Mais tu as raison, il faut s'entraîner. Regarde, moi, par exemple, avant de parler en français je me dis: «Voyons, je mets les mâchoires comme ça, la langue vient se placer là, je mets les lèvres comme ça, tout est bien placé, je peux commencer...» Ça prend du temps, c'est vrai, mais... écoutez le résultat!

ACTIVITÉS

ACTIVITÉ 4

Quel est le verbe mystérieux qu'on retrouve dans chacune des phrases suivantes ?

- Ils .... des cours de français à Strasbourg.
- Il a .... mon conseil.
- Pour aller à la gare, vous .... cette rue et ensuite vous tournez à gauche.
- Là, je ne te comprends plus, c'est vrai, je ne te .... plus !
- Il a .... sa voie, et maintenant, c'est un comédien célèbre.
- La mère dit à ses enfants qu'il ne faut pas .... n'importe qui dans la rue.

Retiens bien les différents emplois possibles de ce verbe.

OBSERVE

Je *ne crois pas que* l'enseignement des langues *soit* très bon.
Il est *possible que* ce *soit* la solution.
Je *ne pense pas qu'*il y *ait* beaucoup de différences.
Je *doute que* ce *soit* très bon.
On *ne trouve pas que* ce *soit* difficile.

Grammaire

L'expression de l'opinion, du doute, de la possibilité.

+ indicatif	*+ subjonctif (*en général)*
je pense que	je ne pense pas que*
je crois que	je ne crois pas que*
je trouve que	je ne trouve pas que*
je suis sûr que	je ne suis pas sûr que
je suis certain que	je ne suis pas certain que
il est sûr que	il est possible que
	il est impossible que
	je doute que

ACTIVITÉ 5

Mets les phrases suivantes à la forme négative.

- Je crois qu'il viendra.
- Je suis sûr que vous avez raison.
- Ils trouvent que c'est un bon film.
- Elle pense que nous pouvons réussir.
- Le professeur est sûr que les élèves ont compris la leçon.

ACTIVITÉ 6

Comment appelle-t-on les élèves

- qui vont à l'école primaire : ....
- qui vont au collège : ....
- qui vont au lycée : ....
- qui vont à l'université : ....

ACTIVITÉ 7

Débats : vous donnez votre avis sur les sujets suivants. Aidez-vous des structures données ci-dessous.

- le permis de conduire à 16 ans
- augmenter les heures de cours
- une troisième langue obligatoire à l'école

COMMENT DIRE POUR...

exprimer qu'on ne sait pas, qu'on n'est pas sûr

je ne sais pas
peut-être
c'est possible
ce n'est pas impossible
peut-être bien
tu crois ?
tu es sûr ?
ça m'étonne
ça m'étonnerait
je suis sceptique
ça se peut
pourquoi pas
je ne suis pas sûr

qu'on est sûr

j'en suis sûr
j'en suis certain
absolument
j'en mettrai ma main au feu
c'est sûr et certain
j'en suis convaincu
sans aucun doute

b

Lucie Mais c'est charmant, un petit accent! Il faut en garder un peu! Et puis, vous parlez tous très bien. Si je pouvais parler l'anglais comme vous le français... Souvent je n'ose pas, de peur d'être ridicule.

Francesca C'est ça le problème! Je ne crois pas que l'enseignement des langues soit très bon. Pourtant, il faudrait que ça change, de façon à bien préparer l'avenir...

Henri Oui, les langues vont être de plus en plus importantes pour le commerce, les relations internationales, le grand marché européen... pour tout, quoi!...

Francesca ... il faudra être polyglotte. Et plus on commencera tôt l'étude d'une langue, plus on aura de chances de bien la parler. Vous avez un secret, en Hollande, pour être si bons en anglais?

Henri Eh bien, l'anglais est déjà enseigné à l'école primaire. Et puis après, dans les petites classes des collèges et des lycées, trois langues sont obligatoires.

Maria Trois langues!

Samuel Alors, c'est l'anglais...

Henri ... le français et l'allemand.

Lucie Vous voyez, il est possible que ce soit la solution idéale. En France aussi, on essaie de faire de l'initiation à l'anglais à l'école primaire, mais ça reste encore très expérimental, hélas!

Henri Et au Danemark...?

Samuel Je ne pense pas qu'il y ait beaucoup de différences, sauf qu'on ne commence pas avant 12 ans.

Lucie Et vous pouvez choisir la langue que vous voulez?

Samuel Non, d'abord, c'est l'anglais, obligatoirement. Ensuite, pour continuer au lycée, on doit prendre une deuxième langue, à 14 ans. On a le choix entre l'allemand et le français. Et au lycée une troisième langue est obligatoire, comme en Hollande.

Maria C'est normal, non? Qui parle le danois ou le hollandais, à part vous? Bon, je plaisante!

Francesca En Italie, c'est totalement différent, mais je doute que ce soit très bon! On n'apprend une langue étrangère que si on va au lycée linguistique. Là, on peut choisir entre l'anglais, le français et l'allemand. Presque tout le monde prend l'anglais d'abord. Mais en deuxième langue, on préfère le français à l'allemand. On ne trouve pas que ce soit une langue difficile...

Maria Oui, c'est comme pour nous, on croit que c'est facile parce que c'est une langue latine...

Samuel En Espagne aussi, les élèves choisissent l'anglais en premier?

Maria En premier... et en dernier! Il n'y a qu'une langue obligatoire pour l'instant. Mais il n'est pas impossible que, bientôt, on doive apprendre deux langues. On commencerait la première à 8 ans, et la deuxième à 12 ans...

Lucie Ah, vous voyez que j'ai raison, il faut commencer le plus tôt possible. En France, la première langue à 12 ans, c'est déjà trop tard... et à 14 ans, une deuxième, ... morte ou vivante! Moi, ce sont les langues vivantes qui vont me tuer...! C'est si difficile!

Henri Et ne te plains pas! Toi, au moins, tu n'as pas à apprendre le français!

SOMME TOUTE

1 Je m'amuse avec les adverbes

facile – sûr – vrai – absolu – différent – heureux – jaloux – ancien – éternel – méchant.

2 Je sais où mettre l'imparfait, et où mettre le conditionnel présent

1. Si je *(pouvoir)*..., je *(aller)*... en France.
2. Il m'*(aider)*... si je lui *(demander)*...
3. Si tu *(partir)*..., je *(être)*... très triste.
4. Si vous *(rire)*... encore, je ne vous le *(pardonner)*... pas.
5. Elles *(se faire)*... mal si elles *(tomber)*...
6. Si nous *(travailler)*... sérieusement, nous *(savoir)*... nos leçons.

3 C'est facile de faire des comparaisons

1. Le train est rapide. La voiture aussi. (=)
2. Les gâteaux de Christine sont très bons. Mes gâteaux sont bons. (+)
3. Je n'ai pas de chance. Tu as de la chance. (–)
4. Pierre a du travail. Paul a du travail. (=)
5. Marie ne court pas vite. Son frère court vite. (–)
6. En français, Philippe est très mauvais. Je suis mauvais. (+)

4 Le gérondif, ce n'est pas difficile

1. J'ai pensé lui faire plaisir *(lui offrir)*... ce livre.
2. Il a rencontré Sylvie *(aller)*... faire des courses.
3. On s'amusera plus *(être)*... nombreux.
4. *(Avoir)*... une voiture, tu seras plus indépendant.
5. Tu m'étonnes *(ne pas savoir)*... où se trouve Paris !

5 Je ne le confonds plus avec le participe présent

1. J'aime les histoires *(finir)*... bien.
2. Il est tombé *(courir)*... dans l'escalier.
3. Il fait des fautes *(parler)*...
4. La nuit *(tomber)*..., il a fallu rentrer.

6 Le subjonctif ou l'indicatif ? Euh...

1. Je pense qu'elles *(être)*... contentes.
2. Je ne suis pas sûr que tu *(avoir)*... raison.
3. Il est possible que vous *(devoir)*... demander l'autorisation pour cela.
4. Je ne pense pas que nous *(pouvoir)*... sortir ce soir.
5. Je ne doute pas qu'il *(être)*... malade.
6. Je crois qu'elles *(aller)*... au cinéma.

7 Et si je réponds non...

1. On voit parfois des choses bizarres dans les rues ?
2. Quelqu'un est passé dans la rue ?
3. Quelqu'un vous a demandé quelque chose ?
4. Est-ce que Pierre portait un manteau et quelque chose de bizarre sur la tête ?
5. Est-ce qu'il était toujours malade ?
6. Est-ce que vous allez quelque part pour le week-end ?

8 Je reconnais les intrus

- Volley-ball – rugby – judo – football
- natation – golf – planche à voile – plongée

9 Je sais former les noms sur les adjectifs

souple riche léger pauvre haut lent

10 Je connais même mon histoire

Lascaux II, c'est :
- une galerie de peintures
- un roi
- une grotte préhistorique
- la copie d'une grotte préhistorique

La Renaissance, c'est :
- au XIVe siècle
- au XVe siècle
- au XVIe siècle

REVUE POUR TOUS
2
LE TOUR DE FRANCE
UN HOLLANDAIS EN FRANCE:
VAN GOGH A ARLES
France, comment va ta santé?
QUE LISENT LES JEUNES FRANÇAIS?

UN HOLLANDAIS EN FRANCE:

Van Gogh à Arles
Vincent van Gogh arrive à Arles le 20 février 1888. Il y reste 444 jours. Il y peint 200 tableaux et fait plus de 100 dessins et aquarelles. Le séjour en Provence, où il a découvert la lumière et le soleil du midi, est considéré comme la période la plus importante de l'œuvre du peintre.

Arles et Van Gogh en 1889
Les Arlésiens n'ont jamais compris qu'un grand peintre vivait dans leur ville. Bien au contraire, des habitants de son quartier ont envoyé une pétition au maire de la ville pour faire interner à l'hôpital ce fou, cet alcoolique qui - quelques mois plus tôt - s'était coupé une partie de l'oreille après un conflit avec son ami, le peintre Gauguin. Le facteur Joseph Roulin et sa femme Augustine, la «Berceuse», sont les seuls qui se soient intéressés au sort de Vincent.

Après de longs séjours à Londres et à Paris, Vincent van Gogh, fils de pasteur, né en 1853, travaille – sans grand succès – pendant quelque temps comme évangeliste dans le Borinage en Belgique.
Il commence à peindre à l'âge de 27 ans. En 1884, il s'installe chez ses parents à Nuenen. Il y peint ses premières œuvres, entre autres les «Mangeurs de pommes de terre».
En 1886, Vincent part pour Paris où il habite deux ans avec son frère Théo.
Il passe les dernières années de sa vie en Provence, d'abord à Arles (1888-1889), ensuite à Saint-Rémy-de-Provence. En mai 1890, il quitte la Provence pour Auvers (Oise) où il met fin à sa vie quelques mois plus tard.

POSTES

VAN GOGH A ARLES

Vincent
VAN GOGH
VAN GOGH
ARLES
1989
Van Gogh
ARLES
VAN GOGH & ARLES
Vincent

Arles et Van Gogh en 1989

La ville a fait restaurer l'Hôtel-Dieu-du-Saint-Esprit où Van Gogh a été soigné et y a créé un centre culturel qui porte le nom d'Espace Van Gogh. C'est dans cet Espace que la ville a organisé en 1988 une exposition «Arles au temps de Van Gogh» et en 1989 une exposition d'œuvres peintes à Arles. Les touristes ont trouvé un peu partout dans la ville les affiches les invitant à visiter l'exposition.

Les commerçants n'ont pas manqué de leur offrir des posters, des têtes de Van Gogh (avec ou sans oreille), des cuillers, des serviettes et des Tee-shirts Van Gogh.

QUE LISENT LES

apnea
BIMESTRIEL N° 21
MAGAZINE PLONGEE ET CHASSE SOUS-MARINE
APNÉE
Les enfants aussi
Méssegué : - 51 m
CHASSE
Biscaye sauvage
PODIUM HIT
MENE LA DANSE
YAZZ
INTERVIEW JEANNE MAS
NE MACHE PAS SES MOTS
POSTERS
MARCEAU MORTEN
KYLIE MINOGUE
MEDEIROS BRUEL
DE SUPER CONCOURS
GAGNEZ DES DISQUES
DES SWEATS
DES BLOUSONS
N° 11 OCTOBRE • 89
PATRICIA KAA
VOUS PARLE
DES FEMMES
POURRIEZ-VOU
DEVENIR
UNE STAR ?
DÉCOUVREZ
LES SECRETS
DE VOS RÊVE
A partir du 24 Septembre, en France,
SEPTEMBRE 89
Graffiti
EN AVANT
BATMAN
PREMIÈRE
KYLIE MINOGUE
joue les touristes
MADE IN FRANCE
ELSA
AUX USA
REPORTAGE EXCLUSIF
10 JOURS À BANGKOK
avec JEAN-JACQUES GOLDMAN
maxi FUN
N°3
15F
LE MEILLEUR JOURNAL
GAGNE
2 POSTERS
SHOP BOYS
JEAN-PIERRE FRANCOIS
BROS
LA TOYA
TOUTES LES PHOTOS
DE LEUR RENCONTRE
LE MARIAGE DE DAVID
BATMAN
MILLI VANILLI
KYLIE
Exclusif: essai du groupe 1
champion de France
Cyclo
NEWS
96 pages
Spécial championnat de France
intimité
HEBDO N° 2178/6 F
ROMAN-PHOTOS
COMPLET
TOP 50
pour le TO

Ils ont vraiment l'embarras du choix, ceux et celles qui veulent tout savoir sur leurs stars, sur leurs tubes, sur la mode, la beauté, les loisirs, la société, les actualités et sur bien d'autres sujets. Et ce ne sont pas les magazines spécialisés qui manquent aux futurs champions de cyclo, de bicross, de planche, de plongée et de chasse sous-marine et à tous les autres sportifs et sportives. Des revues et des magazines, il y en a pour tous les goûts et tous les âges.

JEUNES FRANÇAIS?

Cool
INTERVIEW : C LAMBERT
PARLE DE SA VIE, SA FEMME, SON FILM...
POSTERS:
• C.LAMBERT
• JASON ET KYLIE
• MICKEY ROURKE
ELSA CHOISIT SA MODE
LORENT PAGNY
DIRECT DE ROME !
MARC LAVOINE:
MES AMIS, MES AMOURS, MES ENVIES
SANDRA
L'ESPRIT DE FAMILLE
Planche MAG
SACRÉ DUO
Les Dunkerbeck
SPOTS
Tunisie
St-Domingue
LOOK Retour aux racines
22,00 F
BIKE
magazine
BMX - VTT - FREE
ESSAI BICROSS
MBK MX 240
ESSAI VTT
FREE
4130
LINE
1 mercredi sur 2
6,50f
salut!
8 POSTERS
LES SALUT! DE BRONZE
5F seulement
OK!
DOSSIER
La fidélité en amour
Le premier
film de
Kylie

LE TOUR DE FRANCE

Le Petit Parisien

le 25 juin 1903

MONTGERON - Ce matin, ils étaient soixante-seize devant le restaurant Le Réveil Matin pour prendre le départ d'une nouvelle course cycliste. Selon l'organisateur, Monsieur Henri Desgrange, directeur du journal «L'Auto», elle portera le nom de «Tour de France». Les coureurs devront en effet faire en six étapes le tour du pays. La distance totale à parcourir sera de 2.248 km.

Le Petit Parisien

le 15 juillet 1903

NANTES - Maurice Garin, ramoneur, né à Arviers dans le Val d'Aoste le 23 mars 1871, de nationalité italienne, a remporté aujourd'hui l'épreuve cycliste dite «Tour de France» en arrivant à Nantes avec une avance de 2h 49'45'' sur Charles Pothier. Le dernier classé, Jules Millocheau, est arrivé avec un retard de 64h 24'22''.

Le Tour de l'Amour

le 28 octobre 1909

François Faber, le vainqueur du Tour de France, n'est pas seulement un très grand coureur. Ce colosse de près de 100 kilos, surnommé «le géant de Colombes», a vraiment bon caractère. Il lui arrive souvent d'aider un concurrent malheureux à réparer son vélo et il n'hésite jamais à offrir une partie de sa musette pour nourrir un collègue ayant moins de provisions. Mieux encore: deux fois, dans des étapes pourtant décisives, il est allé chercher à manger dans des auberges et a fait demi-tour pour ravitailler des coureurs mourant de faim. L'extraordinaire, c'est qu'il a tout de même gagné ces étapes. Une de ces deux victoires mérite une mention spéciale: après un bris de chaîne à un kilomètre de l'arrivée à Lyon, il a malgré tout fini et gagné l'étape... en courant. Deux jours avant la fin de ce tour qu'il allait gagner, réparant son vélo au bord de la route, il a aperçu une très jolie spectatrice et, déposant sa casquette à ses pieds, il lui a demandé sa main. Le mariage a eu lieu samedi dernier, 25 octobre, trois mois après.

Tour de France: Mort d'Ottavio Bottechia

le 15 juin 1927

Ottavio Bottechia dont le corps avait été trouvé inanimé sur le bord d'une route de campagne il y a douze jours est décédé aujourd'hui à l'hôpital de Gemona où il avait été transporté. Selon la version officielle, il a été victime d'une chute causée par une forte insolation. Nous apprenons cependant de source sûre que le vainqueur des Tours de France 1924 et 1925 a été assassiné pendant la troisième étape du Tour près du vignoble où il a été trouvé.

Paris soir

16 juillet 1928

PARIS - Depuis cette année on parle plutôt de «tour de Frantz» que de «Tour de France». Après l'édition de 1926 qui entrera sans doute dans l'histoire comme le Tour de France le plus long jamais couru» (17 étapes, 5745 km.), ceux de 1927-28 ont été dominés par le Luxembourgeois Nicolas Frantz. Cette année, il a pris le maillot jaune le premier jour à Caen et l'a gardé jusqu'à la fin des 22 étapes à Paris où il s'est offert le luxe de gagner sur la piste du Parc des Princes.

LE FIGARO

Tour de France - Manifestation à Denain

le 7 juillet 1982
Aujourd'hui, lors de l'étape Orchies-Fontaine, la course a été arrêtée à Denain par des manifestants d'*Usinor* venus pour attirer l'attention du public sur la légitimité de leur revendications.

Tour de France - Pas de poisson d'avril

le 1er avril 1984
Paris - Enfin, la décision attendue depuis longtemps a été prise. À partir de cette année, il y aura non seulement un Tour de France comme toujours, mais également un Tour de France féminin. Notre compatriote Marianne Martin part favorite pour le premier maillot jaune dames. La nouvelle est vraie, malgré la date à laquelle nous la publions.

Jeannie Longo: une grande championne

L'ÉQUIPE

Inoubliable

Le 24 juillet 1989, le Tour de France a connu un dénouement sensationnel et dramatique.
Greg Lemond l'a emporté sur Laurent Fignon avec huit secondes d'avance seulement (le plus faible écart jamais enregistré). Huit secondes! moins de cent mètres! L'arrivée du Tour 89 restera inoubliable, un Tour comme on en vit peut-être que tous les vingt ans, et même!

Laurent Fignon

Quelques grands vainqueurs

MOLTENI

Eddie Merckx
Belgique
1969/70/71/72/74

Bernard Hinault
France
1978/79/81/82/85

RALEIGH

Joop Zoetemelk
Pays-Bas
1980
2e: 1970/71/76/78/79/82

France, comment va ta santé?

Bonne santé
Il y a en France presque 100 stations thermales. Les Français aiment y aller pour faire une cure. On y soigne toutes sortes de maladies.
La France compte 1200 sources d'eau minérale reconnues et autorisées.
Production totale: 3 800 000 000 de litres.
Le Français boit en moyenne 60 litres d'eau minérale par an.
Les frais de cure sont remboursés par la Sécurité sociale. Les curistes doivent payer eux-mêmes les frais de séjour, à l'hôtel, en pension... ou au camping.

SOURCES
CHANTEURS
FELIX
MADELEINE
RAMOND
IRRIGATIONS
PROETZ
DOUCHES
PHARINGEES
ASCENSEUR N°1

Le Mont Dore

POUR VOTRE MAL DE DOS, MONSIEUR, RIEN DE TEL QU'UNE CURE À ROSCOFF.
VOUS VOULEZ MINCIR? ALLEZ DONC EN CURE À VAL THORENS!
OH, LES PROBLÈMES DE CROISSANCE, À VOTRE ÂGE, VOUS SAVEZ...! ALLEZ TOUT DE MÊME À LA BOURBOULE!
EN DERMATOLOGIE, MADEMOISELLE, IL NE FAUT JAMAIS DÉSESPÉRER. NOUS COMMENCERONS DONC PAR UNE CURE À MOLITG-LES-BAINS.
SOYEZ TRANQUILLE, JEUNE HOMME! VOS BRONCHES, ON VA S'EN CHARGER AU MONT DORE. SEULEMENT... FUMEZ MOINS!
F.D. 90

TELECARTE
50 UNITES
POUR TÉLÉPHONER
CHOISISSEZ VOTRE HEURE

II

Dans la cour du Cheval Blanc

a

Depuis quelques semaines, Mélina Hatzi travaille au pair dans une famille française. Elle a une copine française: Pascale Dubordet, étudiante en médecine. Aujourd'hui, les deux jeunes filles visitent le château de Fontainebleau. Comme partout, les visiteurs doivent «suivre le guide».

Le guide Nous sommes dans la cour du Cheval Blanc. On l'appelle aussi la cour des Adieux, car c'est ici que Napoléon Ier a dit adieu à sa vieille garde au moment de son départ pour l'île d'Elbe, le 20 avril 1814. Suivez-moi, Messieurs-Dames, on va entrer dans le château maintenant.

Depuis l'entrée du château, le groupe passe par un couloir assez étroit pour arriver à la salle du Trône.

Le guide Chambre à coucher des rois, de Henri IV à Louis XVI. C'est Napoléon qui a fait de cette chambre la salle du Trône.
Mélina Il n'est pas drôle, le guide.
Pascale Il est pénible. Maman est venue ici la semaine dernière. Elle aurait eu ce guide-là que ça ne m'étonnerait pas.

b

8

Mélina va à la poste de Barbizon pour prendre de l'argent et pour téléphoner. Pascale l'accompagne.

Mélina C'est ici que je peux donner ce postchèque?
L'employé Bien sûr. Vous n'avez qu'à le remplir.
Mélina Je remplis le montant en francs français?
L'employé Oui, oui. Et vous mettez aussi «à Barbizon» et la date.

Mélina remplit le postchèque et le donne.

L'employé Vous avez la carte de garantie et votre passeport?
Mélina Les voici.

L'employé compte les billets et les donne à Mélina.

Mélina Merci, Monsieur. Où est-ce que je peux téléphoner?
L'employé C'est au guichet 5.

ACTIVITÉS

OBSERVE

C'est ici que Napoléon Ier a dit adieu à sa vieille garde.

> **Grammaire**
>
> Pour mettre en valeur un mot ou un groupe de mots dans une phrase, on utilise :
>
> **c'est** + le mot ou le groupe de mots + **que.**

ACTIVITÉ 1

Mets en valeur les groupes de mots soulignés dans les phrases suivantes.
Aujourd'hui, les deux jeunes filles visitent le château de Fontainebleau.
C'est le château de Fontainebleau que les deux jeunes filles visitent aujourd'hui.

- Nous sommes dans la cour du Cheval Blanc.
- Le groupe passe par un couloir assez étroit.
- Melina va à la poste pour prendre de l'argent.
- Elle parle quelques minutes avec sa mère.

OBSERVE

C'est Napoléon *qui a fait* de cette chambre la salle du Trône.

> **Grammaire**
>
> Attention à l'accord du verbe avec **le pronom relatif QUI.** C'est comme si on faisait l'accord du verbe avec le nom ou le pronom (l'antécédent) devant **QUI.**

ACTIVITÉ 2

Fais l'accord du verbe entre parenthèses (au présent).

- C'est nous qui *(être)* .... les premiers.
- Toi qui *(savoir)* .... toujours tout, tu peux peut-être nous renseigner...
- On peut jouer avec Pierre et son frère, qui *(faire)* .... du foot depuis longtemps.
- Moi qui *(avoir)* .... du temps, je peux vous accompagner sans problèmes.

OBSERVE

Elle *aurait eu* ce guide-là que ça m'étonnerait pas.
Si j'avais eu de la monnaie, je l'*aurais fait.*

> **Grammaire**
>
> **Le conditionnel passé**
>
> conditionnel présent de { ÊTRE / AVOIR } + participe passé du verbe.
>
> Il exprime une possibilité dans le passé, ou une condition qui ne s'est pas réalisée, et qui ne pourra plus se réaliser.
>
> **Si + plus-que-parfait, conditionnel passé**
>
> *Si tu avais vu ce match, tu aurais été très surpris.*
> (mais tu ne l'as pas vu, et tu ne peux plus le voir).

ACTIVITÉ 3

Mets le verbe entre parenthèses au conditionnel passé.

- Si tu avais vu la tête de Pierre, tu *(bien rire)* .... !
- Si j'étais resté jusqu'à la fin, je *(comprendre)* .... le film.
- Si vous ne vous étiez pas endormis, vous *(entendre)* .... un beau concert.
- S'ils avaient voulu, ils *(venir)* .... avec nous.
- Si elles avaient fait attention, elles *(ne pas tomber)* ....

ACTIVITÉ 4

Le téléphone. **Redis,** dans l'ordre, toutes les actions qu'il faut faire pour téléphoner à l'étranger de la poste.

Il faut
- faire la queue au guichet.
- prendre le numéro de la cabine.
- ....
- payer la communication.

c

Mélina va à l'autre guichet. Les gens qui veulent téléphoner font la queue en attendant une cabine.

Pascale	Tu aurais pu téléphoner d'une cabine dans la rue.
Mélina	Je sais. Si j'avais eu de la monnaie, je l'aurais fait, mais...
Pascale	Pas de problème. J'ai ma télécarte. Comme ça, on peut téléphoner sans monnaie.
Mélina	Ah bon. Enfin... Et puis d'ailleurs, il y a beaucoup de circulation dehors. Il y aurait eu trop de bruit. Ici, c'est plus tranquille.

L'employé donne un numéro à Mélina. Elle entre dans une cabine, décroche et attend la tonalité. Elle fait le 19 et attend encore une fois la tonalité. Ensuite, elle compose le 30 (Grèce) et tout de suite après l'indicatif de sa ville (sans le 0), puis le numéro de ses parents. Elle entend d'abord une série de sons bizarres, puis ça devient normal. Ça sonne. On décroche. Elle parle pendant quelques minutes avec sa mère, puis elle raccroche, va au guichet, donne son numéro et paie la communication.

d

Dans la chambre de Pascale.

Mélina	Qu'est-ce qu'on fait demain?
Pascale	Ça dépend un peu du temps. Tu as écouté la météo?
Mélina	Non. Mais je te passe le journal. Tu trouves la météo à la dernière page.
Pascale	Elle n'est pas trop pessimiste. Nous pourrions nous promener dans la forêt de Fontainebleau.

e

En France aujourd'hui

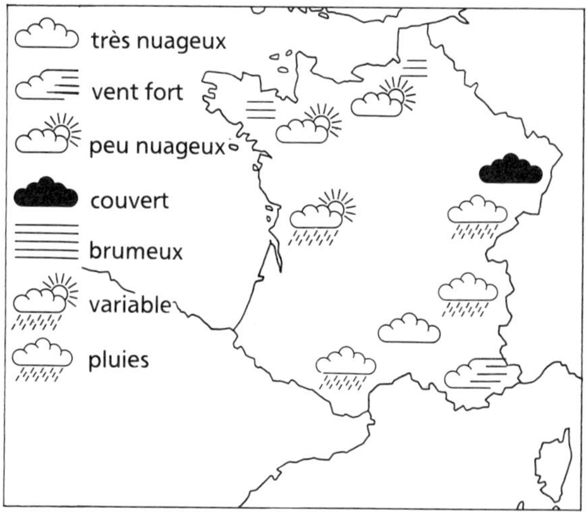
très nuageux
vent fort
peu nuageux
couvert
brumeux
variable
pluies

Des Pyrénées-Orientales et de la Méditerranée aux régions du nord-est et de l'est, le ciel sera très nuageux à couvert avec pluies. Les vents assez forts souffleront du sud. Les températures seront en légère baisse. Le temps sera variable dans les régions du sud-ouest près de l'Océan Atlantique. Des nuages se formeront au bord de la Manche où il y aura du brouillard le matin. Dans le reste du pays, le temps sera frais. Les températures changeront peu.

Demain

Des orages pourront encore éclater des Alpes à la Méditerranée, surtout en soirée. Il pleuvra de la Bretagne à la frontière belge. Dans le reste de la France, il fera beau.

ACTIVITÉ 5

Retrouvons Melina au téléphone : qu'est-ce qu'elle n'aurait pas fait si elle avait téléphoné d'une cabine avec une télécarte ? Qu'est-ce qu'elle aurait dû faire en plus ?

ACTIVITÉ 6

Trouve les verbes et les adjectifs formés sur les noms (quand c'est possible) :
un nuage, la pluie, un orage, le vent, la neige, le soleil, la brume.
exemple : *nuage* → *nuageux*

ACTIVITÉ 7

De mot en mot.

À ton avis, on dit :
- *« Il fait un temps à ne pas mettre un chien dehors »*
  quand il fait beau ? il fait mauvais ?
- *« Il gèle à pierre fendre »*
  quand tout est gelé ? il commence à dégeler ?
- *« Il fait un soleil de plomb »*
  quand il fait beau ? le soleil tape ?
- *« Il tombe des cordes »*
  quand il pleut beaucoup ? il neige ?
- *« Il fait un froid de canard »*
  quand il ne fait pas très froid ? il fait très froid ?

Relie-les pour retrouver les expressions correctes :

un nuage •	• tombe
la pluie •	• se couvre
le vent •	• passe
un orage •	• brille
le soleil •	• souffle
le ciel •	• éclate
le tonnerre •	• gronde

ACTIVITÉ 8

Que signifie *passer* dans ces différentes phrases ?
Choisis un synonyme dans la liste proposée.

- Il s'est passé quelque chose.
- Je peux très bien me passer de télé.
- Je ne peux pas me passer de dire du mal des gens.
- Je passe pour quelqu'un de très intelligent.
- Je suis passé par Paris pour venir ici.
- Il a passé un examen.
- Je ne peux pas me passer de mes médicaments.

- ne pas pouvoir s'empêcher de
- on pense que
- il est arrivé...
- supporter de ne pas avoir
- traverser
- se présenter à
- avoir besoin de

Refais les phrases avec le synonyme choisi.

Liberté
Égalité
Fraternité
89
14 JUILLET 1989 - PARIS
BICENTENAIRE DE LA RÉVOLUTION FRANÇAISE ET DE LA DÉCLARATION DES DROITS DE L'HOMME ET DU CITOYEN
Liberté
POSTES 2,20 1989
RÉPUBLIQUE FRANÇAISE
BICENTENAIRE DE LA RÉVOLUTION FRANÇAISE ET DE LA DÉCLARATION DES DROITS DE L'HOMME ET DU CITOYEN
Égalité
POSTES 2,20 1989
RÉPUBLIQUE FRANÇAISE
BICENTENAIRE DE LA RÉVOLUTION FRANÇAISE ET DE LA DÉCLARATION DES DROITS DE L'HOMME ET DU CITOYEN
Fraternité
POSTES 2,20 1989
RÉPUBLIQUE FRANÇAISE

ACTIVITÉ 9

Rêvons un peu : à quelle époque historique aurais-tu aimé vivre ? Pourquoi ? Qu'est-ce que tu aurais fait ? Qui aurais-tu rencontré ? Quels vêtements aurais-tu portés ? Qui aurais-tu aimé être ? Où serais-tu allé ?

L'histoire de la France depuis la Révolution

f

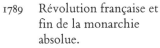

1789 Révolution française et fin de la monarchie absolue.
1792 Première République, avec pour devise «Liberté, Égalité, Fraternité».
1804 Napoléon Bonaparte se fait sacrer empereur. Fin de la République et début de l'Empire. 1er Empire: grandes conquêtes.
1812 Défaite de Russie.
1814 Abdication de Napoléon 1er. Retour de la monarchie avec Louis XVIII. Période de la Restauration.
1815 Retour de Napoléon. Tentative de reprise du pouvoir: les 100 jours. Défaite de Waterloo et exil à Sainte-Hélène.
1815-1848 Retour de la monarchie: Louis XVIII, Charles X et Louis-Philippe.
1848-1852 Deuxième République.
1852-1870 Prise du pouvoir par Napoléon III (neveu de Napoléon Ier). Début du Second Empire.
1871 Guerre contre la Prusse et guerre civile à Paris (la Commune).
1870-1940 Troisième République.
1914-1918 Première Guerre mondiale.

Napoléon couronne Joséphine

guerre civile à Paris

F. Mitterrand

1940-1944 Deuxième Guerre mondiale. Occupation allemande. État français dirigé par le maréchal Pétain. À Londres, le général De Gaulle appelle à la résistance.
1944-1958 Quatrième République.
1958 Nouvelle constitution: la Cinquième République. De Gaulle devient président de la République.
1968 Révolte étudiante et ouvrière.
1969 Démission de De Gaulle et élection de Georges Pompidou.
1974 Élection de Valéry Giscard d'Estaing.
1981 François Mitterrand, chef du parti socialiste, est élu président de la République.
1988 Réélection de F. Mitterrand.

ACTIVITÉS

OBSERVE

Une pièce du rez-de-chaussée et l'escalier *ont été détruits.*
Une enquête *a été ouverte.*
M. Bergues *a été réveillé* par un bruit.

Grammaire

La voix passive.

- Le sujet ne fait pas l'action du verbe :
  Voix active : *Un bruit a réveillé M. Bergues,*
  Voix passive : *M. Bergues a été réveillé par un bruit.*
- Le C.O.D. du verbe à la voix active devient le sujet du verbe à la voix passive.
- Le sujet du verbe à la voix active devient un complément introduit par *par* (ou *de*).
- Pour chaque temps, il faut l'auxiliaire ÊTRE + participe passé du verbe.
- Il faut toujours faire l'accord du participe passé avec le sujet.

Présent passif : je suis aimé / elle est aimée
Imparfait : j'étais aimé / elle était aimée.
Futur : je serai aimé / elle sera aimée
Passé composé : j'ai été aimé / elle a été aimée.
Plus-que-parfait : j'avais été aimé / elle avait été aimée.

ACTIVITÉ 1

Relève les verbes employés à la voix passive dans les faits divers de la page 71. **Mets** à la voix active les phrases où ils apparaissent.

ACTIVITÉ 2

Mets les phrases suivantes à la voix passive.

- Une voiture a heurté un cyclo.
- Les voleurs ont emporté un téléviseur et un magnétoscope.
- Il a prévenu les pompiers.
- Trois jeunes cambrioleurs avaient enfoncé la vitrine avec leur voiture.
- Les lecteurs du journal lisent les faits divers.

OBSERVE

Une *dizaine* de cassettes ; une *quarantaine* de disques ; une *trentaine* de cassettes de musique.

ACTIVITÉ 3

Écris en toutes lettres le chiffre correspondant.

- Une dizaine de cassettes, c'est .... cassettes.
- Une quarantaine de disques, c'est .... disques.
- Une trentaine de cassettes, c'est .... cassettes.

À l'inverse :

- Douze œufs font .... d'œufs.
- Quinze jours font .... de jours.
- Vingt élèves font .... d'élèves.
- Cinquante livres font .... de livres.
- Cent pages font .... de pages.
- Et mille spectateurs font .... de spectateurs.

ACTIVITÉ 4

À partir des phrases suivantes, **fais** des titres pour la page des faits divers en formant des noms avec les verbes. Attention ! ne mets pas d'article.
Il a été blessé légèrement malgré la violence du choc.
→ *Blessures légères malgré la violence du choc.*

- Un panda est né hier au zoo de Paris.
- On a volé le collier de la reine.
- Le centre historique de Lisbonne a été détruit par un incendie.
- La plus grande vedette de la chanson s'est mariée hier à Versailles.
- Le supermarché de la ville a été cambriolé cette nuit.
- L'ennemi public n° 1 s'est enfui à vélo.

Journal
Grèves!

★ Le Dauphiné Libéré ★

FAITS DIVERS

a

Incendie dans un garage

Mardi matin, il y a eu un important incendie au garage Charvin, avenue des Clapeys. Le feu s'est déclaré vers 5 heures du matin, certainement après un feu de cheminée dans la maison à côté du garage où une pièce du rez-de-chaussée et l'escalier ont été détruits. Le feu a atteint rapidement le matériel du garage. Aussitôt alertés, les pompiers de Saint-Jean se sont rendus sur place. Il leur a fallu quatre heures pour éteindre l'incendie. Une enquête a été ouverte.

Dimanche, à 21h25, sur la RD91, une voiture a quitté la chaussée. M. Guy Rey, 23 ans, a été légèrement blessé à la figure. Il a été transporté à l'hôpital d'Aix-les-Bains.
M. Rey a déclaré qu'il n'avait pas pu voir la chaussée à cause du brouillard épais. La voiture est hors d'usage.

Cambriolage dans un appartement de l'avenue d'Aléry où les voleurs ont emporté un téléviseur et un magnétoscope avec une dizaine de cassettes, une quarantaine de disques, une trentaine de cassettes de musique et une somme de 300 francs. Plainte a été déposée.

Au coin des avenues de la Plaine et de Novel, une voiture a heurté un cyclo. M. Philippe Fallard est tombé de son cyclomoteur. Ses blessures ne sont pas graves.

Il sauve sa sœur des flammes

Un adolescent de 14 ans a sauvé des flammes sa sœur âgée de 10 ans. Il a traversé le feu qui s'était déclaré dans la cheminée de la maison. Thierry Perier a aperçu Sylvie seule dans la salle de jeux. Il a pris des couvertures et est allé chercher la petite fille qui pleurait et criait. Ensuite, il a prévenu les pompiers.

Quête à Chailly

La quête faite au mariage de Pierre Marius et Cendrine Boudin, à Chailly, a produit la somme de 235F25, à partager, par moitié, entre la caisse des écoles de Chigy et le club du troisième âge de Perce-Neige.

Petits vols à Annecy

Annecy — Un poste de radio a été pris dans la voiture de Mme Plaut au parking du quai Jules Ferry.
Hier soir, le cyclo beige de Mlle Charbon a été volé au même endroit.

Naissance à Troyes

C'est avec plaisir que nous apprenons la venue au monde à la maternité de Troyes du petit garçon prénommé Yannick, fils des jeunes époux Laffrat-Orlandi, travaillant tous les deux comme ouvriers à la fromagerie.
Nous souhaitons la bienvenue à ce bébé et beaucoup de bonheur et un prompt rétablissement à la maman.

Il tue un jeune cambrioleur

A 3h20, jeudi matin, M. Bergues, propriétaire d'un magasin de jouets, 39, rue Emile Zola, à Chailly-en-Bière, qui habite un appartement situé au-dessus de sa boutique, a été réveillé par un bruit: trois jeunes cambrioleurs avaient enfoncé la vitrine avec l'arrière de leur voiture. Le commerçant a saisi un fusil, est descendu dans sa boutique et a tiré, tuant l'un des voleurs. Les autres ont réussi à s'enfuir à bord de la voiture.

ACTIVITÉS

OBSERVE

Le garage dans *lequel* il y a eu un incendie mardi.
C'est le parking *auquel* j'avais pensé pour des amis.

> *Grammaire*
>
> Les **pronoms relatifs composés** pour les choses (et aussi les gens)
>
> préposition (sauf *de*) + **lequel, lesquels** / **laquelle, lesquelles.**
>
> **Attention!** à + lequel → auquel
> à + lesquel(le)s → auxquel(le)s.

JE ME SOUVIENS

qu'on utilise **qui** pour les gens après une préposition.

ACTIVITÉ 5

Relie les deux phrases par un pronom relatif composé.

- C'est sa maison. Il a travaillé très dur pour cette maison.
  C'est sa maison, pour laquelle il a travaillé très dur.
- Je prends mon sac à dos. Je pars toujours en voyage avec ce sac à dos.
- Il raconte des histoires. Je ne m'intéresse pas à ces histoires.
- Les enfants aiment ces arbres. Ils peuvent grimper dans ces arbres.
- Il a une vieille voiture. Il tient beaucoup à cette vieille voiture.

ACTIVITÉ 6

Complète avec *lequel, laquelle, lesquels, lesquelles* ou *qui.*

- Je dois voir Pierre avec .... je veux aller au cinéma.
- Tu sais par .... cette chanson a été écrite?
- C'est un livre dans .... il y a beaucoup d'action.
- C'est un garçon sur .... on peut compter.
- Cette moto fait un bruit .... je ne peux m'habituer.
- La table sur .... il y a des fleurs est très ancienne.
- Elle aime Paul, à .... elle pense souvent.

OBSERVE

Il *leur faut* combien de temps?
Il *leur faut* tout reconstruire.

> *Grammaire*
>
> **Il + pronom C.O.I. + faut** + nom / + infinitif } = devoir, avoir besoin
>
> *Il lui faut un billet*

ACTIVITÉ 7

Transforme les phrases suivantes selon l'exemple.

- J'ai besoin de vacances → *il me faut des vacances.*
- Elles ont eu besoin de temps pour comprendre.
- Nous devrons partir.
- Il a dû prendre une décision.
- Tu as besoin de chaussures neuves.
- Je devais travailler.

ACTIVITÉ 8

Choisis entre *par* et *de* pour compléter les phrases suivantes.

- Cet enfant est très aimé .... ses parents.
- La souris est mangée .... le chat.
- La rue est bordée .... arbres.
- Le match a été gagné .... l'équipe de Monaco.
- La ville était décorée .... lumières.
- Le magasin est tenu .... un vieil homme.

Tu connais le garage Charvin?

b

Luc Tu connais le garage dont on parle dans le journal?

Didier Le garage dans lequel il y a eu un incendie mardi? Mais bien sûr. C'est le garage Charvin. Mon père est un de leurs clients.

Luc C'est sans doute fermé maintenant, hein?

Didier Oh oui. Il y a plein de réparations à faire.

Luc Il leur faut combien de temps pour remettre tout en état?

Didier Oooh... Il leur faut tout reconstruire.

Luc Oh là là. Ils doivent être heureux!

c

Didier Ah, ils parlent de Guy Rey. J'ai vu la voiture dans laquelle il a eu son accident. Elle est fichue. Rien à faire. Tu sais comment il va, Guy?

Luc Oui. C'est mon voisin. Heureusement, ses blessures ne sont pas graves.

Didier Il lui faut rester longtemps à l'hôpital?

Luc Non. Un ou deux jours. Mais il lui faudra certainement quinze jours avant de pouvoir reprendre son travail.

d

Didier Tu connais Suzanne Charbon?

Luc La fille dont tu parles tout le temps? Tu sais bien que je ne la connais pas.

Didier On lui a volé son cyclo au parking du quai Jules Ferry. C'est dans le journal.

Luc La pauvre! Euh... quai Ferry? C'est bien le parking dans lequel Louise Plaut a garé sa voiture dimanche.

Didier La voiture dans laquelle on lui a volé son poste de radio?

Luc Oui. C'est bien là, je crois.

Didier Oh là là. Ce n'est pas un endroit sûr pour se garer!

Luc Absolument!

Didier C'est dommage. C'est le parking auquel j'avais pensé pour des amis. Ils veulent laisser leur voiture en ville pendant quelques jours.

ACTIVITÉS

OBSERVE

Je ne sais pas *ce que* j'ai. Je ne sais pas *ce qui* me fait mal.

> *Grammaire*
>
> **Le discours indirect** (suite)
> Ce qui change quand on transforme l'interrogation directe en interrogation indirecte.
>
> **qu'est-ce qui → ce qui** (sujet)
> *Qu'est-ce qui ne va pas ?*
> *Il demande ce qui ne va pas.*
>
> **qu'est-ce que → ce que** (C.O.D.)
> *Qu'est-ce que tu as ?*
> *Il demande ce que j'ai.*
>
> **qui est-ce qui → qui** (sujet)
> *Qui est-ce qui est venu ?*
> *Il demande qui est venu.*
>
> **qui est-ce que → qui** (C.O.D.)
> *Qui est-ce que tu as vu ?*
> *Il demande qui j'ai vu.*

ACTIVITÉ 1

Il est sourd... **Répète** la question avec l'interrogation indirecte.

- – Qu'est-ce qui se passe ici ?
  – *Comment ?*
  – *Il demande ce qui se passe ici.*
- – Qu'est-ce que vous avez dit ?
  Pardon ?
  – Il demande ....
- – Qu'est-ce que vous ferez en France ?
  Comment ?
  – Il demande ....
- – Qu'est-ce qui est efficace contre la toux ?
  Pardon ?
  – Il demande ....
- – Qu'est-ce qui vous fait souffrir ?
  Comment ?
  – Il demande ....

Retrouve les questions directes.

- Il me demande qui j'ai vu → *Qui est-ce que tu as vu ?*
- Il me demande qui viendra ce soir.
- Il me demande qui j'aime.
- Il me demande qui est passé hier.
- Il me demande qui nous pouvons inviter.
- Il me demande qui va gagner le match.
- Il me demande qui elles ont rencontré.

OBSERVE

Demande-lui de venir.

> *Grammaire*
>
> **Discours direct :** *« Venez ! », lui demande-t-il.*
>
> **Discours indirect :** *Il lui demande de venir.*
> *Il demande qu'il vienne.*
>
> **Attention !** Dans le discours direct, quand on place le verbe *dire, demander*, etc. après les mots prononcés, il faut mettre le sujet après le verbe.
> Et si le verbe se termine par *a* ou *e*, on met un *t* devant *il, elle, on.*
> *« viens ! » crie-t-elle.*

ACTIVITÉ 2

Transforme les phrases suivantes au discours indirect avec les deux possibilités : infinitif et subjonctif.
Viens, m'a-t-il demandé.
Il m'a demandé de venir.
Il a demandé que je vienne.

- Partez ! nous a-t-il demandé.
- Assieds-toi ! t'a-t-il ordonné.
- Sachez vos leçons ! leur a-t-il demandé.
- Sois à l'heure ! lui a-t-il demandé.
- Ayez de la patience ! vous a-t-il supplié.

13 Henri ne se sent pas bien

a

Henri et Didier font un voyage dans l'est de la France. Ils sont dans le Vercors maintenant, près de Villard-de-Lans. Ils couchent dans une auberge de jeunesse. Ce matin, quand il se réveille, Henri ne se sent pas bien.

Didier Qu'est-ce que tu as? Tu as toussé toute la nuit.
Henri Je ne sais pas ce que j'ai. Je ne me sens pas bien.
Didier Qu'est-ce qui te fait mal? L'estomac, le ventre...?
Henri Je ne sais pas ce qui me fait mal. Tout. J'ai mal partout. Je me suis endormi très tard. J'avais mal au cœur.
Didier Tu as de la fièvre?
Henri Je crois que oui. J'ai mal à la gorge.
Didier Tu veux que j'appelle un médecin?
Henri Oui. Ça vaudrait mieux.
Didier Je prends rendez-vous pour toi?
Henri Demande-lui de venir. Je ne peux pas y aller. Zut alors! Ce n'est vraiment pas le moment d'être malade. J'espère que ce n'est rien et que je vais vite guérir.

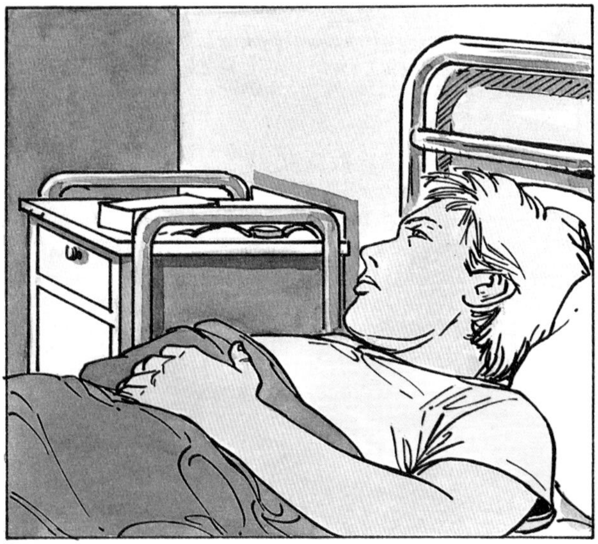

b

Didier va à la réception pour téléphoner. Monsieur Dury est à la réception.

M. Dury Qu'est-ce que je peux faire pour vous?
Didier Vous pourriez me conseiller un médecin?
M. Dury C'est pour vous?
Didier Non, c'est mon ami qui est malade.
M. Dury Il y a le docteur Girot.
Didier C'est un bon médecin?
M. Dury Oui... C'est le médecin que nous appelons toujours.
Didier Je peux téléphoner?
M. Dury Bien sûr. Voici son numéro.

c

Didier appelle le cabinet du docteur Girot.

L'assistante Allô! Ici le cabinet du docteur Girot.
Didier Ici Didier Lacombre. Je téléphone de la part d'un ami. Est-ce que le docteur pourrait passer, s'il vous plaît?
L'assistante Votre ami ne peut pas venir?
Didier Non, c'est impossible. Il a beaucoup de fièvre.
L'assistante Donnez-moi votre adresse, s'il vous plaît.
Didier Nous sommes à l'auberge de la Tancannière. C'est à la sortie de la ville, sur la route de Grenoble. A la réception, ils savent où nous sommes. D'ailleurs, je serai là. Le docteur viendra à quelle heure?
L'assistante Je ne peux pas vous donner l'heure exacte. Un instant, ne quittez pas.

Elle se renseigne.

L'assistante Ce sera problement vers 5 ou 6 heures.
Didier Merci, Madame.

ACTIVITÉS

OBSERVE

Je prends *celle-ci.*
Donnez-moi *celui-ci.*

Grammaire

Les pronoms démonstratifs :

	singulier	pluriel
masculin	**celui**	**ceux**
	celui-ci	**ceux-ci**
	celui-là	**ceux-là**
féminin	**celle**	**celles**
	celle-ci	**celles-ci**
	celle-là	**celles-là**
neutre	**ce, ceci, cela, ça**	

Celui, ceux, celle, celles ne s'emploient jamais seuls. Ils sont toujours suivis :
- d'un complément introduit par *de*
  Quel est ce sac ? C'est celui de ta sœur.
- d'un pronom relatif : *qui, que, dont, où...*
  Va chez le boulanger, mais va chez celui qui fait du bon pain.

ACTIVITÉ 3

Complète avec *celui-ci, ceux-ci, celle-ci* ou *celles-ci.*

- Voilà deux livres intéressants à lire. Mais je te conseille de lire d'abord ....
- Je ne sais pas quelles chaussures mettre avec cette robe. – .... iront parfaitement !
- J'ai acheté deux cassettes. Écoutons d'abord ....
- Quels médicaments soignent bien la toux ? .... sont très efficaces.

ACTIVITÉ 4

Complète avec le pronom démonstratif et le pronom relatif qui manquent.

- *Les élèves s'installent dans la salle. Ceux qui ont froid s'assoient près du radiateur.*
- Tu connais l'amie de Marie, tu sais, ... elle nous parle souvent !
- Je ne sais pas .... je vais faire demain.
- Ce restaurant, c'est .... vont tous les touristes.
- J'aime toutes les histoires, mais je préfère .... tu racontes !
- Chez les animaux, il y a .... chassent, et .... on chasse !

ACTIVITÉ 5

De mot en mot

Que font-ils ?

• il est généraliste ou spécialiste	• chirurgien
• elle fait des piqûres	• dentiste
• il opère	• médecin
• il vend les médicaments	• infirmier
• il soigne les dents	• cardiologue
• il soigne les maladies du cœur	• pharmacien

ACTIVITÉ 6

Tu vas voir un ami qui est malade pour prendre de ses nouvelles. Tu lui poses des questions pour savoir comment il se sent, comment il va. **Utilise,** à la forme affirmative ou négative, les expressions comme : *aller mieux, avoir mal à, souffrir de, le médecin soigner, guérir, les médicaments,* etc.

COMMENT DIRE POUR...

s'informer de la santé	comment ça va ? ça va bien ? ça va mieux ?
dire qu'on est en bonne santé	vous avez bonne mine ; vous avez une mine superbe ; vous avez l'air en pleine forme ; je vais très bien ; il a une santé de fer ; il respire la santé ; il se porte comme un charme.
dire qu'on est malade	j'ai mal à la tête ; j'ai mal au cœur ; je ne me sens pas bien ; je me sens mal ; ça ne va pas fort ; j'ai de la fièvre ; je ne suis pas dans mon assiette ; il est de santé fragile ; j'ai une fièvre de cheval ; je suis malade comme un chien.
dire qu'on souffre	aïe, j'ai mal ! ; ça me fait mal.

d

Le médecin est passé; il a examiné Henri qui souffre déjà moins. Ce n'est pas grave. Il a prescrit un médicament et a donné l'ordonnance à Didier, qui est maintenant à la pharmacie. Il doit attendre, parce qu'il y a une dame qui achète plein de choses.

La dame	Vous avez des pansements en boîte?
L'employée	Bien sûr. Voici du Tricostéril. Nous avons des boîtes plus grandes.
La dame	Ça va, je prends celle-ci. Vous avez de l'aspirine?
L'employée	En boîte ou en tube? Voici un tube de vingt comprimés.
La dame	Très bien. Donnez-moi celui-ci. Vous avez quelque chose contre la toux?
L'employée	Nous avons des pastilles. Celles-ci sont très bonnes.
La dame	Très bien. Je voudrais aussi de l'alcool à 90° et du coton.
L'employée	Voilà, Madame. Et avec ça?
La dame	Du dentifrice, s'il vous plaît.
L'employée	Celui-ci ou celui-là?
La dame	Celui-là. C'est celui que je prends toujours. Je peux prendre ce shampooing?
L'employée	Bien sûr, Madame.
La dame	Ce sera tout.
L'employée	Très bien, Madame.

e

Enfin, c'est le tour de Didier. Il veut acheter aussi quelque chose contre les insectes, car il y en a beaucoup le soir.

L'employée	On s'occupe de vous, Monsieur?
Didier	Non, Mademoiselle. J'ai une ordonnance. La voici.
L'employée	Merci, Monsieur.

L'employée cherche le médicament.

L'employée	Voilà, Monsieur. C'est tout?
Didier	Vous avez quelque chose d'efficace contre les moustiques?
L'employée	Il y a ceci qui est très bien. Avec ça ils ne vous piqueront plus.
Didier	C'est sûr?
L'employée	Absolument. Vous m'apporterez ceux qui piquent encore et je vous rembourserai. C'est contre les mouches aussi.
Didier	Bon, je le prends. C'est tout.
L'employée	Ça fait 65 F 90.

Des Ardennes au Vercors

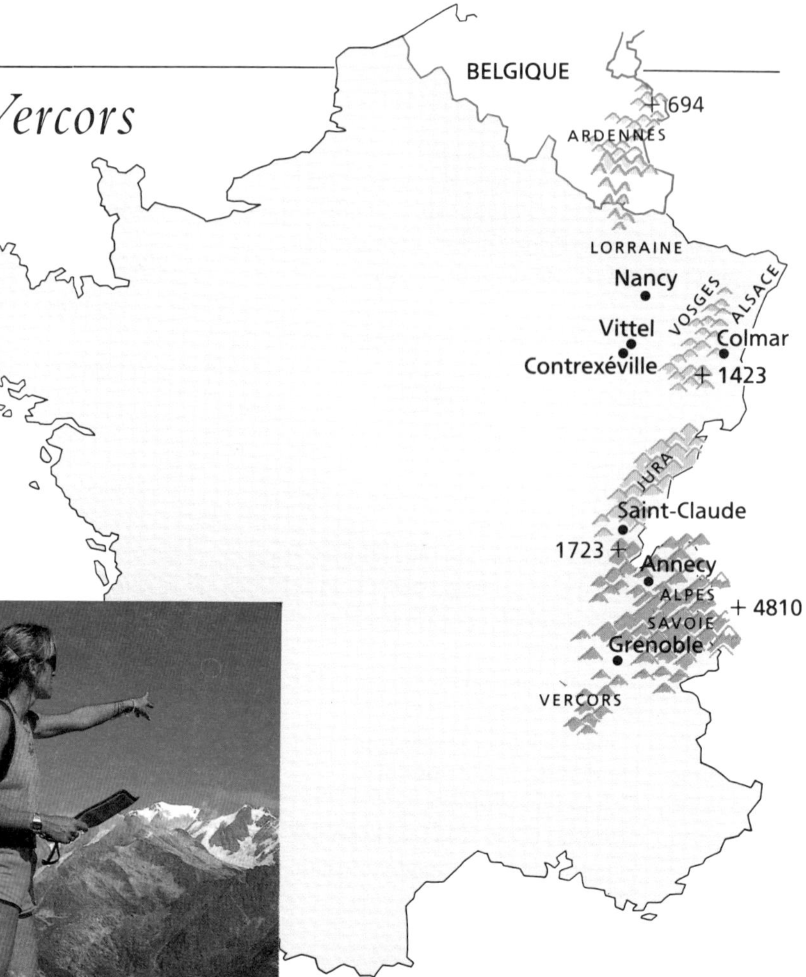
BELGIQUE
+ 694
ARDENNES
LORRAINE
Nancy
VOSGES
ALSACE
Vittel
Colmar
Contrexéville
+ 1423
JURA
Saint-Claude
1723 +
Annecy
ALPES
SAVOIE
+ 4810
Grenoble
VERCORS

f

Les paysages

Le touriste qui traverse successivement les Ardennes, la Lorraine, les Vosges, l'Alsace pour terminer son voyage dans le Jura et les Alpes, sera frappé par la variété des paysages qu'il rencontrera.

Parti des Ardennes, il passera par la Lorraine, région du charbon et du fer, pour trouver les sommets ronds des Vosges avant de descendre dans la plaine d'Alsace.

Il retrouvera la montagne dans le Jura et terminera son voyage dans les Alpes de la Savoie et du Dauphiné. Les amateurs de promenades en montagne pourront marcher des journées entières. Ceux qui aiment les sports nautiques auront aussi beaucoup de possibilités.

cinquante ans après

Les souvenirs des guerres

Le touriste remarquera que les souvenirs des guerres sont très nombreux dans l'est de la France. Il se rendra compte que l'Alsace et la Lorraine ont été le cœur des trois guerres (1870, 1914 et 1939). Le Vercors, où quelques milliers de maquisards se sont battus contre les nazis en 1944, a été un des grands pôles de la Résistance.

Lieux de séjour

Nancy est une ville majestueuse du 18e siècle, très riche en monuments. On admirera la belle place Stanislas avec ses magnifiques grilles dorées.

Colmar est une ville très pittoresque avec ses vieilles maisons à colombages. Pour les amateurs, le musée Unterlinden présente des chefs-d'œuvre de l'art gothique.

Une curiosité dans le Jura: Saint-Claude est depuis le 18e siècle la capitale de la pipe.

Grenoble, ville moderne, capitale économique, touristique et intellectuelle des Alpes françaises, est située au cœur même de la montagne.
Annecy est admirablement située au bord de son lac. On visitera surtout la vieille ville.

Sports d'hiver

Paradis des sports d'hiver, la Haute-Savoie est la région la mieux équipée pour le ski. Les sommets atteignent 4 000 mètres. Dans les vieux villages, les touristes trouveront aussi bien des hôtels grand confort que des hôtels modestes ou des auberges de jeunesse.

ACTIVITÉS

OBSERVE

C'est toi qui *les lui* donne ?
Je vais *les lui* apporter.
Il *me l'*a demandé.

Grammaire

L'ordre des pronoms personnels compléments dans la phrase

• **Devant le verbe :**

me te se nous vous	le la les	lui leur	y	en

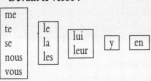

Ils vont dans cet ordre, de gauche à droite, par deux :
me le / m'y / m'en *il te les donne*
le lui / l'y / l'en *je le lui ai dit*
lui en *il lui en a parlé.*

Attention ! *y* et *en* ne sont jamais ensemble, sauf dans l'expression : il y en a.

• **Derrière le verbe** (à l'impératif affirmatif) :

le la les	moi toi lui nous vous leur	en y

On trouve par exemple : le lui / lui en donne-le-lui
donne-m'en.

Attention ! moi + en = m'en
toi + en = t'en.

Attention ! devant *y* et *en*, il faut ajouter un *-s* aux impératifs en *-e*, et à celui de *aller*.
Mange des fruits ! Manges-en.
Va à la poste ! Vas-y.

Je me souviens qu'à la forme négative, les pronoms compléments se placent devant l'impératif.
Donne-moi ces livres, et puis non, ne me les donne pas !

ACTIVITÉ 1

Réponds aux questions en utilisant les pronoms personnels complément.

- Tu as emmené Marie au cinéma ?
  – *Oui, je l'y ai emmenée.*
- Est-ce que tu m'as rapporté des timbres ?
  – *Oui, je...*
- Est-ce que tu connais Pierre et Nicolas ?
  – *Non, je...*
- Est-ce que tu as rendu les livres à tes amis ?
  – *Oui, je...*
- Est-ce que tu as acheté des fleurs ?
  – *Oui, je...*
- Est-ce que tu as écrit à ta mère ?
  – *Oui, je...*
- Est-ce qu'ils ont servi du champagne aux invités ?
  – *Oui, ils...*

ACTIVITÉ 2

La mère insiste, le père non... **Complète** les colonnes avec les impératifs du verbe de la première colonne. Les mots soulignés deviendront des pronoms personnels compléments.

moi/nous	**la mère**	**le père**
Je ne ferai pas *mes devoirs.*	Si, fais-les !	Eh bien, ne les fais pas !
Je ne veux pas aller *à l'école.*	Si, ...	Eh bien, n'...
Je ne *me* laverai pas *les mains.*	Si, ...	Eh bien, ne...
Nous ne *vous* prêterons pas *la voiture.*	Si, ...	Eh bien, ne...
Nous ne *leur* donnerons pas *d'argent.*	Si, ...	Eh bien, ne...
Je ne *lui* offrirai pas *de cadeau.*	Si, ...	Eh bien, ne...

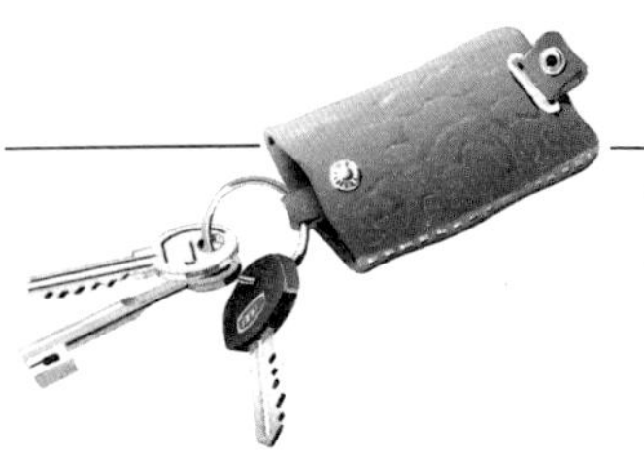

14 Nous pouvons nous installer?

a

Pendant les vacances, François Delagrave travaille au bureau d'accueil d'un camping. Aujourd'hui, il est assis sur un banc placé devant son bureau. Il porte un grand chapeau, pour se protéger du soleil. Deux campeurs, Éric Leduc et Olivier Audry, arrivent. François les reçoit au bureau. Olivier aperçoit le gros chien qui garde l'entrée.

Olivier Bonsoir, Monsieur... Il n'est pas méchant, j'espère?
François N'ayez pas peur, il est gentil comme tout.
Olivier Nous pouvons nous installer pour quelques nuits?
François Bien sûr. Soyez les bienvenus! Vous êtes combien?
Olivier Nous sommes deux. Deux personnes, une voiture, une tente.
François Vous avez une pièce d'identité?
Olivier J'ai ma carte-camping. La voici.
François Très bien. Voici deux fiches. Voulez-vous les remplir?
Olivier On le fait tout de suite?
François Si vous voulez, mais ce n'est pas pressé. Choisissez d'abord un emplacement, installez-vous et après, vous ferez ça. Veuillez me les rendre avant 9 heures.
Olivier Nous pouvons nous installer n'importe où?
François Oui, Monsieur. Où vous voulez. Là-bas, près du champ de blé, vous serez très tranquilles. C'est un peu loin du bloc sanitaire, mais il y a un point d'eau.
Olivier Très bien!
François Si vous avez besoin de quelque chose, dites-le-moi. Il y a un libre-service en face. Le boulanger passe tous les jours à 9 heures et le boucher vient tous les deux jours. Il y a une boîte aux lettres à gauche du bureau. Le facteur passe vers 4 heures.
Olivier Merci beaucoup. A tout à l'heure.
François Au revoir, Monsieur.

BLOC-NOTES

Gendarmerie – 17 ou 50.78.00.31
Pompiers – 18 ou 50.78.71.09
Médecin de garde – Dr. Leroux, 8, Grande Rue, 50.78.33.11
Chirurgien-dentiste – Dr. Albert, 3, rue des Lilas, 50.78.05.67
Vétérinaire – Dr. Havard, 5, quai de la Gare, 50.78.29.16
Infirmière – Mme Nicolas, 50.78.56.13
Pharmacie de garde – Laroche, 57, avenue des Alpes
Centre hospitalier – 50.78.04.61
Ambulance – Ambulance du Lac, 50.67.44.79
Syndicat d'Initiative – 50.78.14.58
M.J.C. – 50.78.28.85
S.O.S. Amitié – 50.78.83.57
Piscine couverte – 11h30 à 20h30
Patinoire – de 14 à 16h et de 17 à 19h
Hôtel de ville et discothèque – 10 à 17h
Cinéma – relâche

b

Olivier et Éric font le tour du terrain. Ils voient deux emplacements qui leur plaisent. Ils hésitent.

Olivier Lequel de ces deux emplacements préfères-tu?
Éric Ça m'est égal. Ils sont bien tous les deux. Prenons celui-ci.
Olivier D'accord. On se met près de la haie?
Éric Près de laquelle? Il y en a deux.
Olivier Celle-ci. Comme ça, nous aurons un peu d'ombre et nous serons à l'abri du vent.
Éric D'accord. On y va? Tu as encore des forces?

Ils montent leur tente. Une demi-heure après, ils sont installés.

Olivier On est bien ici! Quel silence! On remplit les fiches maintenant?
Éric Si tu veux. C'est toi qui les lui donnes?
Olivier Bon, je vais les lui apporter. Il me l'a demandé.
Éric Très bien. Pendant que tu vas lui donner ça, moi, je me repose. Je suis trempé, j'ai transpiré.

ACTIVITÉS

OBSERVE

Voulez-vous *les* remplir ?
Veuillez *me les* rendre avant 9 heures.

Grammaire

La place du pronom personnel complément :

Il se place toujours devant le verbe dont il est complément.
Quand il y a un verbe suivi d'un infinitif, le pronom complément se met devant :

- le verbe conjugué, s'il est complément de ce verbe : *il m'a demandé de venir;*
- l'infinitif, s'il est complément de l'infinitif : *je vais les lui apporter.*

Exception : le pronom personnel complément se place toujours devant le verbe conjugué quand celui-ci est :

voir / regarder } + infinitif   écouter / entendre } + infinitif   laisser / faire } + infinitif

Je les écoute chanter. Je les laisse partir. Je ne les entends pas parler.

ACTIVITÉ 3

Réponds avec le pronom personnel.

- Tu vas voir Antoine demain ?
- Vous voulez aller au cinéma ?
- Est-ce que nous devons parler à Jacques ?
- Est-ce que vous espérez revoir la Normandie ?
- Est-ce que tu écouteras ma sœur chanter ?

OBSERVE

Lequel de ces deux emplacements préfères-tu ?

Grammaire

Les pronoms interrogatifs

lequel, lesquels
laquelle, lesquelles

On les utilise quand il y a un choix.

ACTIVITÉ 4

Réponds en utilisant *lequel,* etc., puis *celui qui...*

- Tu as vu ton ami ?
  – *Lequel ?*
  – *Celui que tu devais voir hier !*
- Tu as lu ces livres ?
  – .... ?
  – .... on a parlé hier en classe.
- Tu connais cette actrice ?
  – .... ?
  – .... joue dans *La Boum.*
- Tu connais ces gens ?
  – .... ?
  – .... ont eu un accident.
- Tu sais faire ces exercices ?
  – .... ?
  – .... le prof nous a donnés.

OBSERVE

On le fait *tout de suite...* il vient *tous les* deux jours...

Grammaire

D'autres expressions de temps

dans + nom (futur)	*je partirai dans une semaine*
tout de suite (sans attendre)	*reviens ici tout de suite !*
immédiatement	*reviens immédiatement !*
maintenant (présent)	*je veux partir maintenant*
tout à l'heure (futur proche)	*je reviens tout à l'heure, dans une heure* *– bon, à tout à l'heure*
tout à l'heure (passé récent)	*je l'ai vu tout à l'heure, il y a 5 minutes*
tous les + noms (répétition)	*il vient tous les jours*
tous les + chiffre + nom	*il vient tous les 3 jours*
chaque + nom (répétition)	*il vient chaque jour*
de temps en temps	*je le vois de temps en temps*
quelquefois (de façon irrégulière)	*il vient quelquefois*
parfois	*je vais parfois au cinéma*

c

Eric a perdu ses clés.

Eric	Tu as vu mes clés?
Olivier	Attends... J'ai vu... peut-être...

À genoux, il cherche au fond de la tente.

Olivier	Passe-moi la lampe... non, elles ne sont pas ici. Peut-être là, dans la boîte. Non, elles ne sont pas là non plus... oh là là, il faut faire le ménage dans cette tente, quel désordre...! Après tout, pour fermer la tente, tu n'as pas besoin de clés.
Eric	Ne rigole pas. Ce n'est pas drôle.

d

Eric ne les a pas retrouvées, elles n'étaient pas non plus au bureau d'accueil. C'est pourquoi il est allé au commissariat de police.

L'agent	Monsieur?
Eric	Est-ce qu'on a trouvé des clés?
L'agent	Comment sont-elles, vos clés?
Eric	Ce sont trois clés attachées ensemble, dans un étui de cuir marron.
L'agent	Vous les avez perdues quand?
Eric	Je ne sais pas quand c'est arrivé. Il y a une heure, j'ai constaté que je ne les avais plus. C'est peut-être arrivé il y a déjà quelques jours. Je ne me sers pas de mes clés pendant les vacances.
L'agent	Vous avez un trou dans la poche de votre pantalon? Vous les avez perdues où?
Eric	Je ne sais pas. Peut-être au camping, peut-être en ville. Je les garde dans un sac que j'emporte partout.
L'agent	Attendez. Je vais voir.

Il revient avec deux trousseaux de clés. Eric les regarde attentivement.

L'agent	Elles sont à vous, ces clés?
Eric	Non, non, elles ne sont pas à moi.
L'agent	C'est tout ce que j'ai. Voulez-vous faire une déclaration de perte?
Eric	Oui, Monsieur.
L'agent	Votre nom, s'il vous plaît?
Eric	Leduc, Eric.
L'agent	Âge?
Eric	16 ans.
L'agent	Profession?
Eric	Lycéen.
L'agent	Domicile?
Eric	Ici ou vous voulez l'adresse de mes parents?
L'agent	Les deux.
Eric	Ici, c'est le camping municipal. Chez moi, c'est 25, Grande Rue, Monpazier.
L'agent	Donc perdu entre le...
Eric	Entre le 23 et le 26 août.
L'agent	Trois clés attachées, dans un étui de cuir marron. Vous restez encore quelques jours ici?
Eric	Encore une semaine.
L'agent	Alors, passez nous voir de temps en temps.
Eric	Merci, Monsieur, au revoir.
L'agent	Au revoir.

Les jobs de vacances

e

Dans quelques mois, vous serez en vacances. Vous aurez peut-être envie de gagner un peu d'argent de poche pour partir en voyage quelque part. Vous pouvez décider de rester chez vous pendant une partie de vos vacances et de chercher un job dans votre quartier.
Qu'est-ce qu'on peut faire en ville? Vous pouvez essayer de trouver du travail dans un grand magasin, dans un supermarché, ou tout simplement chez le boulanger ou dans une librairie, etc.
Et travailler dans un garage? On cherche peut-être un pompiste ou un laveur de voitures.
Si vous avez un vélo ou une mobylette, vous pouvez proposer vos services aux entreprises qui cherchent des coursiers.
Vous préférez le travail à la campagne? Cela vous intéresse de cueillir des fruits et des légumes? On fait des récoltes pendant les vacances: les fraises, les haricots verts, les pêches, les abricots... Entre le 15 juillet et le 15 août, il y a du travail aussi dans les champs de maïs.
Vous désirez peut-être travailler dans les stations de vacances, à la montagne ou au bord de la mer, près d'un lac, etc. C'est une bonne idée, c'est joindre l'utile à l'agréable, n'est-ce pas? Vous pourrez être serveuse ou garçon dans un restaurant. Mais attention, vous devrez peut-être travailler à des heures impossibles.
Selon votre âge et vos capacités, vous pourrez être moniteur dans une colonie de vacances. Ou bien travailler sur la plage, vendre des glaces ou des crêpes, des journaux ou des fleurs.
N'oubliez pas, avant de commencer un job, de demander qu'on vous donne par écrit les conditions de travail, le salaire, etc. Malheureusement, il y a certains patrons qui veulent profiter du travail des jeunes.
Eh bien, bonne chance, et si ce n'est pas pour cette année, ce sera peut-être pour l'année prochaine.

PEE-
WHEEL +
2940404

15

Village de France

FÊTE
TURF
EST
LA RÉGION
LE MONDE

a

Le reporter Bonjour! je prépare une émission sur la France d'aujourd'hui et, pour commencer, je voudrais des renseignements sur les religions. Est-ce que...

Le gendarme Ooh... euh... Ah tiens, voilà Monsieur le curé qui vient acheter son journal. Demandez-lui plutôt, parce que moi, vous savez, euh...

La France, quelques chiffres

Population		56 400 000
Au kilomètre carré		100
Religion:	Catholiques	81 %
	Catholiques pratiquants *(ceux qui assistent régulièrement aux services religieux)*	16 %
Minorités:	Musulmans	4,5%
	Protestants *(surtout en Alsace et dans les Cévennes, le Gard et les Charentes)*	1,4%
	Juifs	1,3%

Les Français ne sont pas abonnés à un quotidien. Ils l'achètent au bar tabac, au kiosque ou à la Maison de la Presse. Ils y achètent aussi le journal régional et des revues hebdomadaires ou mensuelles.

LE FIGARO
L'AURORE
l'Humanité
LE QUOTIDIEN
Libération
Le Monde

b

Le reporter C'est ici que s'arrête le car pour aller en ville?

Le gendarme Ah non. Ici, c'est le ramassage scolaire. Il n'y a pas de car ici.

Le reporter Est-ce qu'il y a un hôtel ici?

Le gendarme Non, ici c'est un petit village. Nous n'avons pas ça. On peut demander à Monsieur Escarpe si son gîte est libre.

ARRÊT

Plus de 50 pour cent des Françaises travaillent hors de leur maison. Les enfants rentrent vers la fin de l'après-midi. Ils mangent à la cantine. Pour les habitants des petits villages il y a le ramassage scolaire. Certains enfants sont «internes». Ce sont ceux qui habitent trop loin du collège ou du lycée. Ils ne rentrent à la maison que pendant les week-ends et les vacances.

ACTIVITÉS

OBSERVE

*Bien qu'*il doive travailler dur, M. Escarpe est très content.

Grammaire

L'opposition

On utilise : *bien que* + subjonctif
pour exprimer une contradiction, une opposition.

Il y a d'autres expressions :

mais pourtant cependant	*Je n'aime pas cette musique, pourtant je l'écoute.*
malgré + nom	*Il arrive à dormir malgré le bruit.*
avoir beau + infinitif	*J'ai beau chercher, je ne retrouve pas cette lettre.*

ACTIVITÉ 1

Utilise *bien que* + subjonctif.

- Elle est gentille, mais je ne l'aime pas.
  → *Bien qu'elle soit gentille, je ne l'aime pas.*
- Il pleut, mais je vais me promener.
- Elle veut partir, mais elle doit rester pour travailler.
- Vous avez raison, mais il ne vous écoute pas.
- C'est le 14 juillet, mais il travaille.

ACTIVITÉ 2

Tu as passé une semaine chez M. Escarpe. **Imagine** ton séjour à la ferme (aide-toi de ce qui est écrit sur le panneau Bienvenue à la ferme).

ACTIVITÉ 3

Et pourtant tu aurais peut-être préféré autre chose ? **Imagine** et **complète** les phrases suivantes :

- Bien que je me sois bien reposé, ...
  Bien que je me sois bien reposé, j'aurais aimé aller en boîte une ou deux fois.
- Bien que les repas aient été bons, ...
- Bien que ...., j'aurais voulu visiter une grande ville.
- Bien que ...., l'année prochaine j'irai au camping.
- Bien que j'aime la campagne, ...

ACTIVITÉ 4

Utilise *malgré* + nom pour marquer l'opposition dans les phrases suivantes :

- Il pleut, mais je vais me promener.
  Malgré la pluie, je vais me promener.
- Il a du succès, mais il a su rester simple.
- Elle est malade, mais elle est venue en cours.
- Tu es fatigué, mais tu ne veux pas te reposer.
- Vous avez des diplômes, mais vous ne trouvez pas de travail.
- Ils font des efforts, mais ils n'arrivent pas à faire l'exercice.

OBSERVE

Vous n'avez pas à *craindre* le bruit.

Grammaire

Craindre se conjugue comme *plaindre.*
craindre que + subjonctif

Je crains qu'il y ait du bruit.
Nous craignons qu'il fasse froid.

ACTIVITÉ 5

Fais des phrases avec les éléments donnés. **Conjugue** le verbe au temps demandé.

- je - craindre (présent) - elle - être malade.
  → *je crains qu'elle soit malade.*
- nous - craindre (présent) - vous - s'ennuyer.
- vous - craindre (imparfait) - nous - être en colère.
- tu - craindre (futur) - tes parents - se fâcher.
- ils - craindre (passé composé) - il - être arrivé quelque chose.

c

Monsieur Escarpe est agriculteur. Comme les deux tiers des fermiers français, il a moins de 20 hectares de terre. Ses prés sont éloignés les uns des autres. Il faut souvent déplacer les bêtes. Bien qu'il doive travailler dur, Monsieur Escarpe est content. Pendant la moisson, toute la famille donne un coup de main.

Le gendarme Qu'est-ce que vous faites, Monsieur Escarpe?
Le fermier J'accroche un panneau. C'est permis, non?
Le gendarme Oooh...!
Le fermier Il faut faire de tout pour gagner sa vie!

CAMPING
A LA FERME

Bienvenue à la ferme

Chers campeurs,
Vous aimez la nature? Vous aimez le contact avec la population du pays que vous visitez?
Arrêtez-vous alors en route et adressez-vous aux fermiers de la région.
Demandez-leur la permission de vous installer chez eux.
Ils seront heureux de vous accueillir.
Ils mettront un bout de terrain à votre disposition.
Vous n'aurez pas à craindre le bruit. À la ferme, vous aurez moins de distractions, mais plus de repos. Chez certains fermiers, vous pourrez prendre un repas simple, mais soigné.
Les vacances passées à la ferme vous permettront de bien connaître la campagne française.
Pour les adresses: consultez le guide-camping officiel de la F.F.C.C.
Puis adressez-vous aux agriculteurs: c'est avec plaisir qu'ils vous répondront.

La France, première en agriculture.
La France prend part à toutes les activités de la C.E.E. (Communauté Economique Européenne). Depuis des années, elle tient la première place dans le développement de «l'Europe verte». La valeur de la production de l'agriculture française représente plus d'un quart de la production totale du Marché Commun.

Le gendarme Dites, Monsieur Escarpe. Est-ce que votre gîte est libre? Monsieur cherche une chambre. Il est reporter.
Le fermier Non, c'est occupé. Mais il y a la chambre d'hôte à la ferme. Je peux vous la montrer, si vous voulez.

LA FRANCE AGRICOLE

ACTIVITÉS

Date	Fêtes	Qu'est-ce qu'on fait ?
1er janvier	Le jour de l'An	On s'embrasse sous le gui.
Dimanche et lundi de Pâques	Après la 1re lune de printemps	On offre des œufs en chocolat.
1er mai	Fête du travail	Les travailleurs défilent dans la rue.
8 mai	Célébration de la fin de la 2e guerre mondiale	On va aux monuments aux morts.
Ascension	Jeudi, 40 jours après Pâques	Fête catholique.
Dimanche et lundi de Pentecôte	50 jours après Pâques	Fête catholique.
14 juillet	Fête nationale	Défilé militaire, feux d'artifice, bals populaires.
15 août	Assomption	Fête religieuse de la Vierge Marie.
Toussaint	Fête des morts	On va fleurir les tombes dans les cimetières.
11 novembre	Anniversaire de la fin de la 1re guerre mondiale	On va aux monuments aux morts.
25 décembre	Noël	On réveillonne, on offre des cadeaux.

ACTIVITÉ 6

- Combien y a-t-il de fêtes religieuses ?
- Compare avec les jours fériés de ton pays.
- Est-ce que tu trouves normal de célébrer le souvenir des deux guerres mondiales ?

ACTIVITÉ 7

- Quelle est la première religion en France ? Et la deuxième ?
- Pour acheter un journal, comment font les Français en général ?
  - ils s'abonnent (ils le reçoivent chez eux),
  - ils l'achètent dans un point de vente.
- Quelle est la journée d'un élève qui habite près d'une grande ville ?
- Quels avantages il y a dans le camping à la ferme ?
  - pour le fermier,
  - pour le campeur.

ACTIVITÉ 8

C'est le même mot. **Retrouve** ses différents sens dans la liste des synonymes.

donner un .... de main	frapper
donner un .... de poing	boire un verre
boire un	faire quelque chose sans réfléchir
agir sur un .... de tête	téléphoner
arriver sur le .... de 8 heures	être fatigué
donner un .... de fil	faire des bêtises
réussir à tous les	à chaque fois
jeter un .... d'œil	regarder rapidement
faire les 400	environ
avoir un .... de pompe	aider

ACTIVITÉ 9

Tu veux fonder un parti politique. Quel sera son nom ? Quel sera ton programme ?

CGT

La Fête du travail

d

Le reporter a loué la chambre d'hôte.

Le fermier Vous allez écrire aussi sur les élections?

Le reporter Peut-être. Il n'y a pas d'élections présidentielles cette année, n'est-ce pas?

Le fermier Non, non. L'année dernière, notre président a été élu pour sept ans. Non, on vote pour l'Assemblée nationale.

Le reporter Votre parlement a deux chambres?

Le fermier Oui, le Sénat et l'Assemblée nationale.

Le reporter Ils se composent de combien de membres?

Le fermier Euh... environ 300 sénateurs au Sénat et 600 députés à l'Assemblée.

Le reporter Le président de la République a beaucoup de pouvoir, n'est-ce pas?

Le fermier En effet!

Le reporter C'est bien lui qui nomme le premier ministre?

Le fermier Oui. En principe, il désigne un membre de la majorité parlementaire.

Le reporter Et c'est le premier ministre qui est chargé de former et de diriger le gouvernement?

Le fermier C'est ça!

Le reporter On a le droit de vote à quel âge?

Le fermier À partir de 18 ans. Mais moi, je ne vote pas. Il y a trop de partis.

ÉLECTIONS LÉGISLATIVES
UNE ÉQUIPE POUR DEMAIN !!!
VOTRE DÉPUTÉ
el PLOUT
UGUSSE
VOTEZ
Eudes LAPLACE
MARCEL
DUGENOU
Centre National Des ilibristes
C.N.D.E
VOTEZ
LATURLUTE
VOUS ALLEZ ÉCRIRE AUSSI SUR LES ÉLECTIONS?
PEUT-ÊTRE.

SOMME TOUTE

1 Je sais où mettre le plus-que-parfait et où mettre le conditionnel passé

1. Si tu *(se couvrir)*... tu *(ne pas être)*... malade.
2. Je *(ne pas arriver)*... en retard si je *(ne pas rater)*... le bus.
3. Si nous *(prendre)*... l'avion, nous *(mettre)*... moins de temps.
4. Si elle *(ne pas rester)*... debout si longtemps, elle *(ne pas avoir)*... mal aux jambes.

2 J'aime la voix passive !

1. Ma mère a fait ce gâteau.
2. Les hommes d'affaires lisent ce journal.
3. Le garagiste réparera ces voitures.
4. Les acteurs jouaient cette pièce.
5. Les touristes aimeraient ce guide.
6. Les architectes dessinent ces maisons.

3 Je place bien les pronoms personnels

1. Tu as donné ton adresse à tes amis ?
   Oui, je ...
2. Tu as envoyé une lettre à ta grand-mère ?
   Oui, je ...
3. Tu as montré les photos à ta mère ?
   Oui, je ...
4. Tu m'as rendu ma gomme ?
   Oui, je ...
5. Il a emmené Sophie à la gare ?
   Oui, il ...
6. Tu nous as déjà récité ce poème ?
   Oui, je ...

4 Je ne me trompe pas avec les pronoms relatifs...

1. Je ne connais pas l'homme à ... tu parlais hier dans la rue.
2. La chaise sur ... tu es assis n'est pas très solide.
3. Il a des défauts ... je me suis habitué.
4. Il y a des choses pour ... on n'est pas fait.
5. Le médecin chez ... je vais est très gentil.
6. C'est une question à ... je ne peux pas répondre.

5 ...Et ce n'est pas beaucoup plus difficile quand il faut mettre un démonstratif devant

1. Je ne veux pas ces disques. Je veux ... ... sont moins chers.
2. Ne prenez pas ces fraises, prenez ... ... viennent de Bretagne.
3. Je ne te parle pas de ce chanteur, je te parle de ... ... on a vu hier.
4. Je ne prends pas n'importe quel livre, je prends ... ... j'ai besoin.
5. J'ai acheté ces chaussures parce que je n'ai pas trouvé ... ... tu parlais.
6. J'aime bien cette chanson, mais je préfère ... ... chantent les Rolling Stones.

6 J'aime toujours conjuguer

1. Nous (*craindre* – présent)... beaucoup le froid.
2. Elles (*craindre* – passé composé)... de ne pas finir à temps.
3. Ils (*se plaindre* – imparfait)... de leur patron.
4. Je (*craindre* – futur)... d'être en retard.
5. Il est arrivé (*se plaindre* – gérondif)... d'avoir mal à la tête.
6. Il faut que vous (*éteindre* – subjonctif présent)... la lumière.

7 Traversant la France du nord au sud, je verrai toutes ces régions, l'une après l'autre, mais dans quel ordre ?

le Jura – la Savoie – les Ardennes – les Vosges – l'Alsace – la Lorraine – le Vercors

8 Et je fais la fête toute l'année

- À Noël
- À Pâques
- Le 1er mai
- Le 14 juillet
- Au nouvel an

- je vais au bal.
- je réveillonne.
- j'embrasse tout le monde.
- je cherche des œufs... en chocolat.
- je défile dans les rues.

REVUE POUR TOUS 3

Le plus grand pèlerinage du monde

LE JEU DES PANNEAUX

LA COTE D'IVOIRE, UN PAYS EN AFRIQUE FRANCOPHONE

LA CHASSE

LA CHASSE

POURQUOI EST-CE QUE TU LIS TOUS CES LIVRES ?
OH, ÇA M'INTÉRESSE. IL Y A BIEN DEUX MILLIONS DE CHASSEURS EN FRANCE. ALORS, POURQUOI PAS ?
GIBIER
CHASSE

VOUS AVEZ UN FORMULAIRE POUR DEMANDER UN PERMIS DE CHASSE ?
R.F
ARRÊTÉ MUNICIPAL

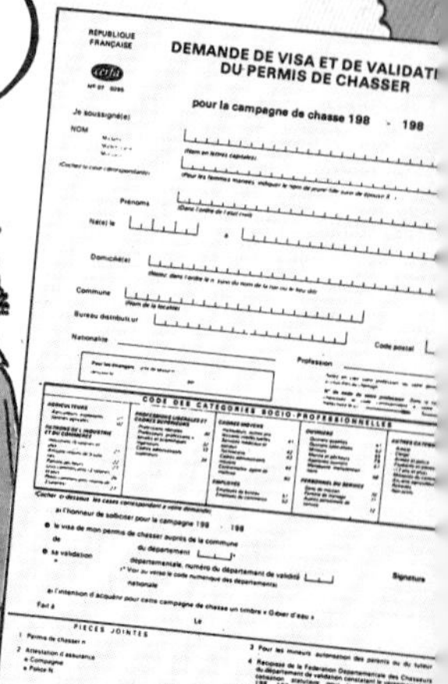
RÉPUBLIQUE FRANÇAISE
DEMANDE DE VISA ET DE VALIDATI
DU PERMIS DE CHASSER
pour la campagne de chasse 198 - 198
CODE DES CATÉGORIES SOCIO-PROFESSIONNELLES
PIÈCES JOINTES

IL Y A QUAND MÊME PAS MAL DE GENS QUI S'OPPOSENT À LA CHASSE.
CLIC !
ARMES
GIBIER
CHASSE

CAMPAGNE NATIONALE POUR L'ABOLITION DE LA CHASSE A COURRE
CONTRE TOUTE CRUAUTÉ.
POUR LA DIGNITÉ DE L'HOMME
SPA
SOCIÉTÉ PROTECTRICE DES ANIMAUX
39, bd BERTHIER - 75017 PARIS

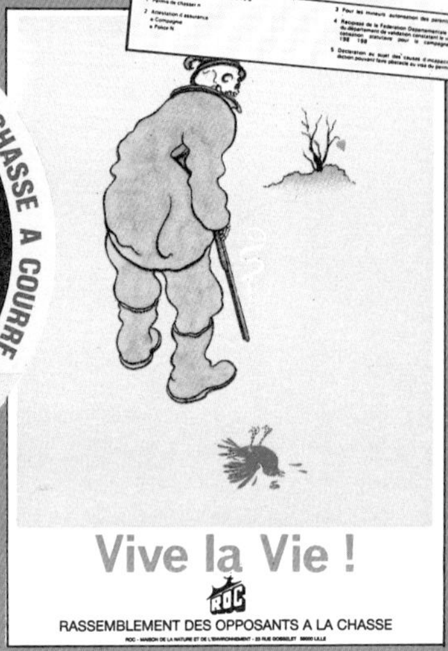
Vive la Vie !
ROC
RASSEMBLEMENT DES OPPOSANTS A LA CHASSE

JE POURRAIS COMMENCER PAR LE BALL-TRAP. AINSI, JE NE TUE PAS LES ANIMAUX. C'EST DÉJÀ UNE PRÉPARATION À LA VRAIE CHASSE.
CLAC !
ARMES
GIBIER
CHASSE

OULINS
Route de Mantes
SAMEDI 25 JUIN
à partir de 14 h
DIMANCHE 26 JUIN
à partir de 10 h
Grand Concours de
BALL.TRAP
FOSSE AS
AMATEURS

EN 1880, L'AMÉRICAIN GEORGES LIGOWSKY REGARDE DES ENFANTS LANCER DES COQUILLAGES SUR UN LAC DE L'OHIO. DE LÀ LUI VIENT L'IDÉE DE TIRER SUR DES CIBLES EN ARGILE. LE BALL-TRAP EST NÉ. EN 1988, C'EST UN SPORT OLYMPIQUE.

EN FRANCE, IL Y A PLUS DE 600.000 PRATIQUANTS ET CE CHIFFRE GRANDIT CHAQUE ANNÉE.

QU'EST-CE QUE VOUS AVEZ COMME FUSIL ?
JE VAIS M'ABONNER AU « CHASSEUR FRANÇAIS ».
LE CHASSEUR FRANÇAIS
ABONNEMENT CADEAU
"Spécial Fête des Pères"
à renvoyer dès aujourd'hui
OUI, je souhaite offrir en CADEAU 12 numéros, soit 1 an d'abbonnement au Chasseur Français à:
NOM
PRENOM
ADRESSE
CODE POSTAL
VILLE
Merci de nous retourner cette carte dès aujourd'hui, accompagnée de votre règlement de 120 F par:
☐ Chèque bancaire ☐ Chèque postal
☐ Mandat-lettre à l'ordre de "Le Chasseur Français".
C'EST PAS MAL POUR UN DÉBUTANT, QUOI ?
JE SUIS FIÈRE DE TOI !
LE LENDEMAIN...
LA CHASSE, CE N'EST PEUT-ÊTRE PAS CE QU'IL FAUT POUR MOI.
LA PÊCHE, C'EST BON POUR LA SANTÉ. C'EST TELLEMENT REPOSANT. MAIS COMMENT FAUT-IL FAIRE POUR SE PROCURER UN PERMIS DE PÊCHE ?
VOTEZ
BERAL
Société de Pêche
MITTAINVILLE (78)
organise un Concours de Pêche
le 19 Juin 1988
de 9h à 11h précise
INSCRIPTION à la mare
de 8h à 9h
1 lot par personne
AVIS. AUX PÊCHEURS
LESCARTES DE PÊCHES SERON
DELIVRÉES CHEZ MR DEBRAY
3 rue de la fontaine St Pierre
à Oulins
LES JOURS DE FERMETURE
DU CAFE-RESTAURANT.
AH, PAS DE PROBLÈME !
LOULOU
TITI
LA PECHE
EN BREF
2 COMMENT DEVENIR PECHEUR 01/07
VOUS N'ETES PAS PECHEUR, MAIS VOUS REVEZ DE LE DEVENIR
BIENVENUE PARMI NOUS
NOUS ALLONS VOUS AIDER A REJOINDRE UNE GRANDE FAMILLE QUI COMPTE DEJA 2 099 894 MEMBRES ET LEURS PARENTS.
CELA FAIT DU MONDE, NON !
EN NOUS REJOIGNANT VOUS VOUS FAITES 4 MILLIONS D'AMIS SUPPLEMENTAIRES
AUTRE PAGE DU TEXTE SUITE/RETOUR
ON PEUT TOUJOURS CONSULTER LE MINITEL !
ÇA ME PLAÎT, LA PÊCHE, SURTOUT COMME ÇA, DANS UNE RIVIÈRE. JE TIENS BON CONTRE LE COURANT !
JE N'AI RIEN PRIS, MAIS LA PÊCHE, C'EST QUAND MÊME UNE BONNE AFFAIRE !

LA COTE D'IVOIRE, UN PAYS

La Côte d'Ivoire est un des états de l'Afrique francophone. L'Afrique francophone est l'ensemble des pays africains où le français est la langue officielle. Les membres des différentes ethnies parlent leur propre langue. Cependant, dans leurs contacts avec d'autres ethnies, ils utilisent le français, qui est aussi la langue de l'administration et de l'enseignement.

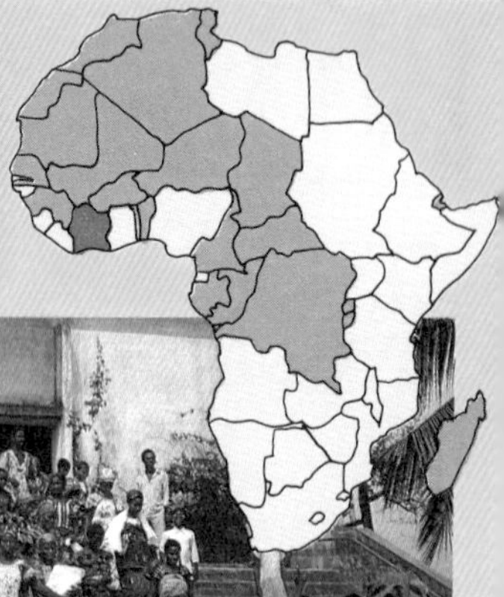

Côte d'Ivoire
pays francophones

Côte d'Ivoire	
Superficie:	322.500 km². Comparez: France 551.500 km².
Population:	10 millions. Comparez: France 55,5 millions.
Statut:	république indépendante depuis 1960.
Président:	Félix Houphouët-Boigny depuis 1960.
Ville principale:	Abidjan (1,8 millions d'habitants).
Religions:	animistes 65%, musulmans 23%, catholiques 12%.
Ethnies:	environ 60.

Abidjan, ville moderne, construite sur plusieurs îles dans une lagune.

Ils sont membres de différentes ethnies. C'est pourquoi ils se parlent en français ou en français-moussa.

Un moyen de transport pratique.

La Côte d'Ivoire compte environ 20% d'immigrés. Les quelques dizaines de milliers d'Européens travaillent presque tous à Abidjan dans des entreprises étrangères.

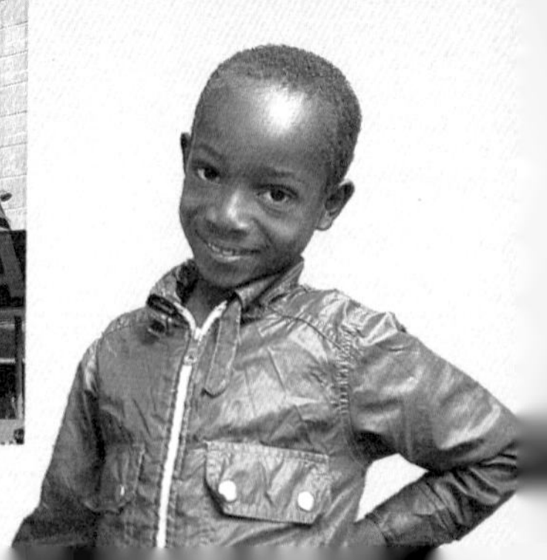

EN AFRIQUE FRANCOPHONE

La plupart des Ivoiriens habitent à la campagne. Ils sont agriculteurs. Beaucoup d'entre eux ne cultivent que les produits dont ils ont besoin pour vivre.

Les Ivoiriens mangent du riz, de l'igname (qui ressemble à la pomme de terre) et du poisson.

Une grande partie de la production agricole est exportée. La Côte d'Ivoire occupe le premier rang comme pays exportateur de cacao, le troisième pour le café. Autres produits: huile de palme, bananes, coton et ananas.

Un produit africain: le cacao

Les villages n'ont ni électricité ni eau courante. Beaucoup de maisons traditionnelles sont en bambou.

On fait la cuisine sur du feu de bois. Les femmes doivent aller loin pour chercher le bois.
La famille se réunit pour le repas qui joue un rôle très important. Tout le monde prend la nourriture dans une grande cuvette. Mais seulement avec la main droite, qui est «la main pure». La main gauche est «la main impure».

LE JEU DES

Règles du jeu:
Avancez selon le nombre de points indiqué par le dé. Vous avez 30 secondes pour chercher la lettre correspondant au numéro de la case où vous êtes arrivé. Le directeur du jeu connaît les réponses et il contrôle le temps que vous mettez à trouver la lettre. Si vous y mettez plus de 30 secondes, il faut reculer de 5 points. Celui qui arrive le premier au Terminus a gagné.

a Il y a des voleurs dans le magasin.
b J'ai fait de belles diapos.
c Il fait beau, donc on paie moins.
d Vous pouvez essayer vos vêtements.
e Ne jetez rien par terre.
f J'ai acheté un cadeau qui lui plaira.
g La maison est bien gardée.
h A cette heure-ci, le magasin est fermé.
i Le mardi je fais toujours mes courses au marché.
j Les leçons sont finies.
k Nous pourrons tous ouvrir la porte.
l Mes félicitations.
m Mangez quelque chose.
n Achetez un oiseau.
o Quittez le magasin rapidement.
p La voiture ne peut plus rester ici.
q N'achetez pas neuf, c'est trop cher.
r Mes cheveux sont trop longs.
s J'aime la musique dans la voiture.
t On va monter la tente.
u Je ne peux pas sortir, quelqu'un a mis sa voiture devant.
v J'en ai besoin pour mon passeport.
w Donnez un coup de téléphone à Luc.
x C'est une aire où les jeunes peuvent s'amuser.

20
Ces jeux sont à la disposition des enfants sous la responsabilité de leurs parents
19
attention ce magasin est sous surveillance tout vol constaté sera sévèrement puni
18
MARCHÉ LE MARDI DE 7H À 13H
17
TERMINUS
35
Avec Nos Cadeaux Faites Plaisir à Vos Mamans.
21
SERRURERIE COPIES de CLÉS
22
SORTIE DE SECOURS
23
24
25
SPECIALISTE DE L'AUTORADIO
TATOUAGE DE VITRE
3
4
ATTENTION SORTIE ÉCOLE À 50 m
5

1
2

PANNEAUX

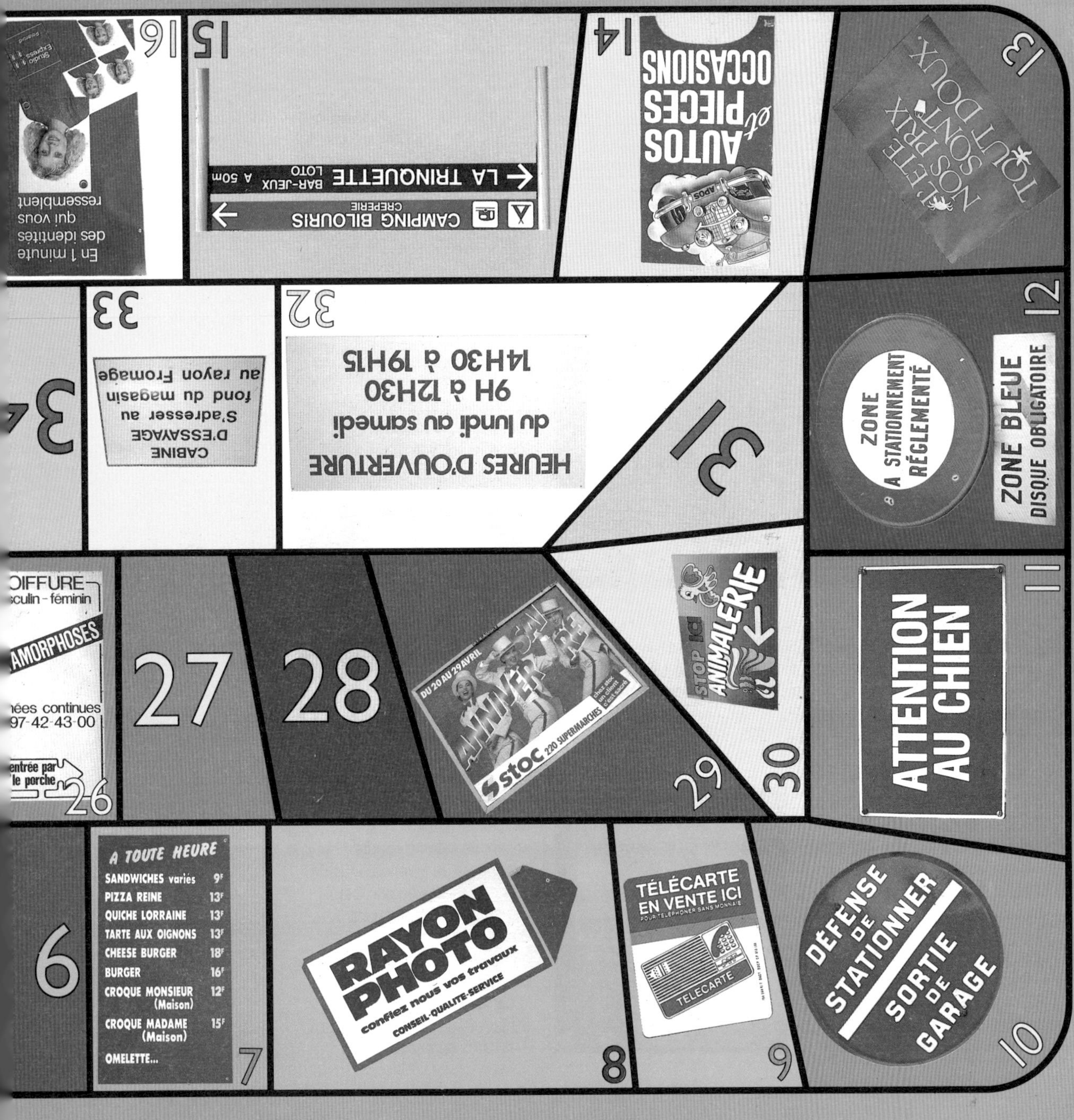
16
En 1 minute
des identités
qui vous
ressemblent
15
LA TRINQUETTE
BAR-JEUX LOTO A 50m
CAMPING BILOURIS
CREPERIE
14
AUTOS et PIECES OCCASIONS
13
TOUT DOUX.
12
ZONE A STATIONNEMENT RÉGLEMENTÉ
ZONE BLEUE
DISQUE OBLIGATOIRE
33
CABINE D'ESSAYAGE
S'adresser au
fond du magasin
au rayon Fromage
32
HEURES D'OUVERTURE
du lundi au samedi
9H à 12H30
14H30 à 19H15
31
11
ATTENTION AU CHIEN
30
STOP ICI ANIMALERIE
29
DU 20 AU 29 AVRIL
ANNIVERSAIRE
chez stoc un client c'est sacré
stoc 220 SUPERMARCHES
28
27
26
OIFFURE
sculin - féminin
AMORPHOSES
nées continues
97-42-43-00
entrée par le porche
6
7
A TOUTE HEURE
SANDWICHES variés 9F
PIZZA REINE 13F
QUICHE LORRAINE 13F
TARTE AUX OIGNONS 13F
CHEESE BURGER 18F
BURGER 16F
CROQUE MONSIEUR (Maison) 12F
CROQUE MADAME (Maison) 15F
OMELETTE...
8
RAYON PHOTO
confiez nous vos travaux
CONSEIL-QUALITE-SERVICE
9
TÉLÉCARTE EN VENTE ICI
POUR TÉLÉPHONER SANS MONNAIE
TELECARTE
10
DÉFENSE DE STATIONNER
SORTIE DE GARAGE

Le plus grand pèlerinage du monde

Parmi les nombreux pèlerinages qui ont lieu chaque année en France, celui de Lourdes occupe une place tout à fait exceptionnelle. D'une part par le nombre de visiteurs annuel: plus de 4,5 millions de pèlerins (dont un million d'étrangers venant de plus de cent pays), d'autre part en raison de la place faite aux malades qui viennent à Lourdes dans l'espoir d'y être guéris. C'est en effet le plus grand pèlerinage du monde.
Le Comité médical international de Lourdes se compose de 30 spécialistes de disciplines diverses venant de 10 pays européens. Il se prononce sur certaines «guérisons médicalement inexplicables». Depuis 1858, l'Église catholique a reconnu 65 guérisons miraculeuses.

Dans la partie de Lourdes réservée aux pèlerinages, où se trouvent les trois églises superposées et la basilique souterraine, la vente de souvenirs est interdite.

À l'origine de ce pèlerinage, il y a les apparitions de la Vierge Marie à une enfant du pays. Bernadette Soubirous est née en 1844. Ses parents étaient de pauvres meuniers. C'est à partir de 1858 qu'elle a ses premières apparitions. À l'âge de 22 ans, elle entre dans un couvent à Nevers. Elle meurt en 1879.
L'Église catholique la déclare sainte en 1933.

Tous les soirs, il y a une procession. La foule immense de pèlerins est impressionnante. Chacun chante dans sa langue maternelle.
Les malades qui font le pèlerinage trouvent surtout dans l'ambiance de Lourdes et dans les contacts avec d'autres, qui partagent leur sort, le courage de vivre avec leur maladie.

Le commerce des bibelots, des articles religieux et des souvenirs est une source importante de revenus. Plus de 250 magasins s'en occupent. Cette petite ville de moins de 20 000 habitants compte 600 hôtels et est ainsi la deuxième ville hôtelière de France après la capitale. Au total, le «chiffre d'affaires» de Lourdes s'élève à 3 milliards de francs par an.

Pyrénées

16

Qu'est-ce qui se passe dans la région?

a

Paul Bergeron et Maurice Deneuve vont au Syndicat d'Initiative.

Paul Bonjour, Madame. Est-ce que vous auriez quelques dépliants sur la région?
L'employée Oui, Monsieur. Il y en a plusieurs.

Elle en prend quelques-uns sur une table.

L'employée Voilà, Monsieur. Vous les voulez tous?
Paul Oui, tous s'il vous plaît. Est-ce qu'il y a un calendrier des manifestations de toute la région?
L'employée Je crois qu'on le donne dans certains de ces dépliants. D'ailleurs vous trouverez tous les renseignements dans le journal. Et puis, nous avons ici, au bureau, une liste de ce qui se passe dans chacune des communes. Chaque commune où l'on organise quelque chose nous met au courant. Vous voulez regarder la liste?

OFFICE DU TOURISME
SYNDICAT
D'INITIATIVE
GALERIE TIA
FRANÇOIS BROCHET
JOYEUX NOEL

Paul Oui, j'aimerais bien. D'ailleurs, j'ai une question précise. Est-ce qu'il y a un spectacle «Son et Lumière» ici?
L'employée Oui. Au château. Il y a une seule séance. Elle commence à 21h45.
Paul Merci beaucoup, Madame.
L'employée Il n'y a pas de quoi, Monsieur.
Paul On va voir le son et lumière, ce soir?
Maurice Ah non, pas aujourd'hui. Je suis fatigué. Je veux me coucher tôt ce soir. Tu ne veux pas y aller demain plutôt?
Paul Comme tu veux.

ACTIVITÉS

OBSERVE

Est-ce que vous auriez *quelques* dépliants sur la région ?
Il y en a *plusieurs.*
Elle en prend *quelques-uns.*
Une liste de ce qui se passe dans *chacune* des communes.
Chaque commune nous met au courant.

Grammaire

Les indéfinis (suite et fin)

Adjectifs	**Pronoms**
chaque + nom (singulier masc. et fém.)	chacun, chacune (singulier)
plusieurs (pluriel, masc. et fém.)	plusieurs (pluriel, masc. et fém.)
quelques (pluriel, masc. et fém.)	quelques-uns (pluriel) quelques-unes (pluriel)

Attention ! quelques-uns, quelques-unes et plusieurs représentent une partie d'un tout.
Quand ils sont C.O.D., il ne faut pas oublier *en* devant le verbe.
J'en ai lu quelques-uns.
J'en veux plusieurs.

ACTIVITÉ 1

Complète avec *chaque, chacun, chacune.*

- Il faut faire .... chose en son temps.
- La vie est dure, c'est toujours .... pour soi.
- Les parents ont offert une poupée à .... de leurs filles, et .... de ces poupées était différente.
- À .... fois, c'est la même chose !
- .... ville est intéressante à visiter.
- .... est parti de son côté.
- Le directeur a félicité .... pour son succès.

ACTIVITÉ 2

Complète avec *quelques, quelques-uns, quelques-unes, quelqu'un.*

- Je pars .... jours avec .... que tu ne connais pas.
- J'ai vu des livres intéressants à la bibliothèque et j'en ai pris ....
- Il m'a montré .... de ses photos de vacances. Elles sont pas mal !
- Est-ce que .... parmi vous sait où est Olivier ?
- En regardant le programme, j'ai constaté qu'il y avait .... bons films cette semaine à la télé.
- Il y a .... voitures garées dans la rue.

OBSERVE

Vous croyez être *assez bon* en français *pour apprécier* une pièce de théâtre.

Grammaire

L'expression de la conséquence

assez + { adjectif / adverbe / *de* + nom } + *pour* + infinitif ou nom / + *pour* que + subjonctif

Il est assez grand pour sortir tout seul.

De la même manière, on peut trouver **trop** à la place de **assez.**
Il y a trop de bruit pour que je puisse dormir.

- Autres moyens

de sorte que
Je suis allé au syndicat d'initiative, de sorte que j'ai tous les renseignements sur la région.

tellement + { adjectif / adverbe / *de* + nom } + *que* + indicatif ou conditionnel

Il court tellement vite qu'on ne peut pas le rattraper.

si + { adjectif / adverbe } + *que* + indicatif ou conditionnel
tant + *de* + nom + *que* + indicatif ou conditionnel

Il court si vite qu'on ne peut pas le rattraper.
Il y a tant de monde qu'on ne peut pas avancer.

par conséquent
Il y a du bruit, par conséquent je ne peux pas dormir.

Sortir en France

Le Théâtre du Soleil

b
Avant votre départ, vous avez sans doute acheté un guide de la région où vous avez l'intention d'aller. Consultez le «Pariscope» ou «l'Officiel des spectacles» (en vente dans les kiosques) pour vos sorties à Paris et le journal régional pour vos sorties en province.

Les théâtres

Le théâtre est très vivant en France. À Paris, il y a plus de 60 «salles». Le niveau des spectacles est de qualité. Vous croyez être assez bon en français pour apprécier une pièce de théâtre? Eh bien, allez assister à une représentation théâtrale!

Le cinéma

Le cinéma français est célèbre dans le monde entier. Bien entendu, les films français passent en français. Les films étrangers passent en version originale (v.o.) sous-titrés en français, ou bien en version française (v.f.), c'est-à-dire doublés en français. Consultez les programmes!

Isabelle Adjani dans Camille Claudel

Les autres sorties

Il y a les discothèques, les bals, les tours de chant d'artistes de variétés qui passent en province, ainsi que de nombreux concerts de musique classique, de jazz, de rock ou de pop.
À Paris, il y a des salles de spectacles très connues comme l'Olympia ou le Zénith, mais aussi de nombreuses petites salles, des cafés-théâtres, des discothèques ... et toutes sortes d'endroits les plus bizarres qui soient. Vraiment, il y a assez de possibilités pour que chacun y trouve son compte.

Youssou N'dour en scène

ACTIVITÉ 3

Complète avec *assez (de)... pour (que)...* ou *trop(de)... pour (que)...*

- Il y a .... bruit .... je t'entende.
- Il va .... vite .... je le double.
- Je ne joue pas .... bien .... le battre.
- Est-ce qu'il y a .... de farine .... faire un gâteau ?

OBSERVE

... et les endroits *les plus* bizarres *qui soient.*

> **Grammaire**
>
> **Le subjonctif dans la proposition relative**
>
> On trouve généralement le subjonctif dans la proposition relative quand il y a *le plus, le moins, le seul, le premier, le dernier...* dans l'antécédent.
> *C'est le seul spectacle que nous puissions voir.*
> *C'est le meilleur livre que j'aie lu.*
> *C'est la plus grande ville que je connaisse.*

ACTIVITÉ 4

Mets le verbe au subjonctif.

- J'ai trouvé la seule personne qui *(être)* .... capable de faire ça.
- C'est le seul renseignement dont nous *(avoir)* .... besoin pour l'instant.
- Je prendrai le dernier train qui *(partir)* .... ce soir.
- La musique de Schubert est la plus triste que je *(connaître)* ....

ACTIVITÉ 5

Ils sont célèbres en France. **Les connais-tu ?**

- Eugène Ionesco
- François Truffaut
- Catherine Deneuve
- Carte de Séjour

- un acteur/une actrice
- un groupe de chanteurs
- un cinéaste
- un auteur dramatique

OBSERVE

On vous y donnera tous les renseignements sur *tout ce qui* se passe dans la région.

> **Grammaire**
>
> Pronom indéfini + pr. démonstratif + pr. relatif.

tout ce tous ceux toute celle toutes celles	+	qui que dont où etc.	*tout ceux qui viennent...* *tout ce que j'aime...* *toute celle dont j'ai besoin...* *toutes celles où je vais...*

BROCANTE

ACTIVITÉ 6

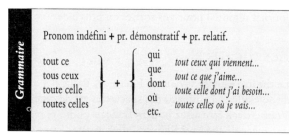

Complète les phrases suivantes avec *tout,* etc. + *ce,* etc. + pronom relatif.

- Tu peux faire *tout ce que* tu veux.
- Tu as visité tous les musées en France ?
  – Non, mais .... sont à Paris, oui.
- J'ai revu mes amies, ... j'ai connues en vacances.
- Le soleil produit de l'énergie, mais il ne suffit pas à .... on a besoin.
- J'aime les salles de théâtre, du moins .... je suis allé.
- Un peu de repos, voilà .... j'ai envie.

ACTIVITÉ 7

Tu reçois un(e) ami(e) qui ne connaît pas ta ville. Qu'est-ce que tu lui proposeras de voir pour le distraire ?
Et si c'est un(e) ami(e) qui vient de l'étranger, que lui montreras-tu pour lui faire connaître la culture de ton pays ?

c

Les musées

Ne visitez pas seulement les plus grands et les plus célèbres. Bien sûr, à Paris, vous ne manquerez pas d'aller au Louvre pour voir la Vénus de Milo, la Victoire de Samothrace ou la Joconde. Vous irez aussi au musée d'Orsay pour les impressionnistes. La ville compte beaucoup d'autres musées intéressants. Vous pourriez par exemple aller au Centre Beaubourg. Mais nous ne voulons pas trop vous guider. Vous consulterez vous-même le guide et vous choisirez ce qui vous convient.
N'oubliez surtout pas les musées de province dont beaucoup possèdent de vrais trésors. Visitez aussi les musées spécialisés, comme par exemple le musée de l'Automobile du Mans (savez-vous qu'il y a une vingtaine de musées de l'auto en France?).
Vous voyez, il y a de tout. Mais méfiez-vous du mardi! En général, les musées sont fermés ce jour-là. Et n'essayez jamais de visiter un musée, un château ou une autre curiosité entre midi et deux heures. Tout est fermé, sauf à Paris. C'est l'heure du déjeuner qui est sacro-saint en France. Renseignez-vous donc sur les jours et heures de fermeture!

Les autres distractions

Pour les trouver, il suffit de vous renseigner. Il y a, par exemple, des foires à la brocante un peu partout, des concours de pétanque ou de jeux de cartes, des fêtes locales, etc. Vraiment, ce ne sont pas les distractions qui manquent.

FOIRE
BROCANTE
SUITE

Allez toujours, là où vous êtes, au Syndicat d'Initiative ou à l'Office du Tourisme. On vous y donnera tous les renseignements sur tout ce qui se passe dans la région.

ACTIVITÉS

OBSERVE

Les vôtres sont en mauvais état.
Je vous prête le mien.
Vous me donnez la vôtre, je vous donne la mienne.
Il lui donne la sienne.

Grammaire

Les pronoms possessifs

C'est ma voiture. *C'est la mienne.*

	le sac	les sacs	la valise	les valises
à moi	le mien	les miens	la mienne	les miennes
à toi	le tien	les tiens	la tienne	les tiennes
à lui à elle	le sien	les siens	la sienne	les siennes
à nous	le nôtre	les nôtres	la nôtre	les nôtres
à vous	le vôtre	les vôtres	la vôtre	les vôtres
à eux à elles	le leur	les leurs	la leur	les leurs

ACTIVITÉ 1

Complète en utilisant les pronoms possessifs.

- Est-ce que ce sont tes affaires ?
  Oui, ce sont *les miennes.*
- Je t'emprunte ton livre !
  D'accord, et je te rends le tien.
- Nous apportons nos disques à la fête, et vous, apportez aussi le vôtre
- Il faudra aller chercher Paul et Marie en voiture ?
  Non, ce n'est pas la peine, ils ont la leur .
- Michel nous a présenté sa petite amie. Est-ce que Philippe vous a présenté ....
- Il faut prévenir vos parents.
  Nous avons déjà prévenu ...., et Sylvie et Marc ont prévenu ....
- Jean a pris son vélo et Nathalie a pris ....

OBSERVE

M. Coches lui a demandé quand il pouvait lui amener sa voiture.
M. Coches : – Quand est-ce que je peux vous amener ma voiture ?

Grammaire

Le discours indirect (suite)

Du discours direct au discours indirect avec le verbe *dire, demander,* ... à un temps du passé. Il y a des transformations :

- Les temps

Discours direct → **Discours indirect**
Comment *vas*-tu ? → il m'a demandé comment j'*allais*
Où *étais*-tu ? → il m'a demandé où j'*étais*
J'*ai perdu* mes clés. → il me disait qu'il *avait perdu* ses clés
Je n'*avais* pas dormi. → il m'a dit qu'il n'*avait* pas dormi

- Des mots

aujourd'hui → ce jour-là
hier → la veille
demain → le lendemain

ACTIVITÉ 2

Mets au discours indirect le dialogue de la page 105, de...
Didier Ah oui, je vois. Il y a une petite égratignure... jusqu'à...
Didier Très bien. Bonne route, M. Coches.
→ *Didier a dit qu'il y avait une petite égratignure et que...*

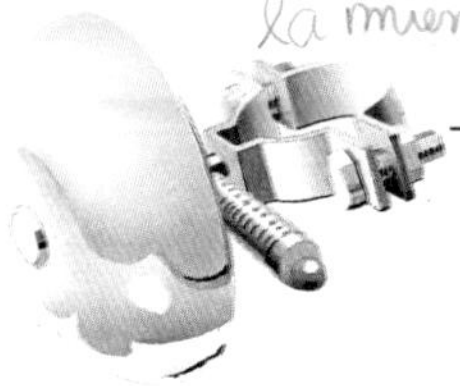

17
Le rêve de Didier Pegaud

a

Didier travaille toujours au garage Lacorde. Il est à la réception maintenant. Monsieur Coches lui a demandé quand il pouvait lui amener sa voiture pour une révision.

Didier Bonsoir, Monsieur Coches.
M. Coches Bonsoir. Quand est-ce que je peux vous amener ma voiture pour une révision?
Didier Voyons... Jeudi 14 heures, ça vous convient?
M. Coches Oui, ça va.
Didier Très bien, Monsieur. Je note, Monsieur Coches, Renault 21. Le numéro de la voiture, s'il vous plaît?
M. Coches C'est 6471 GT 84.
Didier 6471 GT 84. Donc: révision, vidange et graissage. Il n'y a rien d'autre?
M. Coches Si. Vous pourriez regarder le pare-brise? J'ai remarqué quelque chose, là...

Didier s'approche de la voiture.

Didier Ah oui, je vois. Il y a une petite égratignure. C'est peut-être un caillou qui a fait ça. Ce n'est pas grave.
M. Coches Heureusement!
Didier Mais je vous conseille de remplacer les essuie-glace. Les vôtres sont en mauvais état.
M. Coches C'est vrai, ils n'essuient pas très bien depuis quelque temps déjà. Faites comme vous voulez.
Didier Très bien, Monsieur.
M. Coches Est-ce que vous avez une fiche pour la prise allume-cigares? C'est pour mon rasoir. Je veux pouvoir me raser en voiture.
Didier Oui, nous avons ça. Il marche aussi sur piles, votre rasoir?
M. Coches Oui, c'est ça. On peut laver la voiture et nettoyer l'intérieur?
Didier Bien sûr, Monsieur. C'est noté.
M. Coches Je vais à Marseille maintenant. Je vous amène la voiture jeudi vers midi.
Didier Très bien. Bonne route, Monsieur Coches.

b

Isabelle Gaby va à son travail à vélo. Sur la route, elle crève un pneu. Heureusement, cela arrive à deux pas d'un garage. C'est le garage Lacorbe. Elle entre pour demander si l'on peut la dépanner. C'est Didier qui la reçoit. Il la trouve très jolie...

Isabelle Bonjour, Monsieur. Vous pourriez peut-être me dépanner? J'ai un pneu crevé. Je ne vous dérange pas trop?
Didier Pas du tout, Mademoiselle, au contraire! Mais je regrette beaucoup. Ici, on ne répare pas les vélos. C'est un garage pour autos.
Isabelle C'est embêtant, vous savez. Je dois aller à mon travail.
Didier Si vous voulez, je vous prête le mien. Je peux réparer le vôtre ce soir. Il sera prêt demain.
Isabelle C'est gentil à vous, ça! Je vous remercie beaucoup.
Didier Oh, je vous en prie. C'est tout naturel.
Isabelle Alors, je vous laisse ma bicyclette? Ça ne vous gêne vraiment pas?
Didier Non, non, pas du tout. Vous me donnez la vôtre. Je vous donne la mienne. Repassez demain matin. Ça va?
Isabelle D'accord. À demain. Et merci mille fois!

Il prend la bicyclette d'Isabelle et lui donne la sienne. Isabelle s'en va.

ACTIVITÉS

Mon rêve familier

Je fais souvent ce rêve étrange et pénétrant
D'une femme inconnue, et que j'aime, et qui m'aime,
Et qui n'est, chaque fois, ni tout à fait la même
Ni tout à fait une autre, et m'aime et me comprend.

Car elle me comprend, et mon cœur transparent
Pour elle seule, hélas ! cesse d'être un problème
Pour elle seule, et les moiteurs de mon front blême,
Elle seule les sait rafraîchir, en pleurant.

Est-elle brune, blonde ou rousse ? – Je l'ignore.
Son nom ? Je me souviens qu'il est doux et sonore
Comme ceux des aimés que la Vie exila.

Son regard est pareil au regard des statues,
Et, pour sa voix, lointaine, et calme, et grave, elle a
L'inflexion des voix chères qui se sont tues.

PAUL VERLAINE

ACTIVITÉ 3

Le rêve de Didier.

Raconte-le au passé :
Didier a rêvé qu'il arrivait à bicyclette chez Isabelle. ...

ACTIVITÉ 4

Et toi, quel est ton rêve ? À quoi rêves-tu ?

Quelle est la vie dont tu rêves ?
Quel est l'homme, quelle est la femme de tes rêves ?

ACTIVITÉ 5

De mot en mot

Retrouve ce qui appartient à un vélo, ce qui appartient à une voiture et ce qui appartient aux deux.

un frein	une pédale	un essuie-glace
un pare-brise	une selle	un allume-cigare
une chaîne	un pneu	une roue
un volant	un phare	une sonnette
un klaxon	un garde-boue	un capot
un porte-bagages	un guidon	un coffre

COMMENT DIRE POUR...

dire qu'on aime quelqu'un
être amoureux de
avoir le coup de foudre pour
tomber amoureux de
aimer un peu, beaucoup, à la folie, passionnément
adorer
être amoureux fou
être mordu
avoir quelqu'un dans la peau

« mieux connaître »
draguer
séduire
faire la cour

quelqu'un qui plaît beaucoup :
c'est un Don Juan
c'est un bourreau des cœurs

appeler quelqu'un qu'on aime :

mon amour	ma puce
mon chéri / ma chérie	mon cœur
mon lapin	mon trésor
mon canard	mon ange

c

LE RÊVE DE DIDIER

DIDIER ARRIVE À BICYCLETTE CHEZ ISABELLE. IL SONNE.
AH, BONJOUR CHÉRI . ENTRE. JE SUIS CONTENTE QUE TU SOIS LÀ.
JE T'AMÈNE UN VÉLO. CE N'EST PAS LE TIEN, MAIS IL EST PLUS BEAU.
QU'EST-CE QUE C'EST COMME VÉLO?
UN MODÈLE SPORT. IL EST TOUT NEUF. TU VAS VOIR. IL EST SUPER.
OH, DIDIER!
JE L'AI ACHETÉ POUR TOI. VIENS! REGARDE!
OH, QU'IL EST JOLI. TU L'AS PAYÉ CHER?
ÇA NE TE REGARDE PAS. C'EST UN CADEAU, PAS VRAI?
AH, NON, IL EST À TOI. C'EST TOI QUI L'AS ACHETÉ.
NON, C'EST LE NÔTRE. IL EST À NOUS DEUX MAINTENANT.
OH, QUE TU ES GENTIL! EMBRASSE-MOI, CHÉRI. JE T'AIME.
OH, MOI AUSSI, CHÉRIE. JE T'ADORE.
TOUT À COUP, DIDIER SE RÉVEILLE. IL PLEUT! SA RÉCOMPENSE, IL L'A EUE DANS SON RÊVE.

d

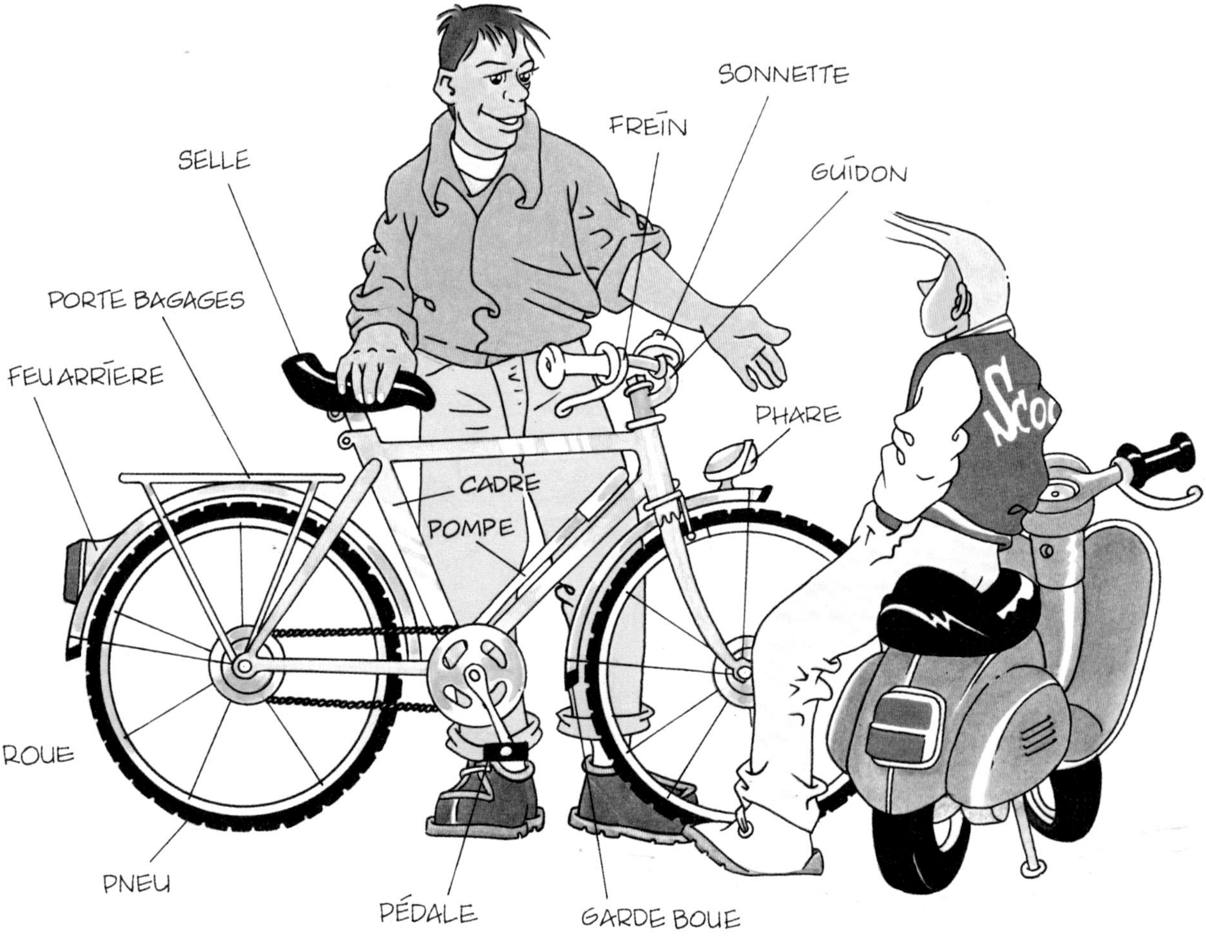
SONNETTE
FREIN
SELLE
GUIDON
PORTE BAGAGES
FEU ARRIÈRE
PHARE
CADRE
POMPE
ROUE
PNEU
PÉDALE
GARDE BOUE

18

Pas mal de chances pour les filles...?

a

On n'arrête pas de parler de l'égalité des sexes peut-être pas encore obtenue. Quelle est l'opinion des jeunes? Donnons la parole à Didier et à Isabelle.

Didier, 18 ans, réceptionniste. Didier vit encore chez ses parents. Il a des idées très précises sur la question qui nous intéresse:

«Vous voulez mon opinion? Eh bien, quant aux libertés accordées par les parents, je crois que les garçons sont nettement favorisés. C'est normal. Les parents ont toujours plus peur pour leurs filles. On lit tellement d'histoires horribles dans les journaux. Ils n'ont pas tort de se méfier. Moi, je peux rentrer à 5 heures du matin, ça ne pose aucun problème. Bien sûr, j'avertis mes parents, pour leur éviter toute inquiétude. À mon avis, si j'étais une fille, à 18 ans, j'aurais juste la permission de minuit.

Mais quant à l'avenir, quant au métier, je peux vous dire qu'un garçon n'a pas plus de chances qu'une fille. Donc, à l'avenir, l'égalité des sexes se réalisera plus facilement dans la société.»

Et il a ajouté que ce serait un progrès, que ce serait une bonne chose.

Isabelle, 19 ans, claviste, nous a confié qu'elle s'était sentie libre de faire ce qu'elle voulait. Elle a dit que ses parents ne lui avaient jamais interdit de sortir, de rentrer tard, parce qu'ils lui faisaient confiance.

«Quand je sors, généralement avec une amie, notre grand plaisir, c'est d'aller au cinéma, puis au restaurant et en boîte pour danser. J'adore ça. Et puis après, je rentre simplement, comme je le ferais aussi bien d'ailleurs si je vivais seule.

C'est vrai que ma situation est un peu différente de celle des autres filles: comme je gagne ma vie, je n'ai pas besoin de demander de l'argent à mes parents. Mon avenir, je le vois sans problèmes. Plus tard, si je me marie, si j'ai des enfants, je continuerai à exercer mon métier, que j'aime. Le seul point sur lequel je trouve que les garçons sont favorisés, c'est l'amour. Les parents sont plus stricts avec une fille. La réputation! Mais pour le reste, je trouve que les chances sont à peu près égales. Il faut savoir en profiter.»

ACTIVITÉS

OBSERVE

Il a ajouté que ce serait un progrès.

Grammaire

Le discours indirect (suite et fin)

- Autres transformations du discours direct au discours indirect, avec le verbe *dire, demander,* etc., à un temps du passé.

Discours direct
Quand *irez*-vous à Paris

Discours indirect
il nous a demandé quand nous *irions* à Paris

« Nous *voudrions* un renseignement
→ ils ont dit qu'ils *voudraient* un renseignement
Je *partirai* quand *j'aurai fini*
→ elle a dit qu'elle *partirait* quand elle *aurait fini*
Nous *aurions pu t'aider*
→ ils m'ont dit qu'ils *auraient pu m'aider*

- Et d'autres mots :

prochain (l'année prochaine)	suivant (l'année suivante)
dernier (l'année dernière)	précédent (l'année précédente)

ACTIVITÉ 1

Transforme au discours indirect.

Sa mère lui a demandé : « Est-ce que tu iras chez Isabelle le week-end prochain? » ce qu'elle
Martine a répondu : « Je ne sais pas encore. » qu'elle ne savait pas encore
Sa mère a dit : « Il faudrait savoir! La semaine dernière, tu voulais y aller! » qu'il faudrait savoir, que la semaine d'avant elle voulait y aller là
Martine a dit : « Oh, mais qu'est-ce que ça peut faire? » ce que ça pouvait faire.
Sa mère a expliqué : « Samedi, ton père et moi, nous ne serons pas là. Si tu ne vas pas chez ton amie, tu devras venir avec nous. Je ne veux pas te laisser seule. »

OBSERVE

Il faut savoir *en* profiter.

Grammaire

Je me souviens de...
EN : pour le lieu d'où l'on vient.
Je viens de Paris j'en viens.
C.O.D. exprimant une quantité :
J'ai mangé un gâteau j'en ai mangé un.
J'ai pris des photos j'en ai pris.
Mais :
EN remplace aussi DE + nom de chose.
J'ai parlé de mes projets j'en ai parlé.
J'ai besoin de ton aide j'en ai besoin.

ACTIVITÉ 2

Refais les phrases suivantes en remplaçant *de* + groupe de mots par *en.*

- Les enfants ont envie de ce jouet. → *Ils en ont envie.*
- Le comédien s'étonne de son succès.
- Ils discutent de leurs voitures.
- Je dois changer de montre.
- Vous jouez très bien du piano.
- Ce garçon manque de goût.
- Tu t'es rendu compte de ton erreur, enfin!
- Je me sers beaucoup du dictionnaire.
- Ils se souviennent des jours anciens.
- Vous vous occupez très mal de vos affaires.
- Je me moque de tes critiques.

COMMENT DIRE POUR...

donner son avis

je crois que	selon moi	pour moi
je pense que	d'après moi	à mon avis
j'estime que	quant à moi	si vous voulez mon avis.
je dirais que		

b

	LUI	ELLE
Il (elle) n'a pas dit bonjour ce matin.	Il doit avoir des problèmes.	Pour qui elle se prend, celle-là ?
Il (elle) est strict sur les notes de frais.	C'est un bon gestionnaire.	C'est une peau de vache.
Il (elle) déjeune avec le directeur général.	Il y a de la promotion dans l'air.	Il y a de l'idylle dans l'air.
Il (elle) est autoritaire.	Il sait se faire respecter.	Elle joue au petit chef.
Son bureau est en désordre.	Il a un travail fou.	Elle ne sait pas s'organiser.
Il (elle) lit le journal.	Il surveille la Bourse.	Elle cherche les cinémas
Il (elle) discute avec des collègues.	Il est très populaire.	Elle passe son temps dans les couloirs.
Il (elle) va se marier.	Il se stabilise.	Dans six mois elle nous fait un enfant.
Son patron le (la) critique.	Ça va le stimuler.	Elle est bonne pour la déprime.
Il (elle) reste tard le soir.	Son métier le passionne.	Elle est débordée.
Il (elle) est malade.	Il se surmène.	Elle n'a pas de santé.
Il (elle) demande une augmentation.	On a dû lui faire des propositions ailleurs.	Pour une femme, elle est déjà bien payée.
Il y a des fautes dans son courrier.	Sa secrétaire est nulle.	Elle ne sait même pas dicter en français.
Il (elle) a refusé de reprendre le poste de Dupont.	Ce n'est pas un arriviste.	Elle n'est pas motivée.
Il (elle) va avoir un enfant.	Faudra penser à l'augmenter.	Ça va encore nous coûter cher.
Il (elle) est en retard.	Il doit être coincé dans les embouteillages.	Elle a dû aller chez le coiffeur.
Il (elle) part en voyage d'affaires.	Comment fait-il pour tenir le coup.	Et son mari ne dit rien ?
Il (elle) ne repasse pas cet après-midi.	Il a emporté des dossiers chez lui.	Évidemment, c'est mercredi.
Il (elle) a raté une affaire.	Il n'a pas eu de chance.	Elle n'a pas fait le poids.
Il (elle) accepte un poste dans une société.	Il mène bien son plan de carrière.	C'est une instable.

TRES DRÔLE!
QUEL HUMOUR
LUI ELLE

ACTIVITÉS

OBSERVE

Pascale *vient d'*être malade.

> **Grammaire**
>
> **Le passé récent :**
> VENIR + DE + infinitif.
>
> Il indique qu'une action s'est passée très peu de temps avant le moment présent : l'action *vient de* se passer.
> *Je viens de rentrer, je suis là depuis 5 minutes.*

ACTIVITÉ 1

Réponds aux questions en utilisant le passé récent.

- Vous allez à Paris ?
  Non, nous venons d'y aller.
- Il veut regarder la télé ?
- Ils veulent manger ?
- Tu vas téléphoner à Valérie ?
- Vous allez faire un gâteau ?
- Ils vont acheter une voiture ?
- Tu veux boire un diabolo menthe ?

OBSERVE

Jetez-*y* un coup d'œil.

> **Grammaire**
>
> **Je me souviens de...**
>
> Y : pour le lieu où l'on est / où l'on va.
>
> *Je vais à Paris.* → *j'y vais.*
> *Je suis à la gare.* → *J'y suis.*
>
> **Y** remplace aussi **à + nom de chose.**
>
> *Je pense à la soirée d'hier.* → *j'y pense.*
> *Je réponds à sa lettre.* → *j'y réponds.*
> *Je m'habitue à la ville.* → *je m'y habitue.*

ACTIVITÉ 2

Refais les phrases suivantes en remplaçant *à* + groupe de mots par *y*.

- Il ne pense jamais à son travail.
- Elles jouent au tennis.
- J'ai attaché le chien à l'arbre.
- Elle croit à cette histoire.
- Vous vous intéresserez à ce jeu.
- Nous tenons à nos affaires.
- Ils n'arrivent pas à s'adapter à leur nouvel appartement.
- Il travaille à son roman.
- Cet arbre a résisté à l'orage.

OBSERVE

C'est un *nouvel* hôtel.
C'est un *vieil* hôtel.
C'est un *bel* hôtel.

> **Grammaire**
>
> Devant un nom masculin qui commence par une voyelle ou un h muet :
>
> l'adjectif **beau** devient **bel**
> l'adjectif **nouveau** devient **nouvel**
> l'adjectif **vieux** devient **vieil**

ACTIVITÉ 3

Complète avec les adjectifs *beau, nouveau* et *vieux* dans la forme correcte.

- Bruno vient de déménager. Il m'a montré son .... appartement, qui est mieux que l'ancien.
- Elle est très mauvaise cette cassette ! – Mais non, c'est parce que c'est un .... enregistrement qu'on entend mal.
- Qu'est-ce qu'on fait en France pour le .... An ?
- Les châteaux de la Loire sont de .... édifices.
- Il fait chaud, le temps est superbe, c'est vraiment un .... été !
- Il faudrait construire de .... hôpitaux dans ce pays. Les autres sont trop vieux.

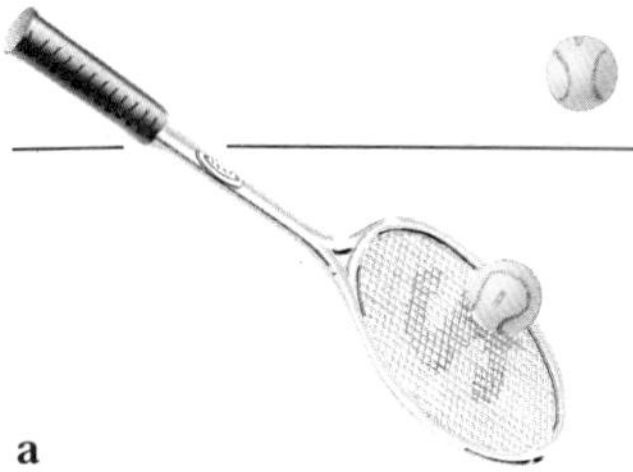

19

Le rail ou la route

a

Annick est chez Denis. Ils vont prendre part à un tournoi qui sera organisé pendant le week-end de la Pentecôte par le club de tennis d'Orléans. Pascale, la copine d'Annick, y va aussi, avec François.

Denis On prend la voiture ou on part en train?

Annick Moi, je préfère y aller en voiture. Nous avons pas mal de bagages.

Denis Tu as raison. Et puis, on sera plus libre de circuler. Et Pascale et François, ils partent en train, n'est-ce pas?

Annick Oui. Pascale vient d'être malade. Elle préfère le train. Comme ça, ils peuvent laisser leurs bagages à la consigne et nous, on ira les chercher.

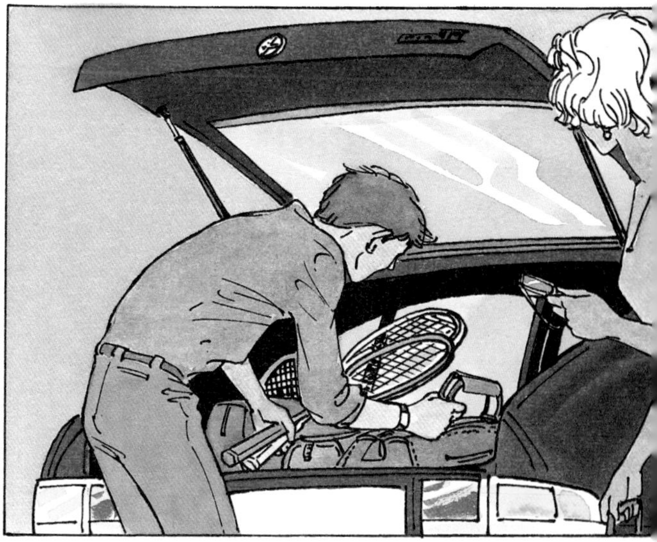

Denis Est-ce qu'ils ont réservé des chambres?

Annick Oui. Pascale m'a dit qu'ils vont à l'hôtel du Parc.

Denis C'est bien, là? Tu connais l'hôtel?

Annick Oui, c'est un nouvel hôtel. Enfin... on a rénové le vieil hôtel qui se trouvait là depuis un siècle.

Denis Alors c'est moderne.

Annick Absolument. C'est un truc super. Dans toutes les chambres, il y a un tableau plein de boutons pour la radio, la télé, le frigo, le chauffage, je ne sais pas quoi. Quand on appuie dessus, il y a plein de petites lampes qui s'allument. C'est chouette!

Denis Et c'est loin du tennis?

Annick Oh non, le tennis est tout proche. Donne-moi le plan. Je vais t'indiquer où c'est.

Denis Ah voilà. Puisque c'est un bel hôtel, nous pouvons y réserver aussi une chambre, si tu veux.

Annick D'accord. Je vais téléphoner. Est-ce que j'appelle aussi Marylène pour lui demander de venir? Elle aime bien les tournois.

Denis Marylène? Ah non. Elle ne sait pas jouer au tennis.

Annick Mais c'est ma copine... Bon. J'appelle l'hôtel.

Les chemins de fer: informations utiles

b

Tarifs à prix réduits

Carte couple/famille
gratuite et valable 5 ans; 50% de réduction à partir de la 2e personne

Billets de séjour
25% de réduction; distance minimale en France: 250 km

Billets de groupe
de 20 à 30% de réduction

France-vacances
seulement pour les étrangers; avantages très intéressants

Carte jeune

L'évasion à la Carte.
Carte Jeune
Voyages Jeunes
SNCF

pour les jeunes entre 12 et 25 ans; valable du 1-6 au 30-9; réduction de 50% en période bleue; avantages divers; en vente en France seulement; se renseigner aux gares

c

Quelques signes que vous trouverez dans l'indicateur

{	trains particuliers; explication en bas de page
⚒	tous les jours, sauf les dimanches et fêtes
+	les dimanches et fêtes seulement
A	arrivée
TEE	Trans Europ Express: train rapide à supplément spécial
TGV	Train Grande Vitesse
TGV ★	TGV à supplement certains jours; consulter le calendrier des suppléments
🚃	places assises
🛏	voiture-lits
🛌	couchettes (1ère ou 2e classe)
R	possibilités de réservation
®	réservation recommandée
[R]	réservation obligatoire
✕	voiture-restaurant
⊗	gril-express (libre-service)
🍸	bar
☕	vente ambulante
♣	possibilité de réserver un compartiment-famille 2e classe
♿	facilités pour handicapés
JVS	Jeune Voyageur Service
🚲	train acheminant gratuitement les bicyclettes en bagages à main

d

Le TGV: la France est devenue plus petite autour de sa capitale

Quelques données

Première ligne empruntée:
Paris-Lyon, distance 461 km

Record du monde sur rail:
mai 1990 : 515,3 km/h

Futurs TGV:

Berne	4h15
Hambourg	6h30
Florence	7h
Berlin	7h30
Madrid	8h
Vienne	8h20
Rome	8h30

Tarifs:
mêmes conditions que les trains classiques, aucune augmentation des prix; supplément aux heures de pointe

Réservation:
obligatoire, pour qu'il n'y ait pas plus de voyageurs que de places assises

TGV

Voitures:
fumeurs et non-fumeurs

Handicapés:
places pour fauteuil roulant

Sur les routes de France

e

Quelques conseils

Automobilistes
Adaptez votre vitesse à la situation; évitez les grandes routes.

Pour aller vite
Empruntez les «quatre-voies» (vitesse limitée à 110 km/h) ou les autoroutes à péage (vitesse limitée à 130 km/h).

Les jours de grande circulation
Attention aux bouchons; choisissez les itinéraires-bis (suivez les panneaux verts dans le sens de la flèche, ouverte dans le sens de Paris, fermée dans le sens contraire).

Cyclistes
Attention, il y a peu de pistes cyclables.

Aux aires de repos
Aux stations-service et aux points d'accueil destinés aux touristes, on vous donnera la carte et le calendrier Bison-Futé. Jetez-y un coup d'œil, vous y trouverez des renseignements utiles sur les routes et la circulation. Des hôtesses vous renseigneront entre autres sur les hôtels et les campings disponibles.
Reposez-vous et mangez bien. Mais ne jetez rien par terre: utilisez les poubelles.

Sur les routes nationales
Beaucoup de gendarmes surveillent les routes, surtout aux croisements. Ils sont sévères.
Attention aux lignes continues! Les conducteurs qui les franchissent ou les touchent sont punis. Ça peut leur coûter le permis de conduire.

Information routière
Aux points d'accueil et par téléphone: numéro du Centre national: (16)1 – 48.94.33.33.

Dans les villes
Priorité pour tous ceux qui viennent de droite, y compris les cyclistes.

f

Quelques panneaux utiles

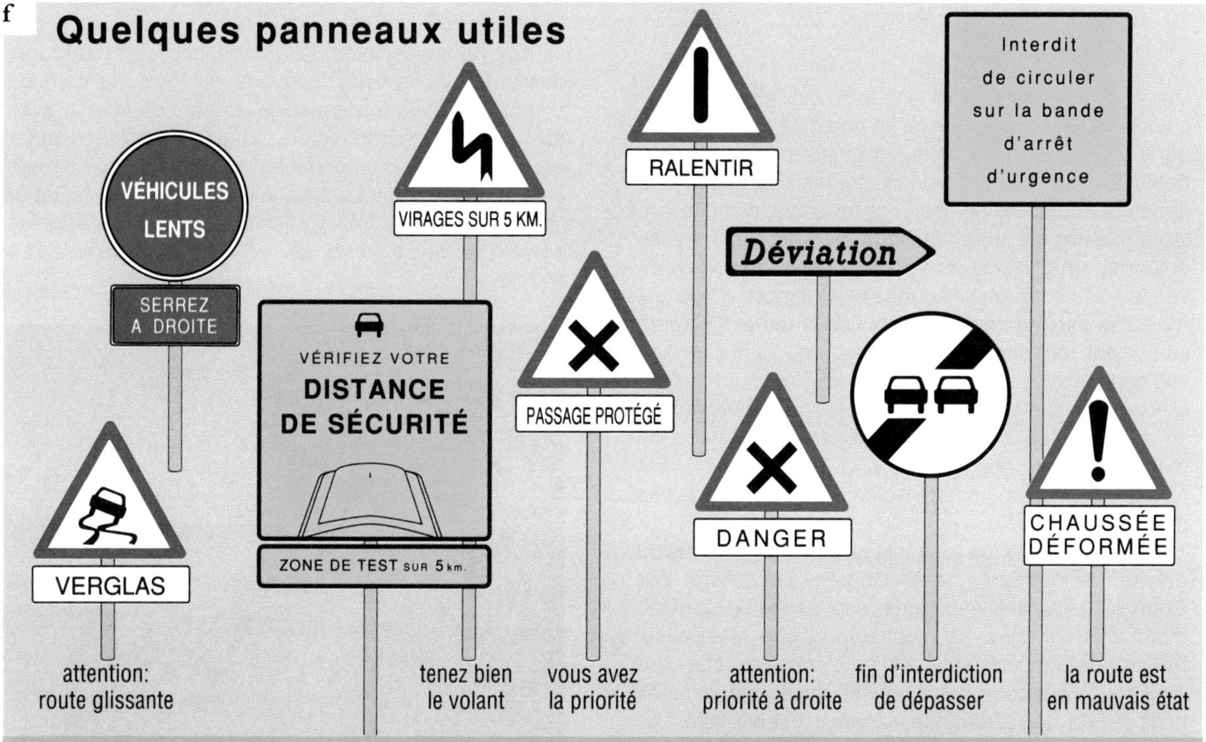
VÉHICULES LENTS
SERREZ A DROITE
VIRAGES SUR 5 KM.
RALENTIR
Interdit de circuler sur la bande d'arrêt d'urgence
Déviation
VÉRIFIEZ VOTRE DISTANCE DE SÉCURITÉ
ZONE DE TEST SUR 5 km.
PASSAGE PROTÉGÉ
VERGLAS
DANGER
CHAUSSÉE DÉFORMÉE
attention: route glissante
tenez bien le volant
vous avez la priorité
attention: priorité à droite
fin d'interdiction de dépasser
la route est en mauvais état

BONNES VACANCES, BONNE ROUTE!

20

La clé des champs

– Super, c'est bientôt les vacances, on va pouvoir se reposer...
– Qu'est-ce que tu vas faire ?
– Avant tout, lire ce livre qu'un ami m'a offert.
– Ah bon ! Qu'est-ce que c'est comme bouquin ?
– C'est *La Maison qui s'envole* de Claude Roy. Attends, je vais te lire le début...

Chapitre Premier

Où il est question d'une maison très tranquille qui s'appelle « Les Glycines » mais qu'on appelle d'habitude « La Maison »

Il y a des maisons qui ont toujours l'air de vouloir s'envoler. On les a posées là, un peu de travers, au coin de la route, avec leurs fenêtres et leurs portes, et leur petite cheminée qui souffle de toutes ses forces une fumée de toutes les couleurs, grise, bleue, blanche. On les a posées là, mais un coup de vent pourrait les emporter, un coup de vent pourrait venir, un coquin de vent qui sifflote, les mains dans ses poches et – houp ! – il n'y aurait plus de maison au coin de la route. Il y aurait seulement, par-dessus les nuages, une petite maison voltigeante, avec ses portes et ses fenêtres ouvertes sur le soleil, la lune et les étoiles, une petite maison légère qui se promènerait, et la fumée de ses cheminées se mélangerait aux nuages. Il y a des maisons qui ont toujours l'air de vouloir s'envoler. Ce ne sont pas des maisons sérieuses.

Et puis, il y a des maisons tristes, pesantes, pleines de gravité, de lourdeur, de mélancolie. Le collège par exemple, avec ses murs gris, ses barreaux, son toit d'ardoises sombres, sa méchante cloche réveilleuse. Ah ! pas de danger que le collège s'envole, lui ! Le vent peut souffler, gronder, se démener, danser pendant les nuits d'hiver une sarabande coléreuse : rien à faire. Les murs couleur de chagrin sont solidement enfoncés dans la terre ferme, les barreaux des fenêtres sont cramponnés aux pierres, la cloche ne sonnera qu'au petit jour pour arracher les dormeurs à leurs rêves. On ne risque pas, avec le collège, de se réveiller un beau matin avec les fenêtres ouvertes sur une prairie de gros nuages tout blancs, ronds, cotonneux, où les martins-pêcheurs volent en compagnie des étoiles filantes, et où les cloches, pendant la semaine de Pâques, se promènent, entourées de grands buissons d'hirondelles et de mouettes.

La maison où Hermine, Jules, Éric et Jacques passaient leurs vacances n'était ni une maison trop légère, ni une maison trop sérieuse. C'était une bonne, épaisse et joyeuse grosse maison, une maison bien à l'aise au milieu de son parc et de ses pièces d'eau, et qui n'avait pas du tout envie de s'envoler sans crier gare. Il y avait autour d'elle trop d'oiseaux, trop de fleurs, trop de jets d'eau, d'animaux, d'enfants, de rayons de soleil et de libellules, trop de jeux et de cris pour que ce soit une maison triste. La maison d'Hermine, Jules, Éric et Jacques était une maison heureuse, avec des murs blancs, un toit rouge, des contrevents verts, couverte de lierre du côté du couchant, couverte de glycine du côté du levant, avec des nids de chardonnerets, et des cheminées aussi gaies que celles d'un paquebot transatlantique en route vers le grand large. La maison d'Hermine, Jules, Éric et Jacques était une très agréable maison. Elle s'appelait « Les Glycines », mais les enfants l'appelaient « La Maison ».

Chapitre II

Où il est question de quatre enfants nommés respectivement Hermine, Éric, Jacques et Jules

Les enfants s'appelaient Hermine, Jules, Éric et Jacques. Mais M. et Mme Petit-Minet les appelaient tout simplement : les enfants. Ce qu'on aime bien n'a pas de nom. Les enfants disaient : « La Maison », et ils étaient heureux. Les parents disaient : « Les enfants », et ils étaient très contents. Car c'étaient vraiment de très beaux enfants, quoiqu'un peu désobéissants.

Hermine, qui était l'aînée, avait des cheveux blonds couleur de maïs, tressés en deux grandes nattes. Elle les nouait avec un ruban dont la couleur était différente chaque jour de la semaine : violet, indigo, bleu, vert, jaune, orangé, rouge. Elle avait aussi de grands yeux couleur d'eau froide, des yeux raisonnables et attentifs. Éric, le second, était aussi brun que sa sœur était blonde, aussi bavard qu'elle était calme, aussi malicieux qu'elle était douce. « Cet enfant ne sait pas quoi inventer pour nous faire enrager », disaient les parents. Mais ce n'était pas vrai, car il savait très bien quoi inventer. Il inventait toute la journée, et même en dormant. Jacques l'écoutait inventer des aventures, des mécaniques, des explorations et il gardait la bouche grande-ouverte-toute-ronde, tellement les inventions d'Éric l'étonnaient. D'ailleurs, tout étonnait Jacques. (...)

Jules ne parlait jamais, et d'ailleurs il n'avait jamais essayé. On l'appelait le petit Jules, ou bien Bébé. Et vraiment il était très petit. Il avait dit un jour : « Papa. » On avait cru qu'il allait se mettre à parler. Mais ç'avait été une fausse alerte. Les parents avaient fait tant d'histoires en annonçant que Bébé parlait, qu'on ne l'y avait pas repris. Il gardait ses pensées pour lui. Comme cela, on ne risque pas d'ennui. Il n'avait pas beaucoup de dents, pas beaucoup de cheveux non plus. Mais il aimait bien ce qu'il avait. Quand on n'est pas très riche, on apprécie mieux ce qu'on a.

Hermine et Éric étaient pensionnaires. Ils arrivaient à la maison tous les ans, le 12 juillet. Grand-père et Nounou gardaient Jacques et le petit Jules. À onze heures on allait à la grille du parc attendre la voiture, qui faisait vers une heure son entrée triomphale. (...)

Le petit Jules ne disait rien, et il montait dans la voiture sur les genoux de son père qui lui chatouillait le menton en s'écriant : « Ah! Guilli, Guillou, poupoudrou, papadada. Oh! le beau petit raminet-ramino-raminagrobis. » C'était sans doute pour lui apprendre à parler le français. La voiture allait s'arrêter devant le perron, où les glycines mauves s'inclinaient vers les enfants pour leur souhaiter, avec leurs couleurs et leurs parfums, de bonnes vacances.

La cloche sonnait. Mais ce n'était pas cette fois-ci pour réveiller les écoliers ou les faire aller en classe. C'était la cloche du parc qui annonçait le premier déjeuner des vacances : poulet rôti, crème au chocolat, et un doigt de vieux vin dans le verre de tous les enfants, à l'exception du petit Jules, mangeur de soupe au lait.

« Les enfants sont là », disait Nounou. « Les enfants sont là », criaient les hirondelles. « Les enfants sont là », miaulait Léonard, le chat. « Les enfants sont là », aboyait Castor, le chien. « Meuh! Meuh! » beuglaient les vaches dans les prés. Et cela voulait dire : « Les enfants sont là. »

Et la maison faisait, avec ses tuiles rouges, le gros dos au soleil, en ronronnant, derrière ses persiennes closes contre le soleil du milieu du jour : « Les enfants sont là. Voilà les vacances. » « Les enfants sont là », disait Grand-père. Et il s'endormait.

C. Roy, *La maison qui s'envole*

C'était son activité préférée. Mais dormir lorsqu'on doit surveiller quatre enfants terribles dont les parents sont partis pendant quelques jours chez des amis, voilà qui promet de belles catastrophes!... mais aussi des aventures extraordinaires!

SOMME TOUTE

1 En et y... ce n'est plus un casse-tête

1. Je reviens de Paris.
2. J'ai besoin de cette cassette.
3. Je pense à mon avenir.
4. Je ne m'habitue pas à mon nouveau travail.
5. Je vais à l'école.
6. J'ai envie de ce pull.
7. Il a pris quelques disques.
8. Nous avons vu plusieurs étudiants.

2 Ça appartient à qui ?

1. C'est ta voiture ?
   – Oui, c'est ...
2. Ce sont vos enfants ?
   – Oui, ce sont ...
3. C'est le frère de Marie ?
   – Oui, c'est ...
4. Ce sont les livres de Christine ?
   – Oui, ce sont ...
5. C'est le vélo d'Olivier ?
   – Oui, c'est ...
6. C'est la lettre de tes cousins ?
   – Oui, c'est ...

3 Le passé récent n'est pas loin = je m'en souviens bien

1. Il est sorti de l'hôpital →
2. Elles ont fini leur travail →
3. Tu as mangé du chocolat →
4. J'ai bu un diabolo menthe →
5. Nous avons promené le chien →
6. Vous vous êtes couchés →

4 Les indéfinis ? Aucun problème !

1. Il venait ... ... jours à la même heure.
2. Ce journal paraît ... lundi.
3. J'ai pris ... dépliants sur la région.
4. Il ne s'est ... passé pendant ton absence.
5. Il n'y a ... chance pour que ça réussisse, hélas.
6. Il est arrivé ... de grave.
7. Tu peux dire ..., il n'entend pas.

5 J'aime qu'on puisse mettre le subjonctif dans les relatives, parfois

1. Il cherche la seule personne ... *(pouvoir)*... l'aider.
2. J'ai trouvé la seule personne ... *(pouvoir)*... m'aider.
3. C'est le seul ami ... j'*(avoir)*...
4. Cette voiture, c'est la dernière ... nous *(avoir)*... envie.
5. Ce livre, c'est le premier ... *(être)*... vendu si cher.

6 J'écris les dialogues

Mon frère m'a dit qu'il avait pris le TGV. Je lui ai demandé s'il avait été impressionné. Il m'a répondu que le train allait vraiment très vite. Je lui ai dit que moi aussi, j'aimerais le prendre. Il m'a dit qu'il faudrait que je fasse une réservation. Puis il m'a proposé de l'accompagner au voyage suivant qu'il ferait.

7 Qu'est-ce qu'il m'a dit ? Il m'a dit que...

Je vais partir bientôt. J'ai écrit le mois dernier à une école française pour faire un stage pendant les vacances. J'ai reçu la réponse ce matin. Ils veulent bien que j'aille chez eux. Alors je partirai le mois prochain. Est-ce que ça te dirait de venir avec moi ? Allez, viens, ça sera amusant !

8 Quand ces adjectifs sont devant le nom, je sais ce qu'ils deviennent

1. Cette chambre est nouvelle ? Oui, c'est une ...
2. Cet homme est beau ? Oui, c'est un ...
3. Ces arbres sont vieux ? Oui, ce sont de ...
4. Cet emploi est nouveau ? Oui, c'est un ...

9 Je connais au moins 5 endroits pour sortir si je veux m'amuser en France

REVUE POUR TOUS
NUMERO SPECIAL CHANSONS
4
Mon mec à moi
PATRICIA KAAS
C'est la vie
MARC LAVOINE
Joue pas
FRANÇOIS FELDMAN
& JONIECE JAMISON
PATRICK BRUEL
Né quelque part
MAXIME LE FORESTIER
Armstrong
CLAUDE NOUGARO
Tombé du ciel
JACQUES HIGELIN
C'est normal
MARIE MYRIAM
Vincent
MICHEL SARDOU
Jour de neige
ELSA

Vincent

MICHEL SARDOU

De *Pont-Aven* à *Sotheby*
Des mornes plaines à *Saint-Rémy*

Pont-Aven : village de Bretagne, rendu célèbre par Gauguin / Sotheby : salle de ventes anglaise d'objets d'art / Saint-Rémy : village de Provence où à vécu Van Gogh

Et par centaines
Des *corbeaux* noirs
Dans tes migraines
Dans ton regard
Derrière l'église d'*Auvers-sur-Oise*
Une lumière grise un bleu turquoise

oiseaux noirs. Titre d'un tableau de Van Gogh

village dans l'Oise où Van Gogh s'est suicidé
l'église d'Auvers-sur-Oise : tableau de Van Gogh

Tu auras mis longtemps
Tu auras mis longtemps
Mais aujourd'hui Vincent
Vincent
Tes ténèbres s'éclairent
D'un éclat de diamant
Dans le rouge et le vert
Tu es encore vivant
Vincent... Vincent

Près des *chaumières* de Chaponval
Le ventre ouvert sous les étoiles

petites maisons au toit de paille peintes par Van Gogh

Comme le *dormeur*
Du clair de lune
Autour du cœur
Deux taches brunes
Ton sang !
Et par dizaines des oiseaux noirs
En bord de plaine aux *abreuvoirs*

fait référence au poème « Le Dormeur du Val » d'Arthur Rimbaud

lieu ou installation où les animaux peuvent boire

Tu auras mis longtemps
Tu auras mis longtemps
À mourir calmement
Vincent
C'est ton corps qu'on enterre
Ce n'est rien d'important
Dans le rouge et le vert
Tu es encore vivant
Vincent

Tu peux rentrer quand tu voudras
Les *champs de blé* sont toujours là
Le monde est fou
Le jaune est roi

tableau de Van Gogh

Tes ténèbres s'éclairent
D'un soleil éclatant
Dans le rouge et le vert
Tu es encore vivant
Tu auras mis longtemps
Mais aujourd'hui Vincent
Tu vends

MARC LAVOINE

Tous les matins
C'est la même *corrida* — *agitation (fam.)*
Lever la tête
Ouvrir les bras
Tous les matins
C'est le même numéro
Trouver l'amour
Chercher les mots
J'suis coincé
Comme un évadé
Faut marcher
Ne jamais s'arrêter
J'suis piégé
Comme un condamné
À marcher
Jamais se retourner

Refrain
C'est la vie
La vie c'est du vent
Qui nous souffle
Les rêves d'enfant
C'est la nuit qui descend
C'est jamais comme avant
Il ne faut plus faire semblant
Attends, c'est la vie
La vie qui nous veut
Qui nous blesse
Le cœur et les yeux
C'est la nuit qui retombe
Comme la pluie, les bombes
Il ne faut plus faire semblant
Attends

Tous les matins
C'est *le même cinéma* — *la même chose*
Tendre les mains
Croiser les doigts
Tous les matins
C'est la même comédie
Chercher quelqu'un
Trouver celle qui
J'suis coincé
Comme un révolté
Faut marcher
Ne jamais s'arrêter
J'suis piégé
Comme un *naufragé* — *quelqu'un perdu en mer quand son bateau a coulé*
À marcher
Jamais se retourner

Refrain

C'est la vie

FAITES VOTRE HIT-PARADE AVEC

Diabolo menthe

HUGUES AUFRAY Adieu Monsieur le professeur
GILBERT BÉCAUD Nathalie
GEORGES BRASSENS Le hérisson
PATRICK BRUEL Tout le monde peut se tromper
FRANCIS CABREL Sarbacane
JILL CAPLAN Inconnu dans ta ville
JULIEN CLERC Mon ange
ANNIE CORDY Ma plus jolie chanson
DALIDA Les p'tits mots
JOE DASSIN Ça va pas changer le monde
JOE DASSIN Salut
DÉBUT DE SOIRÉE Vent de Folie
LINDA DE SUZA On est fait pour vivre ensemble
SACHA DISTEL Toute la pluie tombe sur moi
ALICE DONA Laissez passer la chanson
YVES DUTEIL Prendre un enfant
EMMANUELLE Premier baiser
FRANÇOIS FELDMAN Joue pas
CATHERINE FERRY Un, deux, trois
FRANCE GALL Babacar
JACQUES HIGELIN Tombé du ciel
MARLÈNE JOBERT Peux pas le dire
PATRICIA KAAS Mon mec à moi
MARC LAVOINE C'est la vie
MAXIME LE FORESTIER Né quelque part
GÉRARD LENORMAND La ballade des gens heureux
GÉRARD LENORMAND Si j'étais président
YVES MONTAND Les grands boulevards
MARIE MYRIAM C'est normal
NIAGARA L'amour à la plage
CLAUDE NOUGARO Armstrong
JOËL PRÉVOST Il y aura toujours des violons
SAPHO Marrakech
MICHEL SARDOU Vincent
SHEILA L'olympia
ALAIN SOUCHON J'ai dix ans

Et envoyez votre sélection des 10 meilleures chansons avant le 30 mai à la rédaction Diabolo Menthe, 26, rue des Fossés. Saint. Jacques, 75 005 PARIS.

Diabolo-Menthe

TOUT L'MONDE PEUT S'TROMPER

PATRICK BRUEL

Tout l'monde peut s'tromper
Tout l'monde se tromp'ra
Comme dit la souris
Dans la gueule du chat
Même Napoléon
Qu'était loin d'être *con* — *bête, stupide (argot)*
Même le grand César
Qu'était pas un *ringard* — *médiocre, mauvais (argot)*

Dieu lui-même en personne
À fait des erreurs
La compagnie du téléphone
Et même mon *percepteur* — *celui à qui on doit payer les impôts*
Les bébés, les vieillards
Les couche-tôt, les lève-tard
Les papas, les mamans
On vit tous en s'trompant

Refrain
Tout l'monde, tout l'monde
Tout l'monde se trompe
En *fric,* en amour — *l'argent (argot)*
On s'trompe tous les jours
C'est chacun son tour
Tout l'monde, tout l'monde
Tout l'monde se trompe
On aime tout c'qui est *toc* — *sans valeur*
C'qui est vrai on s'en moque
En plus on s'croit rock

Tout l'monde peut s'tromper
Tout l'monde se tromp'ra
Faut pas s'inquiéter
Quand on l'sait ça va
Donc en conséquence
Faut faire tout c'qu'on pense
Donc par conséquent
Celui qu'y croit qu'y s'trompe y s'ment!

Refrain (2 ×)

Sarbacane

FRANCIS CABREL

On croyait savoir tout sur l'amour
Depuis toujours
Nos corps par cœur et nos cœurs
Au chaud dans le *velours* — *tissu doux*
Et puis te voilà bout de femme

Comme soufflée d'une *sarbacane* — *long tuyau dans lequel on souffle pour envoyer des petites flèches*
Le ciel a même un autre éclat
Depuis toi

Les hommes poursuivent ce temps
Qui court depuis toujours
Voilà que t'arrives
Et que tout s'éclaire sur mon parcours
Pendue à mon cou comme une liane
Comme le *roseau* de la sarbacane — *plante légère, comm un tuyau, avec laquelle on fait les sarbacanes*
Le ciel s'est ouvert par endroits
Depuis toi

Pas besoin de phrases ni de longs discours
Ça change tout dedans, ça change tout autour

Finis les matins *paupières en panne* — *réveil difficile*
Lourdes comme des bouteilles de *butane* — *gaz pour faire la cuisine ou chauffer*
J'ai presque plus ma tête à moi
Depuis toi

Pas besoin de faire de trop longs discours
Ça change tout dedans, ça change tout autour

Pourvu que jamais tu ne t'éloignes
Plus loin qu'un jet de sarbacane
J'ai presque plus ma tête à moi
Depuis toi

Alors te voilà bout de femme
Comme soufflée d'une sarbacane
Le ciel s'est ouvert par endroits
Depuis toi
Oh depuis toi...

Joue pas

FRANÇOIS FELDMAN
& JONIECE JAMISON

Tu peux me faire danser
Bouger, tourner autour de toi
Tu peux me faire chanter
Murmurer, crier n'importe quoi
Tu peux me faire sentir
S'il faut partir
Où ?
Où le soleil sera
Tu peux me faire sourire
Éclater de rire, rêver dans tes bras

Refrain
Mais joue pas, pas avec moi
Car l'amour ça ne plaisante pas
Joue pas, joue pas comme ça
Tu sais tu sais jamais
Jusqu'où ça ira... de jouer avec moi

Tu peux me dessiner
Me sculpter en *pâte à modeler*
Tu peux me colorier
Me tatouer aux couleurs de l'été

pâte molle utilisée par les enfants pour faire des sculptures

Refrain (2 ×)

Tu sais tu sais jamais
Tu sais tu sais jamais
Jamais jusqu'où ça ira
De jouer avec moi
Tu sais tu sais jamais
Tu sais tu sais jamais
Jamais jusqu'où ça ira

On pourrait *se fiancer*
Se marier, j'dis pas n'importe quoi
On pourrait faire un bébé
P'tit bébé, mélange de toi et moi

se promettre avant le mariage

Refrain (2 ×)

Tu sais tu sais jamais
Joue pas, joue pas
(etc.)

Mon mec à moi

PATRICIA KAAS

Il joue avec mon cœur
Il triche avec ma vie
Il dit des mots menteurs
Et moi je crois tout c'qu'il dit
Les chansons qu'il me chante
Les rêves qu'il fait pour deux
C'est comme les bonbons menthe
Ça fait du bien quand il pleut
Je m'raconte des histoires
En écoutant sa voix
C'est pas vrai ces histoires
Mais moi j'y crois

Refrain
Mon *mec* à moi
Il me parle d'aventures
Et quand elles brillent dans ses yeux
J'pourrais y passer la nuit
Il parle d'amour
Comme il parle des voitures
Et moi j'l'suis où il veut
Tellement je crois tout c'qu'il m'dit
Tellement je crois tout c'qu'il m'dit
Oh oui
Mon mec à moi

homme

Sa façon d'être à moi
Sans jamais dire je t'aime
C'est rien qu'du cinéma
Mais c'est du pareil au même
Ce film en noir et blanc
Qu'il m'a joué deux cents fois
C'est *Gabin* et *Morgan*
Enfin ça ressemble à tout ça
J'm'raconte des histoires
Des scénarios chinois
C'est pas vrai ces histoires
Mais moi j'y crois

Jean Gabin et Michèle Morgan : 2 grands acteurs du cinéma français. Ont joué ensemble dans plusieurs films d'amour

Refrain (3 ×)

Armstrong

CLAUDE NOUGARO

Louis Armstrong, trompettiste de jazz noir célèbre

Armstrong, je ne suis pas noir
Je suis blanc de peau
Quand on veut chanter l'espoir
Quel *manque de pot* — *manque de chance (fam.)*
Oui, j'ai beau voir le ciel, l'oiseau
Rien, rien, rien ne *luit* là-haut — *brille*
Les anges... zéro
Je suis blanc de peau

Armstrong, tu *te fends la poire* — *rire (argot)*
On voit toutes tes dents
Moi, je *broie plutôt du noir* — *avoir les idées très tristes*
Du noir en dedans
Chante pour moi, Louis, oh oui!
Chante, chante, chante, ça tient chaud
J'ai froid, oh moi
Qui suis blanc de peau

Armstrong, la vie, quelle histoire!
C'est pas très marrant
Qu'on l'écrive blanc sur noir
Ou bien noir sur blanc
On voit surtout du rouge, du rouge
Sang, sang, *sans trêve ni repos* — *toujours, sans arrêt*
Qu'on soit, ma foi
Noir ou blanc de peau

Armstrong, un jour, tôt ou tard
On n'est que des os...
Est-ce que les tiens seront noirs?
Ce serait rigolo
Allez Louis, *alléluia!* — *cri de joie pour célébrer Dieu*
Au-delà de nos oripeaux — *quand on est mort*
Noir et blanc
Sont ressemblants
Comme deux gouttes d'eau
Oh yeah

C'est normal

MARIE MYRIAM

Y'a des mots qu'on abandonne
Quand l'amour devient banal
Mais si la musique est bonne
Tout peut s'oublier, on *s'en fout pas mal* — *ça n'a pas d'importance*

C'est normal

Y'a des cris d'amour qui sonnent
Quand le blues devient génial
Des *sanglots* longs qui résonnent — *quand on pleure fort*
Mieux qu'un *trémolo* trop sentimental — *tremblement dans la voix*

C'est normal
C'est normal

De la dame ou du roi
Qu'importent les couleurs
J'ai les *atouts* pour vivre en vainqueur — *carte plus forte que les autres*
La musique est en moi
J'ai pas besoin de fleurs
Ma vie, tu la connais par cœur

Y'a des nuits au téléphone
Pour les jours où tout va mal
Les adieux longs qui frissonnent
Les larmes, le cœur gros pour des petits détails

C'est normal

Je préfère les mots qui dansent
Quand le blues devient génial
Et quand la musique balance
La terre peut trembler, moi j'm'en fous pas mal

C'est normal
C'est normal
(etc.)

Tombé du ciel

JACQUES HIGELIN

Tombé du ciel
À travers les nuages
Quel heureux *présage* — *signe qui permet de juger de l'avenir*
Pour un aiguilleur du ciel

Tombé du lit
Fauché en plein rêve — *tué*
Frappé par le *glaive* — *épée*
De la sonn'rie du réveil

Tombé
Dans l'oreille d'un sourd
Qui venait de tomber en amour
la veille
D'une hôtesse de l'air fidèle
Tombée
Du haut d'la pass'relle
Dans les bras d'un bagagiste
un peu *volage* — *peu fidèle en amour*
Ancien *tueur à gages* — *tueur professionnel*
Comment peut-on tomber
plus mal

Tombé du ciel
Rebelle aux louanges — *qui n'aime pas les compliments*
Chassé par les anges
Du paradis originel

Tombé d'sommeil
Perdu connaissance
Retombé en enfance
Au pied du grand Sapin de Noël

Voile de mystère
Sous mon regard ébloui
Par la naissance
D'une étoile dans le désert
Tombée
Comme un météore
Dans les poches de Balthazar,
Gaspard et Melchior
Les trois fameux rois mages
Trafiquants d'import-export

Refrain
Tombés d'en haut
Comme les petites gouttes d'eau
Que j'entends tomber dehors
Par la f'nêtre
Quand je m'endors le cœur
en fête
Poseur de *girouettes* — *plaque (souvent décorée) sur les toits, qui tourne et indique la direction du vent*
Du haut du clocher
Donne à ma voix
La direction
Par ou le vent *fredonne* ma chanson — *chanter doucement*

Tombé sur un jour de chance
Tombé à la fleur de l'âge
Dans l'oubli

Solo

C'est fou
C'qu'on peut voir tomber
Quand on traîne sur le pavé
Les yeux en l'air
La semelle battant la poussière
On voit
Tomber des balcons
Des mégots, des pots d'fleurs,
des chanteurs de charme
Des jeunes filles en larmes
Et des alpinistes amateurs

Refrain

Tombé sur un jour de chance
Tombé *par inadvertance* — *sans faire attention*
Amoureux

Tombé à terre
Pour la fille qu'on aime
Se relever *indemne* — *sans blessure*
Et retomber amoureux

Tombé sur toi
Tombé en pâmoison — *perdre connaissance*
Avalé *la ciguë* — *poison mortel*
Goûté le poison qui tue

L'amour
L'amour encore et toujours

Né quelque part

MAXIME LE FORESTIER

On choisit pas ses parents,
on choisit pas sa famille
On choisit pas non plus
les trottoirs de *Manille* — *capitale des Philippines*
De Paris ou d'Alger
Pour apprendre à marcher

Être né quelque part
Être né quelque part
Pour celui qui est né,
c'est toujours un hasard
Nom'inqwando yes qwag iqwahasa — *refrain dans une langue indigène d'Afrique du Sud*
Nom'inqwando yes qwag iqwahasa

Y'a des oiseaux de *basse-cour* — *les poules, les coqs, les canards...*
et des oiseaux de passage
Ils savent où sont leurs nids,
qu'ils rentrent de voyage
Ou qu'ils restent chez eux
Ils savent où sont leurs œufs

Être né quelque part
Être né quelque part
C'est partir quand on veut,
revenir quand on part
Nom'inqwando yes qwag iqwahasa
Nom'inqwando yes qwag iqwahasa

Est-ce que les gens
naissent égaux en droits
À l'endroit où ils naissent
Nom'inqwando yes qwag iqwahasa
Est-ce que les gens
naissent égaux en droits
A l'endroit où ils naissent
Que les gens naissent pareils ou pas
Abantwana bayagxuma,
becashelana bexoxa

On choisit pas ses parents,
on choisit pas sa famille
On choisit pas non plus
les trottoirs de Manille
De Paris ou d'Alger
Pour apprendre à marcher

Je suis né quelque part
Je suis né quelque part
Laissez-moi ce *repère,* — *marque, objet, tout ce qui per[met] de se retrouver quand on est perdu*
ou je perds la mémoire
Nom'inqwando yes qwag iqwahasa
Nom'inqwando yes qwag iqwahasa
Nom'inqwando yes qwag iqwahasa

Est-ce que les gens
naissent égaux en droits
À l'endroit où ils naissent
Que les gens naissent pareils ou pas
Buka naba bexoshana
Nom'inqwando yes qwag iqwahasa
Nom'inqwando yes qwag iqwahasa

Est-ce que les gens
naissent égaux en droits
À l'endroit où ils naissent
Que les gens naissent pareils ou pas
Buka naba bexoshana
Nom'inqwando yes qwag iqwahasa
Nom'inqwando yes qwag iqwahasa
Nom'inqwando yes qwag iqwahasa
Nom'inqwando yes qwag iqwahasa

DÉFINITIONS

Quelques fonctions des mots dans la phrase

• **Sujet**. Répond à la question « Qui est-ce qui ? » :
Le chat *dort.*
• **Le C.O.D.** (complément d'objet direct). Répond à la question « quoi ? » ou « qu'est-ce que ? » « qui est-ce que ? » :
Je chante ***une chanson****. Nous avons vu* ***Pierre.***
• **Le C.O.I.** (complément d'objet indirect). Se trouve après la préposition À ou DE :
Je parle à ***mes amis*** *Je rêve de* ***vacances.***

Les propositions

Dans une phrase, à chaque verbe correspond une proposition.
• **La proposition indépendante** : c'est la phrase simple, avec un seul verbe conjugué. Elle est « libre ». Une phrase peut comporter plusieurs propositions indépendantes.
• **La proposition principale** : c'est la proposition centrale.
• **La (ou les) proposition(s) subordonnée(s)** : elle(s) dépend(ent) de la principale (ou d'une autre subordonnée).
Une proposition subordonnée est toujours introduite par une conjonction de subordination.

Je voulais sortir, mais comme il pleuvait, je suis restée chez moi.

Les mots dans la phrase

• **Les déterminants** : un, une, des / le, la, les / du, de la, des / mon, ma, mes... / ce, cette, ces / 2, 3, 4... / aucun, quelques...
Mon *chat a mangé* ***plusieurs*** *souris.*
• **Le nom** : chat, Paul, maison, ciel, idée.
• **Les pronoms**
Ils remplacent un nom. Ils peuvent avoir les mêmes fonctions que lui dans la phrase : sujet, C.O.D., C.O.I., etc.

– les pronoms personnels : je, tu, il ou elle..., me, te, moi, toi...
– les pronoms possessifs : le mien, le tien...
– les pronoms démonstratifs : celui, ceux, celle, celles...
– les pronoms relatifs : qui, que, dont, où, etc.
– les pronoms indéfinis : quelqu'un, personne, certains, aucun...

• **L'adjectif qualificatif** : il qualifie un nom avec lequel il s'accorde : beau, grand, français...
Le ***gros*** *chat* ***roux*** *a mangé la* ***jolie petite*** *souris.*
• **Le verbe** : c'est le cœur de la phrase en français. Il obéit au sujet : aller, venir, s'asseoir, manger...
Elles ***dorment****.*
• **L'adverbe** : il est invariable. Il nuance le sens d'un verbe, d'un adjectif ou d'un autre adverbe : vite, très, rapidement...
Il court ***vite****. Elle est* ***très*** *grande.*
• **La préposition** : elle est invariable : à, dans, sur, chez...
Elle va ***en*** *France.*
• **La conjonction de coordination** : elle relie 2 mots, 2 groupes de mots, 2 propositions ou 2 phrases : et, ou, mais, donc...
Tu veux du beurre ***et*** *de la confiture,* ***ou*** *tu préfères un gâteau ?*
• **La conjonction de subordination** : elle est invariable. Elle introduit toujours une proposition subordonnée : que, si, parce que, quand, pour que, comme...
Je rentre ***parce que*** *j'ai froid.*

Les verbes, les temps, les voix

Il y a des **verbes** :
– **non pronominaux** : pas de pronom réfléchi. Se conjuguent presque tous avec AVOIR.
manger, dormir... *Ils ont mangé.*
– **pronominaux** : ils se conjuguent avec ÊTRE. Ils ont un pronom réfléchi.
• **réfléchis** : l'action revient sur le sujet : se laver, se lever...
Elle s'est lavée, nous nous levons.
• **réciproques** : l'action se passe entre 2 ou plusieurs sujets :
se saluer, se battre, se disputer...
Ils se sont battus.

Il y a des **temps** :
• **simples** : présent, futur, imparfait, conditionnel et subjonctif présents ;
• **composés** : passé composé, plus-que-parfait, futur antérieur, conditionnel et subjonctif passés se conjuguent avec l'auxiliaire ÊTRE ou AVOIR + participe passé.

Il y a des **voix** :
• **active** : le sujet fait l'action du verbe.
Olivier conduisait la voiture.
• **passive** : le sujet « subit » l'action du verbe. Tous les temps se conjuguent avec ÊTRE.
La voiture était conduite par Olivier.

Formation des adverbes

1. Masculin de l'adjectif + MENT : pour les adjectifs qui se terminent par **-e**, **-i**, **-u**
bête / bêtement joli / joliment absolu / absolument
exception : *gai / gaiement*

2. Féminin de l'adjectif + MENT : pour les adjectifs qui se terminent par **une consonne**
long / longuement heureux / heureusement sec / sèchement
exception : *gentil / gentiment*

3. Dernière voyelle de l'adjectif + MMENT : pour les adjectifs qui se terminent par **-ant** ou **-ent**
élégant / élégamment différent / différemment

Les pronoms personnels

	sujet	C.O.D.	C.O.I. (= à + quelqu'un)	tonique	réfléchi
	je **tu** **il** **elle** **nous** **vous** **ils** **elles**	**me** **te** **le** **la** **nous** **vous** **les** **les**	**me** **te** **lui** **lui** **nous** **vous** **leur** **leur**	**moi** **toi** **lui** **elle** **nous** **vous** **eux** **elles**	**me** **te** **se** **se** **nous** **vous** **se** **se**
quantité		**en**			
choses et lieux			**en** **y**		

ex. : ***Tu*** *chantes la chanson à Marie*
Tu la *chantes*
Tu lui *chantes la chanson*
Toi, tu *chantes la chanson à Marie*
Maintenant Marie ***se*** *chante la chanson.*

• **EN** : 1. C.O.D. : pour quantité (précisée ou non) + nom
J'ai des amis → j'en ai.
Je veux une pomme → j'en veux une.
Je bois du café → j'en bois.

2. C.O.I. : pour DE + nom de chose (ou de lieu)
je parle de mes projets → j'en parle.
je viens de Paris → j'en viens.

• **Y** : C.O.I. : pour À + nom de chose (ou de lieu)
À + infinitif
Je pense à mon pays → j'y pense.
Je pense à faire les courses → j'y pense.
Je vais à Paris → j'y vais.

Attention ! Jamais Y devant le futur ou le conditionnel présent du verbe ALLER. On ne met rien. Mais seulement pour ces 2 temps, et seulement pour ALLER.
Tu iras à Paris ? Oui, j'irai.

• **Place des pronoms**
En général, ils sont **devant le verbe** dont ils sont compléments. Quand il y a deux pronoms compléments :

C.O.I. + C.O.D. { **me** / **te** / **nous** / **vous** } + { **le** / **la** / **les** }

Ces disques, il me les a donnés.

C.O.D. + C.O.I. { **la** / **le** / **les** } + { **lui** / **leur** }

Ces disques, je les leur prêterai.

• **Avec l'impératif** à la forme affirmative :
impératif + C.O.D. + C.O.I.
donne-le-moi dis-la-leur donne-m'en
Attention :
moi + en = m'en moi + y = m'y
toi + en = t'en toi + y = t'y
Y et **EN** sont toujours en deuxième position.
Je lui en donne. Je m'y promène.
Y et **EN** ne sont jamais ensemble, sauf dans *il y en a*.

Les pronoms relatifs

Quand il y a un pronom relatif, il y a toujours un antécédent :
un nom : ***la route*** *que nous suivons*
un pronom personnel : ***vous,*** *qui savez tout dites-nous...*
un pronom démonstratif : *je veux* ***celui*** *dont tu ne te sers pas*
un pronom indéfini : *je connais* ***quelqu'un*** *qui sait tout faire*

1. Sans préposition
Pour les personnes, les choses et les animaux
QUI sujet
le soleil ***qui*** *brille l'homme* ***qui*** *parle...*

QUE C.O.D.
*la route **que** nous avons suivie*

DONT remplace DE + nom
*la fille **dont** je parle* *la maladie **dont** il souffre*

OÙ complément de lieu :
*la maison **où** j'habite* *le pays d'**où** je viens*
complément de temps :
*l'année **où** je suis né*

2. Après une préposition
Pour les personnes seulement : **QUI**

à, avec, chez, en, par, pour, sans, sur, etc.	+ QUI	*La personne à qui j'ai parlé...* *La copine avec qui je mange...* *Les gens chez qui je vais...* *Un docteur en qui j'ai confiance...* *L'ami par qui je suis reçu...* *Le patron pour qui il travaille...* *Paul, sans qui je ne fais rien...* *Une fille sur qui on peut compter...*

Pour les choses et les animaux surtout (et aussi pour les personnes)
Lequel à + lequel → **auquel**
lesquels à + lesquels → **auxquels**
laquelle à + laquelle → **à laquelle**
lesquelles à + lesquelles → **auxquelles**

Le chien auquel je pense est noir.
Ce sont les livres auxquels je tiens le plus.
C'est la maison à laquelle je rêve.
Les fleurs auxquelles j'ai donné de l'eau sont très belles.

avec, dans, par, pour, sans, sur, etc;	+ LEQUEL, etc	*Le sac avec lequel je pars...* *Le fauteuil dans lequel je suis assis...* *La route par laquelle il est venu...* *L'entreprise pour laquelle il travaille...* *L'agenda sans lequel il oublie tout...* *Les chaises sur lesquelles ils sont assis...*

Les indéfinis

ADJECTIFS	*PRONOMS*
	PERSONNE (pour les gens) • toujours avec **ne** *Personne ne vient.* *Je n'ai vu personne.* • avec un adjectif qualificatif : **de** + adj. au masculin *Il n'y a personne de méchant.* • forme d'insistance = **Personne d'autre** *Personne d'autre ne viendra.*
	RIEN • toujours avec **ne** *Rien ne va.* *Je ne veux rien.* • avec un adjectif qualificatif = **DE** + adj. au masc. sing. *Il ne fait rien de bon.* • forme d'insistance = **Rien d'autre, rien du tout** *Je ne veux rien d'autre.* *Il ne fait rien du tout.*
AUCUN, AUCUNE • toujours avec **ne** • toujours au singulier *Je n'ai aucune chance.* *Il n'a aucun ami.*	**AUCUN, AUCUNE** • toujours avec **ne** • toujours au singulier • quand il est C.O.D., il faut **en** devant le verbe *Je n'en ai vu aucun.* *Aucun ne marche.*

ADJECTIFS	PRONOMS
	QUELQU'UN • toujours au masculin singulier • pour les gens • avec un adjectif qualificatif : **de** + adj. au masc. sing. *Tu as vu quelqu'un ?* *Quelqu'un de bizarre est passé.*
	QUELQUE CHOSE • toujours au singulier • pour les choses • avec un adjectif qualificatif : **de** + adj. au masc. sing. *J'ai mangé quelque chose de bon.* *J'ai vu quelque chose de beau.*
QUELQUES • en général au pluriel • féminin et masculin • pour les gens, les choses, les animaux... *J'ai quelques problèmes en maths.*	**QUELQUES-UNS, QUELQUES-UNES** • pour les gens, les choses et les animaux • toujours au pluriel • quand il est C.O.D., il faut **en** devant le verbe *J'en ai quelques-uns.*
AUTRE, AUTRES • toujours avec un déterminant devant lui • masculin et féminin *J'ai pris d'autres livres.*	**UN AUTRE, UNE AUTRE, D'AUTRES** **L'AUTRE, LES AUTRES** • comme l'adjectif, toujours avec un déterminant • **un autre, une autre, d'autres** C.O.D. : *J'en veux d'autres.*
CERTAIN , CERTAINE • sans déterminants *Certaines roses n'ont aucun parfum.*	**CERTAINS, CERTAINES** • toujours au pluriel • quand il est C.O.D., il faut **en** devant le verbe *J'en ai lu certains.*
CHAQUE • toujours au singulier • masculin ou féminin *Je vais à l'école chaque jour.*	**CHACUN, CHACUNE** • toujours singulier *Chacun a dit quelque chose.* *J'ai parlé à chacune d'elles.*
PLUSIEURS • toujours au pluriel • masculin ou féminin *J'ai vu plusieurs personnes.* *J'ai lu plusieurs livres.*	**PLUSIEURS** • toujours au pluriel • masculin ou féminin • quand il est C.O.D., il faut **en** devant le verbe *J'en ai vu plusieurs.*
TOUT, TOUS, TOUTE, TOUTES • avec un déterminant derrière lui *Tous les arbres sont verts.* *J'ai parlé à tout le monde.* *Toutes mes amies sont venues.* *Il a mangé toute cette tarte.*	**TOUT, TOUS, TOUTE, TOUTES** • quand il est C.O.D., il faut **le, la** ou **les** devant le verbe *Je les veux tous.* *Je les ai tous lus.*

La négation

PHRASES AFFIRMATIVES	*PHRASES NÉGATIVES*	*REMARQUES*
Je suis...	**NE** (verbe) **PAS** (participe passé) *Je ne suis pas.* *Je n'ai pas été.*	**NE PAS + infinitif** *Être ou ne pas être.*
QUELQU'UN *Quelqu'un est venu.* *J'ai vu quelqu'un.* *Je parle à quelqu'un.*	**PERSONNE NE** (verbe) **...NE** (verbe) (participe passé) **PERSONNE** *Personne n'est venu.* *Je n'ai vu personne.* *Je ne parle à personne.*	**NE** + infinitif + **PERSONNE** *Ne voir personne.*
QUELQUE CHOSE *J'ai pris quelque chose.* *Quelque chose est arrivé.*	**NE** (verbe) **RIEN** (participe passé) **RIEN NE** (verbe) *Je n'ai rien pris.* *Rien n'est arrivé.*	**NE RIEN** + infinitif *Ne rien dire.*
QUELQUE PART *Je l'ai déjà vu quelque part.*	**NE** (verbe) (participe passé) **NULLE PART** *Je ne l'ai vu nulle part.*	**NE** + infinitif + **NULLE PART** *N'aller nulle part.*
TOUJOURS *Il est toujours fatigué.*	**NE** (verbe) **JAMAIS** (participe passé) *Il n'est jamais fatigué.*	**NE JAMAIS** + infinitif *Ne jamais dire de bêtises.*
ENCORE *Il habite encore là.*	**NE** (verbe) **PLUS** (participe passé) *Il n'habite plus là.*	**NE PLUS** + infinitif *Ne plus penser.*
– ET – *Je veux du pain et du vin.* *Je veux boire et manger.*	**NE** (verbe) **NI –, NI–** *Je ne veux ni pain ni vin.* *Je ne veux ni boire ni manger.*	• le plus souvent, on ne met pas d'article devant le nom après **ni**. Mais on garde les adj. possessifs (mon, ton...) ou démonstratifs (ce, cette, ces). *Je ne veux ni ton vélo ni cette voiture.*
QUESTION AFFIRMATIVE	*QUESTION NÉGATIVE*	
Est-ce qu'il est là? *– Oui, il est là.* *– Non, il n'est pas là.*	*Il n'est pas là?* *– Si, il est là.* *– Non, il n'est pas là.*	

LE VERBE

Imparfait / passé composé

IMPARFAIT	PASSÉ COMPOSÉ
• L'action se situe dans le passé, sans précision de temps. *Il pleuvait.* • Pour décrire les personnages, les endroits et les circonstances de ce qu'on va raconter *Il pleuvait. Un homme, grand, marchait dans la rue qui était sombre.* • Pour indiquer une habitude, une répétition. *À chaque fois que le téléphone sonnait, il se levait pour répondre.* • Pour une action en train de se passer *Je marchais quand soudain...* • Pour une action qui a commencé avant une autre - qui est au passé composé *La radio marchait quand je suis rentré à la maison.* • Pour le futur proche et le passé récent dans le passé *j'allais partir.* *Je venais de rentrer.*	• L'action se situe dans le passé. On a une indication de temps. *Hier, il a plu pendant 2 heures.* • Pour raconter. Il met en valeur les actions *Puis il s'est arrêté et a regardé derrière lui.* • Pour une action soudaine ou très courte. *Soudain, j'ai entendu crier.* • Pour des actions qui se suivent. *Ce matin, je me suis levé et je suis sorti.* • Pour une action qui vient « couper » une autre action commencée avant - qui est à l'imparfait. *Je suis arrivé pendant qu'il dormait.* **Donc, on sait :** 1) quand l'action commence ou quand elle a lieu : *À midi, je suis allé déjeuner.* 2) quand l'action finit : *Il a dormi jusqu'à 8 heures.* 3) combien de temps l'action a duré : *Il a plu pendant 3 heures.*

Les temps entre eux

Quand une action se passe **avant** une autre :

	1re action	**2e action**	
Dans le présent	passé composé	présent	*Comme elle a beaucoup travaillé, elle se repose.*
	plus-que-parfait	imparfait	*Je savais que tu avais réussi ton bac.*
	plus-que-parfait	passé composé	*J'ai lu le livre que tu m'avais offert.*
	plus-que-parfait	plus-que-parfait	*J'avais vu qu'il s'était coupé les cheveux.*
Dans le futur	futur antérieur	futur	*Quand tu auras fini, nous sortirons.*

Quand une action se passe **après** une autre :

	présent	futur	*J'espère que tu viendras bientôt.*
	passé	conditionnel	*Il espérait que tu viendrais plus tard.*

Accord du participe passé

Verbes non pronominaux

• Avec **AVOIR**
(presque tous les verbes)

Accord avec le C.O.D.
seulement quand il est devant le verbe
Elle les a vus.
Les roses que j'ai achetées
Quelle robe as-tu mise?
Mais : *elle a vu ses amis.*

• Avec **ÊTRE**
Accord avec le sujet
• verbes qui se conjuguent avec **être** :
aller - arriver - partir - venir - revenir - monter - descendre - tomber - entrer - rentrer - sortir - passer - rester - devenir - naître - mourir.
Nous sommes arrivés tard.
• à la voix passive
La voiture a été réparée.

Attention! monter - descendre - rentrer - sortir - passer :
quand ils ont un C.O.D., ils se conjuguent
avec **avoir** :
Je suis monté **mais** *j'ai monté mes affaires dans ma chambre.*
Je suis rentré tard **mais** *j'ai rentré la voiture au garage.*
Je suis passé chez toi **mais** *j'ai passé un examen.*

Verbes pronominaux

se conjuguent tous avec **ÊTRE**
Verbes réfléchis ou réciproques : se laver, se battre.
Accord avec le C.O.D. quand il est devant le verbe.
En général, le C.O.D. est le pronom réfléchi.
Elle s'est lavée (elle a lavé elle-même).
Ils se sont battus (ils ont battu eux-mêmes).

Attention! le pronom réfléchi est parfois C.O.I., donc il ne faut pas faire d'accord
- *Elle s'est lavé les mains = elle a lavé les mains (d'elle).*
- *Elles se sont parlé = elles ont parlé (à elles).*
- *Ils se sont écrit = ils ont écrit (à eux).*
- *Elles se sont dit... = elles ont dit (à elles).*
- *Elles se sont promis... = elles ont promis (à elles).*

Il y a encore d'autres règles, plus difficiles... Tu les verras plus tard!

Le conditionnel

Il commence comme le futur et il se termine comme l'imparfait.
Je viendrais. *Nous serions contents.*

Il a deux temps :
présent : *Je voudrais aller en Grèce.*
passé : *J'aurais voulu aller en Grèce.*

Il exprime :
- une hypothèse : *Nous pourrions aller au cirque.*
- la politesse : *Je voudrais un kilo de pommes.*
- un doute, quelque chose dont on n'est pas sûr :
Ce serait Picasso qui aurait peint ce tableau.

Il indique :
- une action future dans le passé :
Il m'a dit qu'il viendrait plus tard.

Avec la proposition conditionnelle introduite par **SI**
Proposition subordonnée
SI + présent de l'indicatif
Proposition principale
futur ou présent de l'indicatif
Si tu veux, nous irons à la campagne.
SI + imparfait de l'indicatif conditionnel présent
Si tu m'écrivais, je t'écrirais aussi.
SI + plus-que-parfait de l'indicatif conditionnel passé
S'il avait fait beau, nous aurions pique-niquer.

La voix passive

À la voix passive, le **sujet** du verbe **ne fait pas l'action** du verbe. Il **la subit** :
Ce journal est lu par les étudiants.
[Ce sont les étudiants qui font l'action = lire]

• Seuls les verbes qui ont un C.O.D. peuvent se mettre à la voix passive.
Le **C.O.D. devient le sujet** du verbe à la voix passive
Les étudiants lisent le journal.
Le journal est lu par les étudiants.

• Le verbe est toujours conjugué avec l'auxiliaire **Être**, à tous les temps :
présent : *Le journal est lu.*
imparfait : *Le journal était lu.*
futur : *Le journal sera lu.*
On conjugue **être** au temps voulu et on met le participe passé du verbe.

• Le complément du verbe est introduit par **par** le plus souvent, et par **de** pour les verbes de sentiment.
Elle est aimée de ses amis.
Le prix a été remporté par Alain Prost.

Attention! N'oublie pas de faire l'accord du participe passé avec le sujet.

Le subjonctif

1. Dans les propositions introduites par QUE,

on le trouve après des verbes qui expriment :

la volonté	**les sentiments**	**le doute**
je veux que *j'ordonne que* *je défends que* *j'interdis que* *je permets que* *j'empêche que* *j'exige que* *j'attends que*, etc.	*je suis heureux que* *je suis triste que* *je regrette que* *j'ai peur que* *je préfère que* *je m'étonne que* *je crains que*, etc.	*je doute que* *il est douteux que* *je ne pense pas que* *je ne crois pas que* *je ne trouve pas que* *il semble que*, etc.
le souhait	**la nécessité**	**la possibilité** **l'impossibilité**
je désire que *je souhaite que* *j'aimerais que*, etc.	*il faut que* *il est nécessaire que* *il est souhaitable que*, etc.	*il est possible que* *il est impossible que* etc.
Attention ! *j'espère que* + indicatif	**un jugement,** **une appréciation** *il est bon que* *il est juste que* *il est temps que* *il est incroyable que* *il est étonnant que*, etc.	

2. Après certaines conjonctions

Le but	pour que afin que	*Elle chante pour qu'il s'endorme.*
Le temps	avant que en attendant que	*Je rentre avant qu'il pleuve.* *Je lis le journal en attendant que tu aies fini ton travail.*
La concession	bien que quoique	*Il fait une tarte bien qu'il ne sache pas cuisiner.*
La condition	à condition que	*Je pars à condition que tu viennes avec moi.*

Remarque générale
Quand on a le même sujet dans la principale et la subordonnée au subjonctif, on remplace la subordonnée par un infinitif

Attention ! On ne dit pas :

je souhaite que j'aille en Grèce

mais :

je souhaite aller en Grèce

LES PROPOSITIONS

Le discours indirect

Discours direct			Discours indirect
Les mots interrogatifs			
Est-ce que tu viens ?	Est-ce que →	si	*Il demande si tu viens*
Qui est-ce qui veut du café ?	Qui (est-ce qui) →	qui	*Il demande qui veut du café*
Qui est-ce que tu as vu ?	Qui (est-ce que) →	qui	*Il demande qui tu as vu*
Qu'est-ce qui se passe ?	Qu'est-ce qui →	ce qui	*Il demande ce qui se passe*
Qu'est-ce que tu veux ?	Qu'est-ce que →	ce que	*Il demande ce que tu veux*

Les temps

au présent
(il *écrit* que)

Je suis allé chez toi mais tu n'étais pas là, je rentre et je t'appellerai plus tard.	temps X ou Y → temps X ou Y	*il écrit qu'il est allé chez lui mais qu'il n'était pas là, qu'il rentre et qu'il appellera plus tard.*

au passé
(il *a écrit* que)

Je rentre.	présent →	imparfait	*Il a écrit qu'il rentrait.*
Tu n'étais pas là.	imparfait →	imparfait	*Il a écrit qu'il n'était pas là.*
Je suis allé chez toi.	passé composé →	plus-que-parfait	*Il a écrit qu'il était allé chez lui.*
J'avais acheté des gâteaux.	plus-que-parfait →	plus-que-parfait	*Il a dit qu'il avait acheté des gâteaux.*
Je t'appellerai.	futur →	conditionnel présent	*Il a écrit qu'il l'appellerait.*
Je voudrais bien te voir.	conditionnel →	conditionnel	*Il a dit qu'il voudrait bien le voir.*

Certains mots

		(*il a dit*)	
Aujourd'hui, il pleut.	aujourd'hui →	ce jour-là	*Il a dit que ce jour-là, il pleuvait.*
Demain, il fera beau.	demain →	le lendemain	*Il a dit que le lendemain, il ferait beau.*
Hier, il a fait froid.	hier →	la veille	*Il a dit que la veille, il avait fait froid.*
La prochaine fois, je ferai attention.	prochain →	suivant	*Il a dit que la fois suivante, il ferait attention.*
La dernière fois, je me suis fait mal.	passé, dernier →	précédent	*Il a dit que la fois précédente, il s'était fait mal.*

	ÊTRE	AVOIR	AIMER	AMENER	APPELER
			régulier	mener - peser emmener	jeter
Présent	je suis nous sommes	j'ai nous avons	j'aime nous aimons	j'amène nous amenons	j'appelle nous appelons
Imparfait	j'étais nous étions	j'avais nous avions	j'aimais nous aimions	j'amenais nous amenions	j'appelais nous appelions
Futur	je serai nous serons	j'aurai nous aurons	j'aimerai nous aimerons	j'amènerai nous amènerons	j'appellerai nous appellerons
Passé composé	j'ai été nous avons été	j'ai eu nous avons eu	j'ai aimé nous avons aimé	j'ai amené nous avons amené	j'ai appelé nous avons appelé
Plus-que-parfait	j'avais été nous avions été	j'avais eu nous avions eu	j'avais aimé nous avions aimé	j'avais amené nous avions amené	j'avais appelé nous avions appelé
Futur antérieur	j'aurai été nous aurons été	j'aurai eu nous aurons eu	j'aurai aimé nous aurons aimé	j'aurai amené nous aurons amené	j'aurai appelé nous aurons appelé
Conditionnel présent	je serais tu serais il/elle serait nous serions vous seriez ils/elles seraient	j'aurais tu aurais il/elle aurait nous aurions vous auriez ils/elles auraient	j'aimerais tu aimerais il/elle aimerait nous aimerions vous aimeriez ils/elles aimeraient	j'amènerais tu amènerais il/elle amènerait nous amènerions vous amèneriez ils/elles amèneraient	j'appellerais tu appellerais il/elle appellerait nous appellerions vous appelleriez ils/elles appelleraient
Conditionnel passé	j'aurais été nous aurions été	j'aurais eu nous aurions eu	j'aurais aimé nous aurions aimé	j'aurais amené nous aurions amené	j'aurais appelé nous aurions appelé
Subjonctif présent	que je sois que tu sois qu'il/elle soit que nous soyons que vous soyez qu'ils/elles soient	que j'aie que tu aies qu'il/elle ait que nous ayons que vous ayez qu'ils/elles aient	que j'aime que tu aimes qu'il/elle aime que nous aimions que vous aimiez qu'ils/elles aiment	que j'amène que tu amènes qu'il/elle amène que nous amenions que vous ameniez qu'ils/elles amènent	que j'appelle que tu appelles qu'il/elle appelle que nous appelions que vous appeliez qu'ils/elles appellent
Subjonctif passé	que j'aie été que nous ayons été	que j'aie eu que nous ayons eu	que j'aie aimé que nous ayons aimé	que j'aie amené que nous ayons amené	que j'aie appelé que nous ayons appelé
Impératif	sois soyons soyez	aie ayons ayez	aime aimons aimez	amène amenons amenez	appelle appelons appelez
Participe présent	étant	ayant	aimant	amenant	appelant
Infinitif passé	avoir été	avoir eu	avoir aimé	avoir amené	avoir appelé

APPUYER	FINIR	DEVOIR	FALLOIR	POUVOIR	SAVOIR
essuyer - envoyer employer	*régulier* fleurir - choisir		*impersonnel* *3e pers. seulement*		
j'appuie nous appuyons	je finis nous finissons	je dois nous devons	il faut	je peux nous pouvons	je sais nous savons
j'appuyais nous appuyions	je finissais nous finissions	je devais nous devions	il fallait	je pouvais nous pouvions	je savais nous savions
j'appuierai nous appuierons	je finirai nous finirons	je devrai nous devrons	il faudra	je pourrai nous pourrons	je saurai nous saurons
j'ai appuyé nous avons appuyé	j'ai fini nous avons fini	j'ai dû nous avons dû	il a fallu	j'ai pu nous avons pu	j'ai su nous avons su
j'avais appuyé nous avions appuyé	j'avais fini nous avions fini	j'avais dû nous avions dû	il avait fallu	j'avais pu nous avions pu	j'avais su nous avions su
j'aurai appuyé nous aurons appuyé	j'aurai fini nous aurons fini	j'aurai dû nous aurons dû	il aura fallu	j'aurai pu nous aurons pu	j'aurai su nous aurons su
j'appuierais tu appuierais il/elle appuierait nous appuierions vous appuieriez ils/elles appuieraient	je finirais tu finirais il/elle finirait nous finirions vous finiriez ils/elles finiraient	je devrais tu devrais il/elle devrait nous devrions vous devriez ils/elles devraient	il faudrait	je pourrais tu pourrais il/elle pourrait nous pourrions vous pourriez ils/elles pourraient	je saurais tu saurais il/elle saurait nous saurions vous sauriez ils/elles sauraient
j'aurais appuyé nous aurions appuyé	j'aurais fini nous aurions fini	j'aurais dû nous aurions dû	il aurait fallu	j'aurais pu nous aurions pu	j'aurais su nous aurions su
que j'appuie que tu appuies qu'il/elle appuie que nous appuyions que vous appuyiez qu'ils/elles appuient	que je finisse que tu finisses qu'il/elle finisse que nous finissions que vous finissiez qu'ils/elles finissent	que je doive que tu doives qu'il/elle doive que nous devions que vous deviez qu'ils/elles doivent	qu'il faille	que je puisse que tu puisses qu'il/elle puisse que nous puissions que vous puissiez qu'ils/elles puissent	que je sache que tu saches qu'il/elle sache que nous sachions que vous sachiez qu'ils/elles sachent
que j'aie appuyé que nous ayons appuyé	que j'aie fini que nous ayons fini	que j'aie dû que nous ayons dû	qu'il ait fallu	que j'aie pu que nous ayons pu	que j'aie su que nous ayons su
appuie appuyons appuyez	finis finissons finissez	dois devons devez			sache sachons sachez
appuyant	finissant	devant		pouvant	sachant
avoir appuyé	avoir fini	avoir dû	avoir fallu	avoir pu	avoir su

	VALOIR	VOULOIR	APERCEVOIR	VOIR	COUVRIR
			recevoir		ouvrir - offrir souffrir
Présent	je vaux nous valons	je veux nous voulons	j'aperçois nous apercevons	je vois nous voyons	je couvre nous couvrons
Imparfait	je valais nous valions	je voulais nous voulions	j'apercevais nous apercevions	je voyais nous voyions	je couvrais nous couvrions
Futur	je vaudrai nous vaudrons	je voudrai nous voudrons	j'apercevrai nous apercevrons	je verrai nous verrons	je couvrirai nous couvrirons
Passé composé	j'ai valu nous avons valu	j'ai voulu nous avons voulu	j'ai aperçu nous avons aperçu	j'ai vu nous avons vu	j'ai couvert nous avons couvert
Plus-que-parfait	j'avais valu nous avions valu	j'avais voulu nous avions voulu	j'avais aperçu nous avions aperçu	j'avais vu nous avions vu	j'avais couvert nous avions couvert
Futur antérieur	j'aurai valu nous aurons valu	j'aurai voulu nous aurons voulu	j'aurai aperçu nous aurons aperçu	j'aurai vu nous aurons vu	j'aurai couvert nous aurons couvert
Conditionnel présent	je vaudrais tu vaudrais il/elle vaudrait nous vaudrions vous vaudriez ils/elles vaudraient	je voudrais tu voudrais il/elle voudrait nous voudrions vous voudriez ils/elles voudraient	j'apercevrais tu apercevrais il/elle apercevrait nous apercevrions vous apercevriez ils/elles apercevraient	je verrais tu verrais il/elle verrait nous verrions vous verriez ils/elles verraient	je couvrirais tu couvrirais il/elle couvrirait nous couvririons vous couvririez ils/elles couvriraient
Conditionnel passé	j'aurais valu nous aurions valu	j'aurais voulu nous aurions voulu	j'aurais aperçu nous aurions aperçu	j'aurais vu nous aurions vu	j'aurais couvert nous aurions couvert
Subjonctif présent	que je vaille que tu vailles qu'il/elle vaille que nous valions que vous valiez qu'ils/elles vaillent	que je veuille que tu veuilles qu'il/elle veuille que nous voulions que vous vouliez qu'ils/elles veuillent	que j'aperçoive que tu aperçoives qu'il/elle aperçoive que nous apercevions que vous aperceviez qu'ils/elles aperçoivent	que je voie que tu voies qu'il voie que nous voyions que vous voyiez qu'ils/elles voient	que je couvre que tu couvres qu'il/elle couvre que nous couvrions que vous couvriez qu'ils/elles couvrent
Subjonctif passé	que j'aie valu que nous ayons valu	que j'aie voulu que nous ayons voulu	que j'aie aperçu que nous ayons aperçu	que j'aie vu que nous ayons vu	que j'aie couvert que nous ayons couvert
Impératif	vaux valons valez	veuille ou veux veuillons ou voulons veuillez ou voulez	aperçois apercevons apercevez	vois voyons voyez	couvre couvrons couvrez
Participe présent	valant	voulant	apercevant	voyant	couvrant
Infinitif passé	avoir valu	avoir voulu	avoir aperçu	avoir vu	avoir couvert

CUEILLIR	DORMIR	VENIR	ÉLIRE	RIRE	SUFFIRE
		convenir - prévenir	lire		
je cueille nous cueillons	je dors nous dormons	je viens nous venons	j'élis nous élisons	je ris nous rions	je suffis nous suffisons
je cueillais nous cueillions	je dormais nous dormions	je venais nous venions	j'élisais nous élisions	je riais nous riions	je suffisais nous suffisions
je cueillerai nous cueillerons	je dormirai nous dormirons	je viendrai nous viendrons	j'élirai nous élirons	je rirai nous rirons	je suffirai nous suffirons
j'ai cueilli nous avons cueilli	j'ai dormi nous avons dormi	je suis venu nous sommes venus	j'ai élu nous avons élu	j'ai ri nous avons ri	j'ai suffi nous avons suffi
j'avais cueilli nous avions cueilli	j'avais dormi nous avions dormi	j'étais venu nous étions venus	j'avais élu nous avions élu	j'avais ri nous avions ri	j'avais suffi nous avions suffi
j'aurai cueilli nous aurons cueilli	j'aurai dormi nous aurons dormi	je serai venu nous serons venus	j'aurai élu nous aurons élu	j'aurai ri nous aurons ri	j'aurai suffi nous aurons suffi
je cueillerais tu cueillerais il/elle cueillerait nous cueillerions vous cueilleriez ils/elles cueilleraient	je dormirais tu dormirais il/elle dormirait nous dormirions vous dormiriez ils/elles dormiraient	je viendrais tu viendrais il/elle viendrait nous viendrions vous viendriez ils/elles viendraient	j'élirais tu élirais il/elle élirait nous élirions vous éliriez ils/elles éliraient	je rirais tu rirais il/elle rirait nous ririons vous ririez ils/elles riraient	je suffirais tu suffirais il/elle suffirait nous suffirions vous suffiriez ils/elles suffiraient
j'aurais cueilli nous aurions cueilli	j'aurais dormi nous aurions dormi	je serais venu nous serions venus	j'aurais élu nous aurions élu	j'aurais ri nous aurions ri	j'aurais suffi nous aurions suffi
que je cueille que tu cueilles qu'il/elle cueille que nous cueillions que vous cueilliez qu'ils/elles cueillent	que je dorme que tu dormes qu'il/elle dorme que nous dormions que vous dormiez qu'ils/elles dorment	que je vienne que tu viennes qu'il/elle vienne que nous venions que vous veniez qu'ils/elles viennent	que j'élise que tu élises qu'il/elle élise que nous élisions que vous élisiez qu'ils/elles élisent	que je rie que tu ries qu'il/elle rie que nous riions que vous riiez qu'ils/elles rient	que je suffise que tu suffises qu'il/elle suffise que nous suffisions que vous suffisiez qu'ils/elles suffisent
que j'aie cueilli que nous ayons cueilli	que j'aie dormi que nous ayons dormi	que je sois venu que nous soyons venus	que j'aie élu que nous ayons élu	que j'aie ri que nous ayons ri	que j'aie suffi que nous ayons suffi
cueille cueillons cueillez	dors dormons dormez	viens venons venez	élis élisons élisez	ris rions riez	suffis suffisons suffisez
cueillant	dormant	venant	élisant	riant	suffisant
avoir cueilli	avoir dormi	être venu	avoir élu	avoir ri	avoir suffi

	FAIRE	CONSTRUIRE	CORRESPONDRE	CRAINDRE	PRENDRE
		produire - détruire	répondre - perdre dépendre	joindre - éteindre	comprendre
Présent	je fais nous faisons	je construis nous construisons	je corresponds nous correspondons	je crains nous craignons	je prends nous prenons
Imparfait	je faisais nous faisions	je construisais nous construisions	je correspondais nous correspondions	je craignais nous craignions	je prenais nous prenions
Futur	je ferai nous ferons	je construirai nous construirons	je correspondrai nous correspondrons	je craindrai nous craindrons	je prendrai nous prendrons
Passé composé	j'ai fait nous avons fait	j'ai construit nous avons construit	j'ai correspondu ns avons correspondu	j'ai craint nous avons craint	j'ai pris nous avons pris
Plus-que-parfait	j'avais fait nous avions fait	j'avais construit nous avions construit	j'avais correspondu ns avions correspondu	j'avais craint nous avions craint	j'avais pris nous avions pris
Futur antérieur	j'aurai fait nous aurons fait	j'aurai construit nous aurons construit	j'aurai correspondu ns aurons correspondu	j'aurai craint nous aurons craint	j'aurai pris nous aurons pris
Conditionnel présent	je ferais tu ferais il/elle ferait nous ferions vous feriez ils/elles feraient	je construirais tu construirais il/elle construirait nous construirions vous construiriez ils/elles construiraient	je correspondrais tu correspondrais il/elle correspondrait nous correspondrions vous correspondriez ils/elles correspondraient	je craindrais tu craindrais il/elle craindrait nous craindrions vous craindriez ils/elles craindraient	je prendrais tu prendrais il/elle prendrait nous prendrions vous prendriez ils/elles prendraient
Conditionnel passé	j'aurais fait nous aurions fait	j'aurais construit nous aurions construit	j'aurais correspondu ns aurions correspondu	j'aurais craint nous aurions craint	j'aurais pris nous aurions pris
Subjonctif présent	que je fasse que tu fasses qu'il/elle fasse que nous fassions que vous fassiez qu'ils/elles fassent	que je construise que tu construises qu'il/elle construise que nous construisions que vous construisiez qu'ils/elles construisent	que je corresponde que tu correspondes qu'il/elle corresponde que ns correspondions que vs correspondiez qu'ils/elles correspondent	que je craigne que tu craignes qu'il/elle craigne que nous craignions que vous craigniez qu'ils/elles craignent	que je prenne que tu prennes qu'il/elle prenne que nous prenions que vous preniez qu'ils/elles prennent
Subjonctif passé	que j'aie fait que nous ayons fait	que j'aie construit que ns ayons construit	que j'aie correspondu que ns ayons correspondu	que j'aie craint que nous ayons craint	que j'aie pris que nous ayons pris
Impératif	fais faisons faites	construis construisons construisez	corresponds correspondons correspondez	crains craignons craignez	prends prenons prenez
Participe présent	faisant	construisant	correspondant	craignant	prenant
Infinitif passé	avoir fait	avoir construit	avoir correspondu	avoir craint	avoir pris

PARAÎTRE	PERMETTRE	S'EN ALLER	S'ASSEOIR		S'ENFUIR
connaître	mettre				
je parais nous paraissons	je permets nous permettons	je m'en vais nous nous en allons	je m'assieds nous nous asseyons	je m'assois nous nous assoyons	je m'enfuis ns ns enfuyons
je paraissais nous paraissions	je permettais nous permettions	je m'en allais nous nous en allions	je m'asseyais nous nous asseyions	je m'assoyais nous nous assoyions	je m'enfuyais nous nous enfuyions
je paraîtrai nous paraîtrons	je permettrai nous permettrons	je m'en irai nous nous en irons	je m'assiérai nous nous assiérons	je m'assoirai nous nous assoirons	je m'enfuirai nous nous enfuirons
j'ai paru nous avons paru	j'ai permis nous avons permis	je m'en suis allé(e) ns ns en sommes allé(e)s	je me suis assis(e) ns ns sommes assis(es)		je me suis enfui(e) ns ns sommes enfui(e)s
j'avais paru nous avions paru	j'avais permis nous avions permis	je m'en étais allé(e) ns ns en étions allé(e)s	je m'étais assis(e) ns ns étions assis(es)		je m'étais enfui(e) ns ns étions enfui(e)s
j'aurai paru nous aurons paru	j'aurai permis nous aurons permis	je m'en serai allé(e) ns ns en serons allé(e)s	je me serai assis(e) ns ns serons assis(es)		je me serai enfui(e) ns ns serons enfui(e)s
je paraîtrais tu paraîtrais il/elle paraîtrait nous paraîtrions vous paraîtriez ils/elles paraîtraient	je permettrais tu permettrais il/elle permettrait nous permettrions vous permettriez ils/elles permettraient	je m'en irais tu t'en irais il/elle s'en irait nous nous en irions vous vous en iriez ils/elles s'en iraient	je m'assiérais tu t'assiérais il/elle s'assiérait nous nous assiérions vous vous assiériez ils/elles s'assiéraient	je m'assoirais tu t'assoirais il/elle s'assoirait nous nous assoirions vous vous assoiriez ils/elles s'assoiraient	je m'enfuirais tu t'enfuirais il/elle s'enfuirait nous nous enfuirions vous vous enfuiriez ils/elles s'enfuiraient
j'aurais paru nous aurions paru	j'aurais permis nous aurions permis	je m'en serais allé(e) ns ns en serions allé(e)s	je me serais assis(e) ns ns serions assis(es)		je me serais enfui(e) ns ns serions enfui(e)s
que je paraisse que tu paraisses qu'il/elle paraisse que nous paraissions que vous paraissiez qu'ils/elles paraissent	que je permette que tu permettes qu'il/elle permette que nous permettions que vous permettiez qu'ils/elles permettent	que je m'en aille que tu t'en ailles qu'il/elle s'en aille que ns ns en allions que vous vous en alliez qu'ils/elles s'en aillent	que je m'asseye que tu t'asseyes qu'il/elle s'asseye que ns ns asseyions que vous vous asseyiez qu'ils/elles s'asseyent	que je m'assoie que tu t'assoies qu'il/elle s'assoie que ns ns assoyions que vous vous assoyiez qu'ils/elles s'assoient	que je m'enfuie que tu t'enfuies qu'il/elle s'enfuie que ns ns enfuyions que vous vous enfuyiez qu'ils/elles s'enfuient
que j'aie paru que nous ayons paru	que j'aie permis que nous ayons permis	que je m'en sois allé(e) que ns ns en soyons allé(e)s	que je me sois assis(e) que ns ns soyons assis(es)		que je me sois enfui(e) que ns ns soyons enfui(e)s
parais paraissons paraissez	permets permettons permettez	va-t'en allons-nous-en allez-vous-en	assieds-toi asseyons-nous asseyez-vous	assois-toi assoyons-nous assoyez-vous	enfuis-toi enfuyons-nous enfuyez-vous
paraissant	permettant	s'en allant	s'asseyant	s'assoyant	s'enfuyant
avoir paru	avoir permis	s'en être allé	s'être assis		s'être enfui

Lexique

n. : nom
v. : verbe
adj. : adjectif
adv. : adverbe
m. : masculin
f. : féminin
p. : pluriel
loc. : locution

L'index répertorie les mots contenus dans les textes, dialogues et illustrations, à l'exclusion des REVUES POUR TOUS.

Le numéro qui figure devant chaque mot renvoie à la leçon où le mot apparaît pour la première fois. La traduction proposée est donc celle de l'acception de ce mot dans le contexte de son premier emploi.

Seules, les principales catégories grammaticales ont été retenues : nom, verbe, adjectif, adverbe.

A

		anglais	espagnol	portugais	italien	grec
15	**abonner,** v.	to subscribe	suscribir(se)	assinar	abbonar(si)	γράφομαι συνδρομητής
14	**abricot, un,** n.	apricot	melocotón	abricó	albicocca	βερύκοκκο
11	**abdication, une,** n.	abdication	abdicación	abdicação	abdicazione	παραίτηση
8	**abri, un,** n.	shelter, refuge	abrigo	abrigo	riparo	καταφύγιο
14	**abri de, à l',** loc.	protected against	al abrigo de	ao abrigo de	al riparo	προφυλαγμένος από
9	**absolu/e,** adj.	absolute	absoluto	absoluto	assoluto	απόλυτος
7	**absolument,** adv.	absolutely	absolutamente	completamente	davvero	εντελώς
18	**accorder,** v.	to grant	conceder	conceder	concedere	παραχωρώ
14	**accueil, un,** n.	reception	recepción	recepção	accoaflienza	υποδοχή
15	**accueillir,** v.	to welcome	recibir	acolher	accogliere	υποδέχομαι
19	**acheminer,** v.	to convey	transportar	enviar	trasportare	μεταφέρω
5	**actuel/le,** adj.	current	actual	atual	attuale	τωρινός
11	**adieu, un,** n.	goodbye	adiós	adeus	addio	αντίο
13	**admirable,** adj.	admirable	admirable	admirável	ammirevole	θαυμάσιος
13	**admirablement,** adv.	admirably	magníficamente	admiravelmente	meravigliosamente	θαυμάσια
12	**adolescent(e), un(e),** n.	teenager	adolescente	adolescente	adolescente	έφηβος
17	**adorer,** v.	to adore	adorar	adorar	adorare	λατρεύω
15	**adresser à, s',** v.	to ask	dirigirse a	dirigir-se	rivolgersi a	απευθύνομαι
7	**affiche, une,** n.	poster	cartel	cartaz	poster	αφισσα
1	**agence de publicité, une,** n.	advertising agency	agencia publicitaria	agência de publicidade	agenzia pubblicitaria	διαφημιστικό γραφείο
15	**agenda, un,** n.	diary	agenda	agenda	agenda	ατζέντα
4	**agneau, un,** n.	lamb	cordero	cordeiro	agnello	αρνί
15	**agriculteur, un,** n.	farmer	agricultor	agricultor	agricoltore	γεωργός
18	**ailleurs,** adv.	elsewhere	en otra parte	em outra parte	altrove	αλλού
5	**aimable,** adj.	nice	amable	amável	adorabile	ευχάριστος
7	**aîné(e), l',** n.	eldest child	mayor	primogénito, mais velho	maggiore	πρεσβύτερος
19	**aire (de repos), une,** n.	parking area	área de descanso	área (de descanso)	area di servizio	χώρος ξεκούρασης
13	**alcool à 90°,** n.	surgical spirit	alcohol	álcool	alcol 90°	καθαρό οινόπνευμα
12	**alerter,** v.	to inform	alertar	alertar	avvertire	σημαίνω συναγερμό
3	**alimentation, l',** n.f.	food (industry)	alimentación	alimentação	alimentazione	τρόφιμα
17	**aller, s'en,** v.	to go away	irse	ir-se embora	andarsene	αποχωρώ
2	**aller, un,** n.	single ticket	ida	ida	andata	εισιτήριο μονής διαδρομής
19	**allumer, s',** v.	to go on	encenderse	acender	accendersi	ανάβομαι
17	**allume-cigare, un,** n.	cigar lighter	encendedor	isqueiro	accendino	αναπτήρας
11	**Alpes, les,** n.f.p.	the Alps	Alpes, los	Alpes	Alpi	'Αλπεις
4	**amande, une,** n.	almond	almendra	amêndoa	mandorla	αμύγδαλο
13	**amateur, un,** n.	lover	aficionado	amador	appassionato	ερασιτέχνης
14	**ambulance, une,** n.	ambulance	ambulancia	ambulância	ambulanza	ασθενοφόρο
19	**ambulant/e,** adj.	mobile	ambulante	ambulante	ambulante	περιοδεύων
17	**amener,** v.	to bring	traer	levar	portare	φέρνω
7	**annonce, une,** n.	advertisement	anuncio	anúncio	annuncio	αγγελία
1	**annoncer,** v.	to announce	anunciar	anunciar	annunciare	αναγγέλλω
12	**apercevoir,** v.	to notice	ver	notar	scorgere	αντιλαμβάνομαι
4	**apéritif, un,** n.	aperitif	aperitivo	aperitivo	aperitivo	απεριτίφ
8	**appareil photo, un,** n.	camera	máquina de fotos	máquina fotográfica	macchina fotografica	φωτογραφική μηχανή
9	**appartenir à,** v.	to belong	pertenecer a	pertencer	appartenere	ανήκω
13	**appeler,** v.	to call	llamar	chamar	chiamare	καλώ

16	**apprécier,** v.	to appreciate, enjoy	apreciar	apreciar	apprezzare	εκτιμώ
12	**apprendre,** v.	to learn	enterarse	aprender	imparare	μαθαίνω
17	**approcher de, s',** v.	to approach	acercarse a	aproximar-se	avvicinarsi	πλησιάζω
19	**appuyer,** v.	to press	pulsar	apoiar	pigiare	πατώ
14	**après tout,** loc. adv.	after all	después de todo	depois de tudo	ad ogni modo	σε τελευταία ανάλυση
13	**Ardennes, les,** n.f.p.	the Ardennes	Ardenas	Ardenas	Ardenne	Αρδήννια όρη
2	**arènes, les,** n.f.p.	arena	ruedo	arenas	arene	αρένες
19	**arrêt, un,** n.	stop	parada	parada	fermata	στάση
18	**arrêter de,** v.	to stop	parar de	fazer parar	smettere	παύω
12	**arrière, l',** n.f.	rear	parte trasera	traseira	dietro	π½σω μέρος
2	**arrière-pays, un,** n.	hinterland	tierras adentro	interior	paese all'interno	ενδοχώρα
1	**arriver,** v.	to happen	haber (ocurrir)	acontecer	succedere	έρχομαι,συμβαίνω
18	**arriviste, un(e),** n.	go-getter	arribista	arrivista	arrivista	αρριβιστής
13	**aspirine, une,** n.	aspirin	aspirina	aspirina	aspirina	ασπιρίνη
15	**Assemblée Nationale, l',** n.f.	National Assembly	Asamblea Nacional	Assembléia Nacional	Assemblea Nazionale	(Εθνική Συνέλευση) Βουλή
4	**asseoir, s',** v.	to sit down	sentarse	sentar-se	sedersi	κάθομαι
13	**assistante, une,** n.	assistant	ayudante	assistente	assistente	βοηθός
3	**association, une,** n.	association	asociación	associação	associazione	συνεταιρισμός
14	**attacher,** v.	to fasten	atar	prender	unire	δένω
12	**atteindre,** v.	to reach	alcanzar	atingir	raggiungere	φθάνω, προσβάλλω
4	**attendre,** v.	to wait	esperar	esperar	aspettare	περιμένω
4	**attirer,** v.	to attract	atraer	atrair	attirare	προσελκύω
4	**attraction, une,** n.	attraction	atracción	atracção	attrazione	ατραξιόν
	au-dessous de, loc.adv.	below, under	debajo de	abaixo de	sotto	από κάτω
18	**augmentation, une,** n.	increase	aumento	aumento	aumento	αύξηση
12	**aussitôt,** adv.	immediately	enseguida	logo	contemporaneamente	αμέσως
18	**autoritaire,** adj.	authoritarian	autoritario	autoritário	autoritario	αυταρχικός
1	**autre part,** loc. adv.	elsewhere	otra parte	outro lugar	altra parte	αλλού
1	**avenir, un,** n.	future	futuro	porvir	avvenire	μέλλον
18	**avertir,** v.	to warn	avisar	advertir	avvertire	προειδοποιώ
3	**aviateur, un,** n.	pilot	aviador	aviador	aviatore	αεροπόρος
3	**avion, un,** n.	aeroplane	avión	avião	aereo	αεροπλάνο
3	**avocat(e), un(e),** n.	lawyer	abogado	advogado	avvocato	δικηγόρος
6	**avoir l'impression,** loc. v.	to have the impression	parecer	ter a impressão	aver l'impressione	έχω την εντύπωση
16	**avoir l'intention de,** loc. v.	to intend to	tener la intención de	ter a intenção de	aver l'intenzione	προτίθεμαι
13	**avoir mal,** loc. v.	to have a pain	doler	sentir dor	aver male	με πονάει...
13	**avoir mal au cœur,** loc. v.	to feel sick	tener naúseas	sentir náuseas	aver la nausea	νιώθω ναυτία
4	**avoir lieu,** loc. v.	to take place	tener lugar	ocorrer	svolgersi	λαμβάνω χώρα
9	**avouer,** v.	to confess	confesar	confessar	confessare	ομολογώ
5	**bagages, les,** n.m.p.	luggage	equipaje	bagagens	bagagli	αποσκευές
4	**baigner, se,** v.	to bathe	bañarse	banhar-se	fare il bagno	κάνω μπάνιο
11	**baisse, la,** n.	drop	descenso	baixa	calo	πτώση
15	**bal, un,** n.	ball	baile	baile	ballo	χοροεσπερ½δα
8	**balade, une,** n.	ride	paseo	passeio	giro	βόλτα
14	**banc, un,** n.	bench	banco	banco	panchina	παγκάκι
19	**bande d'arrêt d'urgence, une,** n.	hard shoulder	línea para paradas de urgencia	acostamento	area d'emergenza	λωρίδα επείγουσας στάθμευσης
1	**banlieue, la,** n.	suburb	afueras	subúrbio	periferia	προάστιο
2	**barque, la,** n.	small boat	barca	barca	barca	βάρκα
8	**barrage, le,** n.	dam	presa	barragem	sbarramento	φράγμα
4	**bas/basse,** adj.	lower	bajo	baixo/baixa	basso	ο,η κάτω
6	**base, la,** n.	basic	base	base	base	βάση
6	**basket, le,** n.	basketball	baloncesto	basquetebol	pallacanestro	μπάσκετ
3	**bâtiment, le,** n.	construction industry	construcción	construção	costruzione	οικοδομή
2	**bâtir,** v.	to build	construir	edificar	costruire	κτίζω
4	**bavette, une,** n.	undercut	redondo	bife	bistecca	μπριζόλα, στήθος
5	**bébé, un,** n.	baby	bebé	criancinha	bébé	μωρό
12	**beige,** adj.	beige	beige	bege	beige	μπεζ
4	**bétail, le,** n.	cattle	ganado	gado	bestiame	ζώα εκτροφής
15	**bête, une,** n.	animal	animal	animal	animale	ζώο
14	**bienvenu, être le,** loc.v.	to be welcome	ser bienvenido	bem-vindo, ser	benvenuto	καλωσόρισες
10	**bistrot, un,** n.	café	bar	restaurante	caffé	λαϊκό μπάρ
7	**bizarre,** adj.	strange	curioso	estranho	strano	περίεργος

B

14	**blé, le,** n.	wheat	trigo	trigo	grano	σιτάρι
12	**blessure, une,** n.	injury	herida	ferimento	ferita	τραύμα, πληγή
14	**bloc-sanitaire, un,** n.	toilets	bloque sanitario	sanitário	reparto sanitari	τουαλέτες καί ντούς
14	**bloc-notes, un,** n.	note pad	bloc de notas	bloco de anotações	bloc notes	σημειωματάριο
2	**bohémien, un,** n.	gypsy	bohemio	boêmio	bohemien	μποέμης
3	**bois, le,** n.	wood	madera	madeira	legno	ξύλο
14	**boîte aux lettres, une,** n.	letterbox	buzón	caixa de correspondência	buca delle lettere	γραμματοκιβώτιο
18	**boîte, une,** n.	night club	discoteca	casa-noturna	dancing	μπουάτ
12	**bonheur, le,** n.	happiness	felicidad	felicidade	fortuna	ευτυχία
14	**bonne chance**	good luck	buena suerte	boa-sorte	buona fortuna	καλή τύχη
14	**bonsoir,** n.m.	good night	buenas noches	boa-noite	buonasera	καλησπέρα
5	**botte, une,** n.	boot	bota	bota	stivale	μπότα
5	**bouche, la,** n.	mouth	boca	boca	bocca	στόμα
14	**boucher, un,** n.	butcher	carnicero	açougueiro	macellaio	χασάπης
19	**bouchon, un,** n.	traffic jam	atasco	engarrafamento	tappo	μποτιλιάρισμα
8	**boucle, une,** n.	loop	curva	curva	anello	στριφογύρισμα
14	**boulanger, un,** n.	baker	panadero	padeiro	panettiere	φούρναρης
3	**boulot, un,** n.	job	trabajo	trabalho	lavoro	δουλειά
18	**bourse, la,** n.	stock exchange	Bolsa, la	bolsa	Borsa	χρηματιστήριο
15	**bout de, un,** n.	a small piece	trozo	pedaço	pezzo	κομμάτι
19	**bouton, un,** n.	knob	botón	botão	pulsante	κουμπί
4	**Bretagne, la,** n.	Brittany	Bretaña	Bretanha	Bretagna	Βρετάνη
3	**breton/ne,** adj.	breton	bretón	bretão	bretone	κάτοικος της Βρετάνης
16	**brocante, une,** n.	secondhand goods	chamarileo	ferro-velho	commercio di anticaglie	παλιατζίδικο
12	**bruit, un,** n.	noise	ruido	ruído	rumore	θόρυβος
11	**brumeux/se,** adj.	misty	brumoso	brumoso	brumoso	καταχνιασμένος
5	**brun/e,** adj.	dark-haired	moreno	moreno	bruno	καστανός
1	**but, un,** n.	goal	gol	gol	goal	τέρμα,γκόλ
10	**but, le,** n.	goal, aim	fin	propósito	scopo	σκοπός

C

15	**C.E.E., la,** n.	EEC	C.E.E.	CEE	CEE	Ε.Ο.Κ.
13	**cabinet, un,** n.	surgery	consulta	gabinete	studio	γραφείο
17	**cadre, un,** n.	frame	cuadro	quadro	telaio	σκελετός
3	**cadre, un,** n.	executive	ejecutivo	dirigente	quadro	ανώτερος υπάλληλος
16	**café-théâtre, un,** n.	theatre workshop	café-teatro	café-teatro	caffé-teatro	καφεθέατρο
17	**caillou, un,** n.	stone	piedra	pedra	ciottolo	χαλίκι
12	**caisse, une,** n.	bank, fund	caja	Caixa	cassa	ταμείο
12	**cambriolage, un,** n.	burglary	atraco	roubo	furto	διάρρηξη
12	**cambrioleur, un,** n.	burglar	atracador	ladrão	svaligiatore	διαρρήκτης
14	**campeur, un,** n.	camper	campista	campista	campeggiatore	κατασκηνωτής
5	**canal, un,** n.	canal	canal	canal	canale	κανάλι
4	**cannibale, un,** n.	cannibal	caníbal	canibal	cannibale	καννίβαλος
14	**capacité, la,** n.	ability	capacidad	capacidade	capacità	δυνατότητα
5	**carré/e,** adj.	square	cuadrado	quadrado	quadrato	τετράγωνος
1	**carrière, une,** n.	career	carrera	carreira	carriera	καριέρα
14	**carte, une,** n.	card	tarjeta	carta	tessera	κάρτα
7	**cas, un,** n.	case	caso	caso	caso	περίπτωση
15	**catholique,** adj.	catholic	católico	católico	cattolico	καθολικός
5	**célébration, une,** n.	celebration	celebración	celebração	celebrazione	εορτασμός
4	**celtique,** adj.	Celtic	celta	céltico	celtico	κελτικός
14	**centre hospitalier, un,** n.	hospital complex	centro hospitalario	centro hospitalar	ospedale	νοσοκομειακό κέντρο
15	**chambre d'hôte, une,** n.	bed and breakfast	hatitación de huéspedes	quarto-de-hóspedes	camera per gli ospiti	δωμάτιο ξένων
3	**champ, un,** n.	field	campo	campo	campo	κάμπος
1	**championnat, un,** n.	championship	campeonato	campeonato	campionato	πρωτάθλημα
14	**chapeau, un,** n.	hat	sombrero	chapéu	cappello	καπέλλο
13	**charbon, le,** n.	coal	carbón	carvão	carbone	κάρβουνο
15	**charger de,** v.	to make responsible for	encargarse de	encarregar	incaricare	επιφορτίζω
5	**chauffeur, un,** n.	driver	chófer	motorista	camionista	οδηγός
12	**chaussée, la,** n.	road	calzada	chão	carreggiata	οδόστρωμα
5	**chaussette, une,** n.	sock	calcetín	meia	calza	κάλτσα
18	**chef, un,** n.	boss	jefe	chefe	capo	ο επί κεφαλής
19	**chemins de fer, les,** n.m.p.	railways	ferrocarril	estradas-de-ferro	ferrovie	σιδηρόδρομος
12	**cheminée, une,** n.	fireplace	chimenea	lareira	caminetto	τζάκι

17	**chéri(e),** n.	darling	querido	caro	caro	γλύκας
4	**chevalier, un,** n.	knight	caballero	cavaleiro	cavaliere	ιππότης
2	**chic, le,** n.	style	elegancia	elegância	eleganza	σικ
14	**chirurgien, un,** n.	surgeon	cirujano	cirurgião	chirurgo	χειρούργος
3	**chômage, le,** n.	unemployment	paro	desemprego	disoccupazione	ανεργία
2	**chrétien/ne,** adj.	christian	cristiano	cristão	cristiano	χριστιανός
1	**circuit, un,** n.	circuit	circuito	circuito	circuito	ράλι, κούρσα
11	**circulation, la,** n.	traffic	circulación	circulação	traffico	κυκλοφορία
19	**circuler,** v.	to go, move	circular	circular	circolare	κυκλοφορώ
5	**clarinette, la,** n.	clarinet	clarinete	clarinete	clarinetto	κλαρινέττο
16	**classique,** adj.	classical	clásico	clássico	classico	κλασσικός
18	**claviste, une,** n.	key-board operator	teclista	digitadora	programmatrice	δακτυλογράφος
1	**club, un,** n.	club	club	equipe	club	κλάμπ
4	**coiffe, une,** n.	headdress	cofia	coifa	cuffia	παραδοσιακό χτένισμα
18	**coincé/e,** adj.	stuck	atrapado	preso	bloccato	ακινητοποιημένος
5	**collant, un,** n.	tights	medias	meia-calça	collant	καλσόν
5	**collectionner,** v.	to collect	coleccionar	coleccionar	collezionare	συλλέγω
6	**collègue, un,** n.	colleague	compañero	colega	collega	συνάδελφος
13	**colombages, les,** n.m.p.	half-timbering	entramado	armação de tabique	colombaio	κατασκευή με ξύλινα κάδρα
14	**colonie de vacances, une,** n.	holiday camp	colonia de vacaciones	colônia de férias	colonia	παιδική κατασκήνωση
4	**commande, une,** n.	order	encargo	pedido	ordine	παραγγελία
1	**commentaire, un,** n.	commentary	comentario	comentário	commento	σχόλιο
12	**commerçant/e, un(e),** n.	tradesman	comerciante	comerciante	negoziante	έμπορος
14	**commissariat, un,** n.	police station	comisaría	comissariado	commissariato	τμήμα
1	**Communauté Européenne, la,** n.	European Community	Comunidad Europea	Comunidade Européia	Comunità Europea	Ευρωπαϊκή κοινότητα
11	**communication, une,** n.	call	comunicación	comunicação	comunicazione	συνδιάλεξη (τηλ.)
2	**comparer,** v.	to compare	comparar	comparar	paragonare	συγκρίνω
11	**composer,** v.	to dial	marcar	fazer	comporre	συντάσσω
15	**composer de, se,** v.	to comprise	componerse de	compor-se	comporre	αποτελούμαι
13	**comprimé, un,** n.	tablet	comprimido	comprimido	pastiglia	χάπι
8	**compte, un,** n.	account	cuenta	conta	conto	λογαριασμός
16	**compte, trouver son,** loc.v.	to find something one enjoys	salir ganando	beneficiar-se	beneficiare	καταφέρνω να επωφεληθώ
16	**concert, un,** n.	concert	concierto	concerto	concerto	κονσέρτο
16	**concours, un,** n.	competition	concurso	concurso	concorso	διαγωνισμός
14	**condition, la,** n.	condition	condición	condição	condizione	συνθήκη
19	**conducteur, un,** n.	driver	conductor	condutor	automobilista	οδηγός
3	**conférence, une,** n.	lecture	conferencia	conferência	conferenza	διάλεξη
18	**confier à,** v.	to confide in	confesar	confiar	confidare a	εκμυστηρεύομαι
4	**confiture, la,** n.	jam	mermelada	geléia	marmellata	μαρμελάδα
8	**conforme,** adj.	true	conforme	conforme	conforme	πιστός, όμοιος
13	**confort, le,** n.	comfort, luxury	confort	conforto	confort	άνεση
11	**conquête, une,** n.	conquest	conquista	conquista	conquista	κατάκτηση
13	**conseiller,** v.	to recommend	aconsejar	aconselhar	consigliare	συμβουλεύω
7	**considérer,** v.	to consider	considerar	considerar	considerare	θεωρώ
19	**consigne, une,** n.	left-luggage (office)	consigna	aviso	deposito	σκευοφυλάκιο
11	**constitution, la,** n.	constitution	constitución	constituição	costituzione	σύνταγμα
15	**consulter,** v.	to consult	consultar	consultar	consultare	συμβουλεύομαι
15	**contact, le,** n.	contact	contacto	contacto	contatto	επαφή
19	**contraire,** adj.	opposite	contrario	contrário	contrario	αντίθετος
18	**convaincu/e,** adj.	convinced	convencido	convencido	convinto	πεπεισμένος
16	**convenir,** v.	to suit	convenir	convir	convenire	ταιριάζω
4	**corbeille, une,** n.	basket	cesto	corbelha	paniere	καλάθι
8	**copie, une,** n.	copy	copia	cópia	copia	αντίγραφο
7	**correspondance, la,** n.	correspondence	correspondencia	correspondência	corrispondenza	αλληλογραφία
7	**correspondre,** v.	to correspond	corresponder	corresponder-se	corrispondere	αλληλογραφώ
4	**costume, un,** n.	costume	traje	traje	costume	φορεσιά
4	**côte, une,** n.	rib, cutlet	costilla	costela	cotoletta	πλευρό
7	**côté, un,** n.	side	lado	lado	parte	πλευρά
13	**coton, le,** n.	cotton wool	algodón	algodão	cotone	βαμβάκι
5	**cou, le,** n.	neck	cuello	pescoço	collo	λαιμός

19	**couchette, une,** n.	couchette	litera	leíto	cuccetta	κουκέτα
19	**coup d'œil, un,** n.	glance	vistazo	olhada	occhiata	ματιά
15	**coup de main, un,** n.	hand, assistance	ayuda	murro	aiuto	(δίνω ένα) χεράκι
19	**couple, un,** n.	couple	pareja	casal	coppia	ζευγάρι
18	**courrier, le,** n.	mail	correo	correio	posta	τα γράμματα
1	**course, une,** n.	race	carrera	corrida	corsa	κούρσα
14	**coursier, un,** n.	messenger	recadero	mensageiro	fattorino	υπάλληλος για θελήματα
12	**couverture, une,** n.	blanket	manta	cobertor	coperta	κουβέρτα
11	**couvrir,** v.	to cloud over	cubrir	cobrir	coprire	σκεπάζω
8	**craindre,** v.	to be susceptible to	temer	temer	temere	φοβάμαι
5	**cravate, une,** n.	tie	corbata	gravata	cravatta	γραβάτα
3	**créer,** v.	to create	crear	criar	creare	δημιουργώ
4	**crème caramel, une,** n.	caramel cream	crema caramelo	creme de caramelo	creme caramel	κρεμ καραμελέ
4	**crêpe, une,** n.	pancake	crêpe	crepe	crepe	κρέπα
17	**crever,** v.	to puncture	pinchar	estourar	bucare	σκάω, τρυπώ
18	**critiquer,** v.	to criticize	criticar	criticar	criticare	κριτικάρω
19	**croisement, un,** n.	crossroads	cruce	cruzamento	incrocio	διασταύωση
4	**crudités, les,** n.f.p.	salads	verduras crudas	alimentos crus	verdure crude	ωμή σαλάτα
14	**cueillir,** v.	to pick	recoger	colher	cogliere	κόβω μαζεύω
3	**culture générale, la,** n.	general knowledge	cultura general	cultura geral	cultura generale	γενική μόρφωση
15	**curé, un,** n.	priest	cura	cura	prete	παππάς ενορίας
13	**curiosité, la,** n.	curious feature	curiosidad	curiosidade	curiosità	περιέργεια
1	**cyclisme, le,** n.	cycling	ciclismo	ciclismo	ciclismo	ποδηλασία
19	**cycliste, un(e),** n.	cyclist	ciclista	ciclista	ciclista	ποδηλάτης
12	**cyclo, un,** n.	moped	ciclomotor	motocicleta	motorini	μοτοποδήλατο

D

1	**dame, une,** n.	lady	señora	dama	signora	κυρία
6	**danger, le,** n.	danger	peligro	perigo	pericolo	κίνδυνος
6	**dangereux/se,** adj.	dangerous	peligroso	perigoso	pericoloso	επικίνδυνος
10	**danois/e,** adj.	Danish	danés	dinamarquês	danese	Δανός
7	**danse la,** n.	dancing	danza	dança	danza	χορός
8	**dater de,** v.	to date from	datar de	datar	datare	χρονολογούμαι
10	**débordé/e,** adj.	overwhelmed	desbordado	transbordado	sovraccarico	εξουθενωμένος
3	**débrouiller, se,** v.	to manage, cope	desenvolverse	arranjar-se	cavarsela	τα βολεύω
9	**début, le,** n.	beginning	principio	início	inizio	αρχή
6	**débutant(e), un(e),** n.	beginner	principiante	iniciante	debuttante	αρχάριος
7	**décider,** v.	to decide	decidir	decidir	decidere	αποφασίζω
9	**déclaration, une,** n.	declaration	declaración	declaração	dichiarazione	διακήρυξη
14	**déclaration de perte, une,** n.	reporting a loss	declaración de pérdida	declaração de perda	dichiarazione di smarrimento	δήλωση απώλειας
12	**déclarer, se,** v.	to break out	declararse	aparecer	dichiararsi	εκδηλώνομαι
7	**décréter,** v.	to decree	decidir	decretar	decretare	διατάζω
11	**décrocher,** v.	to pick up	descolgar	desligar	sollevare	σηκώνω τ'ακουστικό
11	**défaite, une,** n.	defeat	derrota	derrota	sconfitta	ήττα
3	**défense, la,** n.	protection	defensa	defesa	difesa	προστασία
15	**défilé, un,** n.	parade	desfile	desfile	sfilata	παρέλαση
15	**défiler,** v.	to march past	desfilar	desfilar	sfilare	παρελαύνω
19	**déformé(e),** adj.	uneven	desigual	deformado	deformato	παραμορφωμένος
11	**dehors,** adj.	outside	fuera	exteriormente	fuori	έξω
	dehors de, en, loc.adv.	outside	aparte de	por fora	al di fuori	εκτός
18	**délégué(e), un(e),** n.	representative	delegado	delegado	delegato	πληρεξούσιος
2	**delta, un,** n.	delta	delta	delta	delta	δέλτα
11	**démission, la,** n.	resignation	dimisión	demissão	dimissioni	παραίτηση
13	**dentifrice, le,** n.	toothpaste	dentífrico	dentifrício	dentifricio	οδοντόκρεμα
14	**dentiste, un,** n.	dentist	dentista	dentista	dentista	οδοντογιατρός
19	**dépasser,** v.	to overtake	adelantar	ultrapassar	sorpassare	υπερβαίνω
3	**dépendre de,** v.	to depend on	depender de	depender	dipendere	εξαρτώμαι
15	**déplacer,** v.	to move	trasladar	deslocar	spostare	μετακινώ
16	**dépliant, un,** n.	leaflet	folleto	folha dobrável	depliant	μπροσούρα
12	**déposer plainte,** loc.v.	to lodge a complaint	presentar una denuncia	prestar queixa	sporgere denuncia	καταθέτω παράπονο
18	**déprime, la,** n.	depression	depresión	depressão	depressione	εξασθένιση
15	**député, un,** n.	member of parliament	diputado	deputado	deputato	βουλευτής
17	**déranger,** v.	to disturb	molestar	incomodar	disturbare	ενοχλώ
15	**désigner,** v.	to appoint	nombrar	designar	designare	υποδεικνύω,ορίζω

14	**désordre, le,** n.	muddle	desorden	desordem	disordine	ακαταστασία
1	**dessin animé, un,** n.	cartoon	dibujo animado	desenho animado	cartone animato	κινούμενα σχέδια
19	**destiner à,** v.	to intend for	destinar a	destinar	destinare	προορίζω
12	**détruire,** v.	to destroy	destruir	destruir	distruggere	καταστρέφω
15	**développement, le,** n.	development	desarrollo	desenvolvimento	sviluppo	ανάπτυξη
4	**développer,** v.	to develop	desarrollar	desenvolver	sviluppare	αναπτύσσω
19	**déviation, une,** n.	diversion	desviación	desvio	deviazione	παράκαμψη
11	**devise, une,** n.	motto	lema	divisa	motto	έμβλημα
18	**dicter,** v.	to dictate	dictar	ditar	dettare	υπαγορεύω
3	**différence, la,** n.	difference	diferencia	diferença	differenza	διαφορά
3	**différent/e,** adj.	different	diferente	diferente	differente	διαφορετικός
2	**direct/e,** adj.	express, non-stop	directo	direto	diretto	ο,η κατευθείαν
1	**direct, en,** loc.adv.	live	en directo	ao vivo	in diretta	απευθείας
6	**diriger,** v.	to organize	organizar	dirigir	dirigere	διευθύνω
3	**discussion, la,** n.	discussion	discusión	discussão	discussione	συζήτηση
4	**disparu/e,** adj.	disappeared	desaparecido	desaparecido	scomparso	εξαφανισμένη
19	**disponible,** adj.	available	disponible	disponível	disponibile	διαθέσιμος
15	**distraction, une,** n.	distraction	distracción	distração	distrazione	ψυχαγωγία
1	**divers/e,** adj.	various	diverso	diversas	diverso	διάφοροι
12	**dizaine, une,** n.	dozen	unos diez	dezena	decina	δεκάδα
8	**document, un,** n.	document	documento	documento	documento	τεκμήριο
5	**doigt, un,** n.	finger	dedo	dedo	dito	δάχτυλο
4	**dolmen, un,** n.	dolmen	dolmen	dólmen	dolmen	πέτρινο μνημείο (της Βρετάνης)
6	**domaine, un,** n.	field	campo	domínio	campo	τομέας
14	**domicile, le,** n.	place of residence	domicilio	domicílio	domicilio	κατοικία
8	**dominer,** v.	to tower above	dominar	dominar	dominare	επικρατώ
19	**donnée, une,** n.	data	dato	dado	dato	δεδομένο
18	**dossier, un,** n.	file	expediente	processo	dossier	ντοσιέ
16	**doubler,** v.	to dub	doblar	traduzido	doppiare	διπλασιάζω
10	**douter,** v.	to doubt	dudar	duvidar	dubitare	αμφιβάλλω
7	**drame, un,** n.	catastrophe	drama	drama	dramma	δράμα
4	**dresser,** v.	to erect	levantar	construir	erigere	ανεγείρω
3	**droit, le,** n.	law	derecho	direito	diritto	δίκαιο
7	**duo, un,** n.	duet	duo	dupla	duo	ντουέτο
4	**dur/e,** adj.	hard	duro	duro	sodo	σφιχτός
7	**échange, un,** n.	exchange	intercambio	intercâmbio	scambio	ανταλλαγή
4	**échalote, une,** n.	shallot	chalota	« echalote »	scalogno	φυτό σαν κρεμμύδι
7	**échanger,** v.	to swap	cambiar	trocar	scambiare	ανταλάσσω
4	**échine, une,** n.	loin	lomo	suã	lombata	ράχη
3	**écologique,** adj.	ecological	ecológico	ecológico	ecologico	οικολογικός
8	**économie, l',** n.f.	economy	economía	economia	economia	οικονομία
13	**économique,** adj.	economic	económico	econômico	economico	οικονομική
13	**efficace,** adj.	efficient	eficaz	eficaz	efficiente	αποτελεσματικός
11	**égalité, l',** n.f.	equality	igualdad	igualdade	uguaglianza	ισότητα
17	**égratignure, une,** n.	scratch	arañazo	risco	graffio	γρατζούνισμα
11	**élections, les,** n.f.p.	elections	elecciones	eleições	elezioni	εκλογές
8	**électrique,** adj.	electric(al)	eléctrico	elétrico	elettrico	ηλεκτρικός
3	**électronique, l',** n.f.	electronic	electrónica	eletrônico	elettronica	ηλεκτρονική
9	**élégant/e,** adj.	elegant	elegante	elegante	elegante	κομψός
1	**élire,** v.	to elect.	elegir	eleger	eleggere	εκλέγω
15	**éloigner,** v.	to separate	alejar	distanciar	allontanare	απομακρύνω
17	**embêtant/e,** adj.	awkward	molesto	aborrecido	seccante	ενοχλητικός
18	**embouteillage, un,** n.	traffic jam	atasco	engarrafamento	ingorgo	μποτιλιάρισμα
17	**embrasser,** v.	to kiss	besar	beijar	baciare	φιλάω
11	**empereur, un,** n.	emperor	emperador	imperador	imperatore	αυτοκράτορας
11	**empire, un,** n.	empire	imperio	império	impero	αυτοκρατορία
14	**emplacement, un,** n.	place, site	sitio	lugar	posto	τοποθεσία
6	**employer,** v.	to make use of	aprovechar	aproveitar	impiegare	χρησιμοποιώ
12	**emporter,** v.	to take	llevarse	trazer	portar via	αρπάζω
19	**emprunter (un chemin),** v.	to take	tomar	tomar	prendere	παίρνω
13	**endormir, s',** v.	to go to sleep	dormirse	dormir	addormentarsi	αποκοιμιέμαι
4	**endroit, un,** n.	place	lugar	lugar	posto	μέρος,σημείο

8	**énergie, une,** n.	energy	energía	energia	energia	ενέργεια
12	**enfoncer,** v.	to smash	romper	perfurar	sfondare	διαρρηγνύω
12	**enfuir, s',** v.	to run away	huir	fugir	fuggire	το βάζω στα πόδια
9	**ennemi(e), un(e),** n.	enemy	enemigo	inimigo	nemico	εχθρός
12	**enquête, une,** n.	inquiry	investigación	investigação	inchiesta	έρευνα
3	**enseignement, l',** n.	teaching	enseñanza	ensino	insegnamento	διδασκαλία
3	**enseigner,** v.	to teach	enseñar	ensinar	insegnare	διδάσκω
4	**entrecôte, une,** n.	rib steak	entrecote	entrecosto	costata	μπριζόλα
4	**entrée, une,** n.	first course	entrada	entrada	ingresso	ορεκτικό
3	**entreprise, une,** n.	company	empresa	empresa	ditta	εταιρεία
3	**environnement, un,** n.m.	environment	medio ambiente	meio-ambiente	ambiente	περιβάλλον
7	**envoyer,** v.	to send	enviar	enviar	spedire	στέλνω
12	**épais/-se,** adj.	thick	espeso	espesso	spesso	παχύς
5	**épaule, une,** n.	shoulder	hombro	ombro	spalla	ώμος
1	**épisode, un,** n.	episode	episodio	episódio	episodio	επεισόδειο
9	**époque, une,** n.	period	época	época	epoca	εποχή
12	**époux, un,** n.	spouse, married person	esposo	esposo	sposo	σύζυγος
6	**équipe, une,** n.	team	equipo	equipe	equipe	ομάδα
13	**équiper,** v.	to equip	equipar	equipar	equipaggiare	εξοπλίζω
8	**ère, une,** n.	era	era	era	era	εποχή
12	**escalier, un,** n.	staircase	escalera	escada	scala	σκάλα
4	**escargot, un,** n.	snail	caracol	caracol	lumaca	σαλιγκάρι
5	**espadrille, une,** n.	rope-soled sandal	alpargata	alpercata	spadrillas	εσπαντρίγιες
17	**essuie-glace, un,** n.	windscreen wiper	limpiaparabrisas	limpador de pára-brisas	tergicristallo	καθαριστήρας
17	**essuyer,** v.	to wipe	limpiar	limpar	asciugare	σφουγγίζω
13	**estomac, un,** n.	stomach	estómago	estômago	stomaco	στομάχι
1	**étape, une,** n.	stage	etapa	etapa	tappa	διαδρομή
12	**éteindre,** v.	to extinguish	apagar	apagar	spegnere	σβήνω
3	**étoile, une,** n.	star	estrella	estrela	stella	αστέρι
3	**étranger/ère,** adj.	foreign	extranjero	estrangeiro	straniero	ξένος
3	**étranger, un,** n.	foreigner	extranjero	estrangeiro	straniero	αλλοδαπός
3	**étranger, l',** n.m.	abroad	extranjero	estrangeiro	estero	στο εξωτερικό
14	**être de garde,** loc.v.	to be on duty	estar de guardia	estar de plantão	essere di guardia	είμαι εφημερία
11	**étroit/e,** adj.	narrow	estrecho	estreito	stretto	στενός
2	**étudiant(e), un(e),** n.	student	estudiante	estudante	studente	φοιτητής
3	**étudier,** v.	to study	estudiar	estudar	studiare	σπουδάζω
14	**étui, un,** n.	case	estuche	estojo	astuccio	θήκη
8	**eurochèque, un,** n.	Eurocheque	eurocheque	euro-cheque	eurocheque	ταξιδιωτική επιταγή
1	**Europe, l',** n.f.	Europe	Europa	Europa	Europa	Ευρπώπη
1	**européen/ne,** adj.	European	europeo	europeu	europeo	ευρωπαϊκός
18	**évidemment,** adv.	obviously	evidentemente	evidentemente	certo	προφανώς
18	**éviter,** v.	to avoid	evitar	evitar	evitare	απαλλάσω
13	**exact/e,** adj.	exact	exacto	exacto	esatto	ακριβής
5	**exagérer,** v.	to go too far	exagerar	exagerar	esagerare	υπερβάλλω
13	**examiner,** v.	to examine	examinar	examinar	esaminare	εξετάζω
18	**exercer,** v.	to practise	ejercer	exercer	esercitare	εξασκώ
11	**exil, un,** n.	exile	exilio	exílio	esilio	εξορία
10	**expérimental/e,** adj.	experimental	experimental	experimental	sperimentale	πειραματικός
19	**explication, une,** n.	explanation	explicación	explicação	spiegazione	εξήγηση

F

19	**facilité, une,** n.	facility	facilidad	facilidade	facilitazione	ανέσεις, ευκολίες
14	**facteur, un,** n.	postman	cartero	carteiro	postino	ταχυδρόμος
5	**faible,** adj.	weak	flojo	fraco	debole	αδύνατος
18	**faire confiance à,** loc.v.	to trust	confiar	confiar	fidarsi di	εμπιστεύομαι
11	**faire la queue,** loc.v.	to queue up	hacer cola	fazer fila	fare la coda	κάνω ουρά
5	**faire la tête,** loc.v.	to sulk	estar de morros	amuar	fare il broncio	κρατάω μούτρα
14	**faire le tour,** loc.v.	to go round	dar una vuelta	andar em volta	fare il giro	κάνω τον γύρο
18	**faire le poids,** loc.v.	to be good enough	dar la talla	estar a altura	va bene	έχω κότσια
6	**fascinant/e,** adj.	fascinating	fascinante	fascinante	affascinante	γοητευτικός
19	**fauteuil roulant, un,** n.	wheelchair	sillón de ruedas	cadeira de rodas	sedia a rotelle	αναπηρικό καροτσάκι
18	**favoriser,** v.	to favour	favorecer	favorizar	favorire	ευνοώ
3	**féminin/e,** adj.	feminine	femenino	feminino	femminile	θηλυκός
4	**fenêtre, une,** n.	window	ventana	janela	finestra	παράθυρο
13	**fer, le,** n.	iron	hierro	ferro	ferro	σίδερο

6	**ferme,** adj.	firm	firme	firme	sodo	στιβαρός
15	**ferme, une,** n.	farm	granja	fazenda	fattoria	φάρμα
16	**fermeture, la,** n.	closing	cierre	fechamento	chiusura	κλείσιμο
3	**fermier, un,** n.	farmer	granjero	fazendeiro	fattore	αγρότης
4	**fêter,** v.	to celebrate	celebrar	festejar	festeggiare	γιορτάζω
12	**feu, le,** n.	fire	fuego	fogo	fuoco	φωτιά
17	**feu arrière, un,** n.	rear light	luz trasera	lanterna	fanalino	πίσω φως
15	**feu d'artifice, un,** n.	firework	fuegos artificiales	fogo de artifício	fuoco d'artificio	πυροτέχνημα
14	**fiche, une,** n.	card	ficha	ficha	formulario	δελτίο
17	**fiche, une,** n.	plug	clavija(enchufe)	pino de tomada	presa	φίς (για μπρίζα)
7	**ficher la paix,** loc.v.	to leave in peace	dejar tranquilo	deixar em paz	lasciare in pace	αφήνω ήσυχο
12	**fichu/e,** adj.	wrecked	echo polvo	estragado	andato	για πέταμα (επίθετο)
4	**fier/fière,** adj.	proud	orgulloso	orgulhoso	fiero	περήφανος
13	**fièvre, la,** n.	fever	fiebre	febre	febbre	πυρετός
12	**figure, la,** n.	face	cara	cara	viso	πρόσωπο
1	**filmer,** v.	to film	rodar	filmar	filmare	φιλμάρω
1	**finale, la,** n.	final	final	final	finale	τελικός
7	**finalement,** adv.	finally	por fin	finalmente	finalmente	τελικά
2	**flamant, un,** n.	flamingo	flamenco	flamingo	fenicottero	φλαμίνγκο
12	**flamme, une,** n.	flame	llama	flama	fiamma	φλόγα
3	**fleur, une,** n.	flower	flor	flor	fiore	λουλούδι
15	**fleurir,** v.	to decorate with flowers	adornar con flores	florir	infiorare	ανθοστολίζω
5	**flûte, la,** n.	flute	flauta	flauta	flauto	φλογέρα, φλάουτο
4	**foie gras, le,** n.	foie gras	foie gras	« foie gras »	foie gras	φουά δκρά
16	**foire à la brocante, une,** n.	jumble sale	feria de chamarileo	feira de ferro-velho	fiera delle anticaglie	αγορά όπως το Μοναστηράκι
14	**fond de, au,** loc.adv.	at the back of	al fondo de	no fundo	in fondo	στο βάθος
14	**force, la,** n.	strength	fuerza	força	forza	δύναμη
4	**forestier/ère,** adj.	forest	forestal	florestal	forestale	δασικός
4	**forêt, une,** n.	forest	bosque	floresta	foresta	δάσος
5	**formation, une,** n.	training	formación	formação	formazione	τομέας μόρφωσης
6	**forme, une,** n.	form	forma	forma	forma	φόρμα
4	**fournir,** v.	to provide	abastecer	fornecer	fornire	προμηθεύω
11	**frais/fraîche,** adj.	cool	fresco	fresco	fresco	δροσερός
18	**frais, des,** n.m.p.	expenses	gastos	despesa	spese	έξοδα
19	**franchir,** v.	to cross	pisar	ultrapassar	passare oltre	περνάω όριο
13	**frapper,** v.	to strike	llamar la atención	impressionar	colpire	εκπλήσσω
11	**fraternité, la,** n.	fraternity	fraternidad	fraternidade	fratellanza	αδελφοσύνη
17	**frein, le,** n.	brake	freno	freio	freno	φρένο
4	**frite, une,** n.	potato chip	patata frita	batata frita	patata fritta	τηγανιτή πατάτα
5	**front, le,** n.	forehead	frente	testa	fronte	μέτωπο
19	**fumeur, un,** n.	smoker	fumador	fumante	fumatore	καπνιστής
5	**futur, le,** n.	future	futuro	futuro	futuro	μέλλον
15	**gagner sa vie,** loc.v.	to earn one's living	ganarse la vida	ganhar la vida	guadagnarsi da vivere	κερδίζω τά προς το ζην
7	**gamine, une,** n.	kid	niña	garota	bambina	κοριτσάκι
11	**garantie, une,** n.	guarantee	garantía	garantia	garanzia	εγγύηση
11	**garde, la,** n.	guard	guardia	guarda	guardia	φρουρά
17	**garde-boue, un,** n.	mudguard	guardabarros	pára-lamas	parafango	προφυλακτήρας ποδ.
2	**garder,** v.	to keep	cuidar	vigiar	tenere	φυλάω
2	**gardian, un,** n.	herdsman	vaquero	guarda	guardiano	φύλακας ταύρων ή αλόγων
12	**garer,** v.	to park	aparcar	estacionar	posteggiare	παρκάρω
15	**gendarme, un,** n.	policeman	guardia civil	policia	gendarme	Χωροφύλακας
14	**gendarmerie, la,** n.	police	cuartel	Polícia	gendarmeria	Χωροφυλακή
17	**gêner,** v.	to bother	molestar	incomodar	disturbare	ενοχλώ
11	**général, un,** n.	general	general	general	generale	στρατηγός
2	**général, en,** adv.	in general	normalmente	geral	in generale	γενικά
18	**généralement,** adv.	generally	generalmente	geralmente	generalmente	γενικά
14	**genou, le,** n.	knee	rodilla	joelho	ginocchio	γόνατο
18	**gestionnaire, un,** n.	manager	gestor	administrador	gestore	διαχειριστής
5	**gilet, un,** n.	waistcoat	chaleco	colete	gilet	γιλέκο
15	**gîte, un,** n.	holiday house/flat	albergue	pousada	casa-vacanze	κατάλυμα
19	**glissant/e,** adj.	slippery	resbaladizo	deslizante	scivoloso	γλιστερός
13	**gorge, la,** n.	throat	garganta	garganta	gola	λαιμός

2	**gorges, les,** n.f.p.	gorges	gargantas	gargantas	gole	φαράγγι
3	**goût, un,** n.	taste	gusto	gosto	gusto	γούστο
13	**gothique,** adj.	Gothic	gótico	gótico	gotico	γοτθικός
17	**graissage, le,** n.	lubricating	engrase	lubrificação	ingrassare	γρασσάρισμα
9	**grandeur, la,** n.	greatness	grandeza	grandeza	grandezza	μεγαλείο
5	**gras-grasse,** adj.	greasy	graso	gorduroso	grasso	λιπαρός
4	**gratin, le,** n.	cheese-topped dish	gratén	gratinado	gratin	γκρατέν
19	**gratuit/e,** adj.	free	gratis	gratuito	gratuito	δωρεάν
13	**grille, une,** n.	railings	verja	grades	cancello	κάγκελα
4	**grillé/e,** adj.	grilled	asado	grelhado	ai ferri	ψητός
8	**grotte, une,** n.	cave	gruta	gruta	grotta	σπηλιά
13	**guérir,** v.	to cure	curar	curar	guarire	θεραπεύω
11	**guerre civile, la,** n.	civil war	guerra civil	guerra civil	guerra civile	εμφύλιος πόλεμος
11	**guerre mondiale, la,** n.	World War	guerra mundial	guerra mundial	guerra mondiale	παγκόσμιος πόλεμος
15	**gui, le,** n.	mistletoe	muérdago	visco	vischio	γκι
11	**guide, un,** n.	guide	guía	guia	guida	ξεναγός
15	**guide, un,** n.	guidebook	guía	guia	guida	οδηγός
16	**guider,** v.	to guide	guiar	guiar	guidare	ξεναγώ
17	**guidon, un,** n.	handlebars	manillar	guião	manubrio	τιμόνι
14	**haie, une,** n.	hedge	seto	cerca	siepe	φράκτης φυτών
19	**handicapé, un,** n.	disabled	minusválido	deficiente	andicappato	ανάπηρος
4	**haricots verts, les,** n.m.p.	French beans	judías verdes	vagem	fagiolini	φρέσκα φασολάκια
15	**hebdomadaire,** adj.	weekly	semanal	semanário	settimanale	εβδομαδιαίος
15	**hectare, un,** n.	hectare	hectárea	hectare	ettaro	εκτάριο
19	**heure de pointe, une,** n.	rush hour	hora punta	hora de pico	ora di punta	ώρα αιχμής
12	**heurter,** v.	to knock into	chocar	atingir	urtare	προσκρούω
18	**horaire, un,** n.	timetable	horario	horário	orario	ωράριο
18	**horrible,** adj.	horrible	horrible	horrível	orribile	τρομακτικός
12	**hors d'usage,** loc.adv.	out of order	desuso	fora de uso	fuoriuso	αχρηστευμένος
4	**hors d'œuvre, un,** n.	starter	entremés	acepipes	anti pasto	ορεκτικό
15	**hôte, un,** n.	guest	huésped	hóspede	ospite	φιλοξενών,-ούμενος
15	**hôte, chambre d', une** n.	bed and breakfast	habitación de huéspedes	quarto-de-hóspede	camera per gli ospiti	δωμάτιο ξένων
19	**hôtesse, une,** n.	receptionist	recepcionista	recepcionista	hostess	φιλοξενούσα, -ούμενη
9	**hymne national, un,** n.	national anthem	himno nacional	hino-nacional	inno nazionale	Εθνικός ύμνος
18	**idylle, une,** n.	romance	idilio	idílio	idillio	ειδύλλιο
11	**île, une,** n.	island	isla	ilha	isola	νησί
7	**importance, l',** n.f.	importance	importancia	importância	importanza	σημασία
6	**impression, avoir l',** loc.v.	to have an impression	creer	ter impressão	impressione, avere l'	εχω την εντύπωση
16	**Impressionnistes, les,** n.m.p.	Impressionists	Impresionistas	impressionistas	impressionisti	Ιμπρεσσιονιστές
6	**imprudent/e,** adj.	reckless	imprudente	imprudente	imprudente	απερίσκεπτος
12	**incendie, un,** n.	fire	incendio	incêndio	incendio	πυρκαγιά
11	**indicatif, un,** n.	dialling code	prefijo	código	prefisso	κωδικός
19	**indiquer,** v.	to show	indicar	indicar	indicare	δείχνω
2	**inférieur/e,** adj.	lower	inferior	inferior	inferiore	κατώτερος
3	**infirmier, un,** n.	male nurse	enfermero	enfermeiro	infermiere	νοσοκόμος
3	**infirmière, une,** n.	female nurse	enfermera	enfermeira	infermiera	νοσοκόμα
3	**informaticien/ne, un(e),** n.	computer operator	especialista en informática	especialista em informática	specialista in informatica	ασχολούμενος με την πληροφορική
10	**initiation, une,** n.	initiation	iniciación	iniciação	iniziazione	εισαγωγή
18	**inquiétude, une,** n.	worry	preocupación	inquietação	inquietudine	ανησυχία
13	**insecte, un,** n.	insect	insecto	insecto	insetto	έντομο
10	**inséparable,** adj.	inseparable	inestable	instável	instabile	αχώριστος
18	**instable,** adj.	unstable	inseparable	inseparável	inseparabile	ασταθής
13	**intellectuel/le,** adj.	intellectual	intelectual	intelectual	intellettuale	πολιτιστικός
19	**interdiction, une,** n.	prohibition	prohibición	interdição	divieto	απαδορεύση
18	**interdire,** v.	to forbid	prohibir	interditar	vietare	απαγορεύω
7	**intérêt, un,** n.	interest	interés	interesse	interesse	ενδιαφέρον
15	**interne, un,** n.	boarder	interno	interno	interno	εσωτερικός
10	**interprète, un,** n.	interpreter	intérprete	intérprete	interprete	διερμηνέας
1	**interview, une,** n.	interview	entrevista	entrevista	intervista	συνέντευξη
6	**interviewer,** v.	to interview	entrevistar	entrevistar	intervistare	παίρνω συνέντευξη
10	**italien/ne,** adj.	Italian	italiano	italiano	italiano	ιταλός
19	**itinéraire, un,** n.	route	itinerario	itinerário	itinerario	δρομολόγιο

19	**itinéraire bis, un,** n.	secondary route	vía secundaria	itinerário alternativo	itinerario alternativo	δευτερεύον δρομολόγιο
5	**jaloux,** adj.	jealous	celoso	invejoso	geloso	ζηλιάρης
5	**jambe, une,** n.	leg	pierna	perna	gamba	γάμπα
16	**jazz, le,** n.	jazz	jazz	« jazz »	jazz	τζάζ
1	**job, un,** n.	job	trabajo	trabalho	lavoro	δουλειά
6	**joindre,** v.	to join, combine	unir	juntar	unire	συνδυάζω
12	**jouet, un,** n.	toy	juguete	brinquedo	giocattolo	παιχνίδι
1	**joueur, un,** n.	player	jugador	jogador	giocatore	παίκτης
7	**judo, le,** n.	judo	judo	judô	judo	τζούντο
15	**juif, un,** n.	Jew	judío	judeu	ebreo	Εβραίος
18	**juste,** adv.	just	solamente	apenas	solo	μόνο
8	**lac, un,** n.	lake	lago	lago	lago	λίμνη
5	**laid/e,** adj.	ugly	feo	feio	brutto	άσχημος
4	**laisser (+ infinitif),** v.	to let	dejar	deixar	lasciare	αφήνω να
14	**lampe, la,** n.	torch	linterna	lanterna	lampada	λάμπα
10	**langue, la,** n.	tongue	lengua	lingua	lingua	γλώσσα
2	**langue, une,** n.	language	lengua	lingua (uma)	lingua	γλώσσα
10	**latin/e,** adj.	Latin	latino	latino	latino	λατινικός
14	**laveur, un,** n.	cleaner	lavacoches	lavador	addetto al lavaggio	πλύστης
6	**lecteur, un,** n.	reader	lector	leitor	lettore	αναγνώστης
5	**lecture, la,** n.	reading	lectura	leitura	lettura	ανάγνωσμα
4	**légende, une,** n.	legend	leyenda	lenda	leggenda	μυθοπλασία
14	**lentilles, les,** n.f.p.	lentil	lentejas	lentilhas	lenticchie	φακές
6	**lent/e,** adj.	slow	lento	lento	lento	αργός
6	**lentement,** adv.	slowly	lentamente	lentamante	lentamente	αργά
4	**liberté, la,** n.	liberty	libertad	liberdade	libertá	ελευθερία
14	**libre-service, un,** n.	self-service	libre-servicio	auto-serviço	self service	σελφ σέρβις
5	**lieu, le,** n.	place	lugar	local	luogo	τόπος
19	**ligne continue, une,** n.	unbroken line	línea continua	linha contínua	striscia continua	συνεχόμενη γραμμή
14	**lilas, le,** n.	lilac	lila	lilás	lillá	πασχαλιά
19	**limiter,** v.	to limit	limitar	limitar	limitare	περιορίζω
10	**linguistique,** adj.	linguistic	lingüístico	linguístico	linguistica	γλωσσολογικός
2	**littérature, la,** n.	literature	literatura	literatura	letteratura	φιλολογία
16	**local/e,** adj.	local	local	local	locale	τοπικός
7	**loi, la,** n.	law	ley	lei	legge	νόμος
5	**loisirs, les,** n.m.p.	leisure activities	distracciones	lazer	hobby	χόμπυ
13	**Lorraine, la,** n.	Lorraine	Lorena	Lorena	Lorena	Λωρραίνη
5	**lourd/e,** adj.	heavy	pesado	pesado	pesante	βαρύς
16	**lumière, la,** n.	light	luz	luz	luce	φως
5	**lunettes, les,** n.f.p.	glasses	gafas	óculos	occhiali	γυαλιά
10	**mâchoire, la,** n.	jaw	mandíbula	maxila	mascella	μασέλα
5	**magazine, un,** n.	magazine	revista	revista	rivista	περιοδικό
1	**magnétoscope, un,** n.	video-tape recorder	vídeo	vídeo-cassete	video registratore	συσκευή μαγνητοσκόπησης
5	**maître d'école, un,** n.	schoolmaster	profesor de colegio	professor	maestro	δάσκαλος
13	**majestueux/majestueuse,** adj.	magnificent	majestuoso	majestoso	maestoso	μεγαλοπρεπής
15	**majorité, la,** n.	majority	mayoría	maioria	maggioranza	πλειοψηφία
3	**mal,** adv.	badly	mal	mal	male	άσχημα
2	**maladie, une,** n.	illness	enfermedad	doença	malattia	αρρώστεια
3	**malheur, un,** n.	misfortune	desgracia	infelicidade	disgrazia	δυστυχία
5	**malheureusement,** adv.	unfortunately	desgraciadamente	infelizmente	sfortunatamente	δυστυχώς
11	**Manche, la,** n.	English Channel	Mancha, canal de la	Mancha	Manica	Μάδχη
16	**manifestation, une,** n.	demonstration	manifestación	manifestação	manifestazione	εκδήλωση
16	**manquer de, ne pas,** loc.v.	not to fail to	dejar de	faltar	dimenticare, non	μην παραλείψεις να
13	**maquisard, un,** n.	member of the Resistance	resistente	maqui	partigiano	αντάρτης
15	**Marché Commun, le,** n.	Common Market	Mercado Común	Mercado Comum	Mercato Comune	Κοινή Αγορά
13	**marcher,** v.	to walk	andar	andar	camminare	περπατώ
4	**marinier/-ère,** adj.	(mussels) cooked in white wine	a la marinera	marinho	marinara, alla	κρασάτος
1	**marquer (un but),** v.	to score (a goal)	marcar (un gol)	marcar (um gol)	segnare (un goal)	πετυχαίνω (γκολ)
8	**Massif Central, le,** n.	Massif Central	Macizo Central	Maciço Central	Massiccio Centrale	Κεντρική Οροσειρά
12	**matériel, le,** n.	equipment	material	material	materiale	εργαλεία
5	**maternelle, la,** n.	infant school	párvulos	maternal	materna	νηπιαγωγείο

12	**maternité, la,** n.	maternity hospital	maternidad	maternidade	maternitá	μαιευτήριο
4	**mayonnaise, la,** n.	mayonnaise	mayonesa	maionese	maionese	μαγιονέζα
5	**méchant/e,** adj.	nasty	malo	mau	cattivo	κακεντρεχής
3	**médecin, un,** n.	doctor	médico	médico	medico	γιατρός
11	**médecine, la,** n.	medicine	medicina	medicina	medicina	ιατρική
3	**médical/e,** adj.	medical	médico	médico	medico	ιατρικός
13	**médicament, un,** n.	drug	medicina	medicamento	medicina	φάρμακο
12	**Méditerranée, la,** n.	Mediterranean	Mediterráneo, el	Mediterrâneo	Mediterraneo	Μεσόγειος
16	**méfier de, se,** v.	to be careful about	no fiarse de	desconfiar	diffidare	δυσπιστώ,αποφεύγω
15	**membre, un,** n.	member	miembro	membro	membro	μέλος
8	**menacer,** v.	to threaten	amenazar	ameaçar	minacciare	απειλώ
14	**ménage, faire le,** loc.v.	to clean up	poner orden	limpar	mettere in ordine,	σιγυρίζω
18	**mener,** v.	to carry out	llevar a cabo	conduzir	condurre	άγω, ακολούθώ
4	**menhir, un,** n.	standing stone	menhir	menir	menhir	μενίρ
15	**mensuel/le,** adj.	monthly	mensual	mensal	mensile	μηνιαίο περιοδικό
4	**menu, le,** n.	menu	menú	ementa	menú	μενού
3	**métal, le,** n.	metal	metal	metal	metallo	μέταλλο
3	**métier, un,** n.	profession	profesión	ofício	mestiere, lavoro	επάγγελμα
15	**mettre à disposition,** loc.v.	to put at someone's disposal	poner a disposición	colocar à disposição	mettere a disposizione	θέτω στη διάθεση
16	**mettre au courant,** loc.v.	to inform	poner al corriente	colocar ao corrente	mettere al corrente	ενημερώνω
1	**metteur en scène, un,** n.	director	director	diretor	regista	σκηνοθέτης
9	**meuble, un,** n.	piece of furniture	mueble	móvel	mobile	έπιπλο
4	**miel, le,** n.	honey	miel	mel	miele	μέλι
5	**mince,** adj.	slim	delgado	esbelta	snello	λεπτός
3	**mine, la,** n.	mine	mina	mina	miniera	ανθρακωρυχείο
19	**minimal/e,** adj.	minimal	mínimo	mínimo	minimo	ελάχιστος
5	**ministre, un,** n.	minister	ministro	ministro	ministro	υπουργός
15	**minorité, la,** n.	minority	minoría	minoria	minoranza	μειοψηφία
2	**mistral, le,** n.	mistral	mistral	Mistral	mistrale	μιστράλης (άνεμος)
5	**moche,** adj.	ugly	feo	feio	brutto	άσχημος
2	**mode, la,** n.	fashion	moda	moda	moda	μόδα
13	**modeste,** adj.	simple	modesto	modesto	modesto	απλός,ταπεινός
15	**moisson, la,** n.	harvest	cosecha	messe	mietitura	θερισμός
4	**moitié, une,** n.	half	mitad	metade	metá	μισό
11	**monarchie, la,** n.	monarchy	monarquía	monarquia	monarchia	μοναρχία
6	**moniteur, un,** n.	supervisor	monitor	monitor	istruttore	γυμναστής
11	**montant, le,** n.	amount	importe	montante	ammontare, l'	ποσό
14	**monter,** v.	to put up	montar	montar	montare	μοντάρω
15	**monument aux morts, le,** n.	war memorial	monumento a los caidos	monumento aos mortos	monumento ai defunti	μνημείο πεσόντων
18	**motivé/e,** adj.	motivated	motivado	motivado	motivato	δραστήριος
1	**moto, une,** n.	motorbike	moto	motocicleta	moto	μοτοσυκλέτα
13	**mouche, une,** n.	fly	mosca	mosca	mosca	μύγα
4	**moule, une,** n.	mussel	mejillón	mexilhão	cozza	μύδι
4	**mousse au chocolat, une,** n.	chocolat mousse	mousse de chocolate	musse de chocolate	mousse au chocolat	μους σοκολάτα
13	**moustique, un,** n.	mosquito	mosquito	mosquito	zanzara	κουνούπι
6	**mouvement, un,** n.	movement	movimiento	movimento	movimento	κίνηση
2	**moyen/ne,** adj.	average	medio	médio	medio	μέσος
8	**mur, un,** n.	wall	pared	parede	muro	τοίχωμα
6	**muscle, un,** n.	muscle	músculo	músculo	muscolo	μυς
15	**musulman, un,** n.	Muslim	musulmán	muçulmano	mussulmano	μουσουλμάνος
4	**mystérieux/se,** adj.	mysterious	misterioso	misterioso	misterioso	μυστήριος

N

6	**nageur, un,** n.	(male) swimmer	nadador	nadador	nuotatore	κολυμβητής
6	**nageuse, une,** n.	(female) swimmer	nadadora	nadadora	nuotatrice	κολυμβήτρια
6	**natation, la,** n.	swimming	natación	natação	nuoto	κολύμβηση
4	**national/e,** adj.	national	nacional	nacional	nazionale	εθνικός
8	**nationale, une (route),** n.	main road	nacional	nacional, uma estrada	statale	εθνική οδός
5	**nationalité, la,** n.	nationality	nacionalidad	nacionalidade	nazionalitá	εθνικότητα
17	**naturel/le,** adj.	natural	natural	natural	naturale	φυσικός
6	**naviguer,** v.	to sail	navegar	navegar	navigare	πλέω
18	**nettement,** adv.	clearly	claramente	claramente	decisamente	ξεκάθαρα
5	**nez, le,** n.	nose	nariz	nariz	naso	μύτη
5	**nom de famille, le,** n.	surname	apellido	apelido	cognome	επώνυμο

2	**nombreux/-se,** adj.	numerous	numerosos	numeroso	numeroso	πολυάριθμοι
15	**nommer,** v.	to appoint	nombrar	nomear	nominare	αναγορεύω
17	**noter,** v.	to note down	anotar	anotar	prendere appunti	σημειώνω
18	**note de frais, une,** n.	note of expenses	nota de gastos	recibo	nota delle spese	λογαριασμός εξόδων
4	**nourrir,** v.	to feed	nutrir	alimentar	nutrire	τρέφω
11	**nuage, un,** n.	cloud	nube	nuvem	nuvola	σύννεφο
11	**nuageux/-se,** adj.	cloudy	nuboso	nebuloso	nuvoloso	συννεφιασμένος
18	**nul/le,** adj.	useless	nulo	nulo	nullo	άχρηστος

O

10	**obligatoire,** adj.	compulsory	obligatorio	obrigatório	obbligatorio	υποχρεωτικός
10	**obligatoirement,** adv.	necessarily	obligatoriamente	obrigatoriamente	obbligatoriamente	υποχρεωτικά
4	**observation, l',** n.f.	observation	observación	observação	osservazione	παρατήρηση
11	**occupation, l',** n.f.	occupation	ocupación	ocupação	occupazione	κατοχή
8	**océan, un,** n.	ocean	océano	oceano	oceano	ωκεανός
16	**office du tourisme, un,** n.	tourist bureau	oficina de turismo	Ofício de Turismo	ufficio del turismo	οργανισμός τουρισμού
3	**officiel/le,** adj.	official	oficial	oficial	ufficiale	επίσημός
1	**officier, un,** n.	officer	oficial	oficial	ufficiale	αξιωματικος
3	**offrir,** v.	to offer	brindar	oferecer	offrire	προσφέρω
4	**oignon, un,** n.	onion	cebolla	cebola	cipolla	κρεμμύδι
3	**oiseau, un,** n.	bird	pájaro	pássaro	uccello	πουλί
14	**ombre, l',** n.f.	shade	sombra	sombra	ombra	σκιά
11	**orage, un,** n.	storm	tormenta	tempestade	temporale	θύελλα
1	**orchestre, un,** n.	orchestra	orquesta	orquestra	orchestra	ορχήστρα
13	**ordonnance, une,** n.	prescription	receta	receita médica	ricetta medica	συνταγή γιατρού
3	**organisation, une,** n.	organization	organización	organização	organizzazione	οργάνωση
18	**organiser, s',** v.	to organize	organizarse	organizar-se	organizzarsi	οργανυνομαι
11	**oriental/e,** adj.	Western	oriental	oriental	orientale	ανατολιτικός
3	**orientation professionnelle, l',** n.f.	careers advising	orientación profesional	orientação profissional	orientamento professionale	επαγγελματικός προσανατολισμός
11	**ouvrier/ère,** adj.	worker	obrero	trabalhador	operaio	εργατικός
5	**ovale,** adj.	oval	oval	oval	ovale	οβάλ

P

11	**page, une,** n.	page	página	página	pagina	σελίδα
11	**pair, au,** n.	au pair	au pair	« au pair »	alla pari	οικότροφος με αντάλλαγμα εργασία
7	**paix, la,** n.	peace	paz	paz	pace	ειρήνη
13	**pansement, un,** n.	bandage	tirita	penso	cerotto	επίδεσμος
2	**pape, le,** n.	Pope	papa	papa	papa	πάπας
13	**paradis, le,** n.	paradise	paraiso	paraíso	paradiso	παράδεισος
7	**paraître,** v.	to seem	parecer	parecer	sembrare	φαίνομαι
17	**pare-brise, un,** n.	windscreen	parabrisas	pára-brisa	parabrezza	παρμπρίζ
8	**parfait/e,** adj.	perfect	perfecto	perfeito	perfetto	τέλειος
2	**parfois,** adv.	at times	a veces	às vezes	a volte	μερικές φορές
1	**parisien/ne,** adj.	Parisian	parisino	parisiense	parigino	παριζιάνος
10	**parlement, le,** n.	parliament	parlamento	parlamento	parlamento	βουλή
15	**parlementaire,** adj.	parliamentary	parlamentario	parlamentar	parlamentare	βουλευτικός
6	**partager,** v.	to share	repartir	dividir	dividere	μοιράζω,-ομαι
4	**part, une,** n.	part	parte	parte	parte	μέρίδα
19	**particulier/ère,** adj.	special	privado	particular	speciale	ειδικός
19	**passage protégé, un,** n.	priority over secondary road	paso protegido	faixa de segurança	passagglo	δικαίωμα διάβασης
5	**passeport, un,** n.	passport	pasaporte	passaporte	passaporto	διαβατήριο
10	**passionné/e,** adj.	fascinated	apasionado	apaixonado	appassionato	παθιασμένος
18	**passionner,** v.	to fascinate	apasionar	apaixonar	appassionare	ενδιαφέρω πολύ
13	**pastille, une,** n.	pastille	pastilla	pastilha	pastiglia	παστίλλια
14	**patinoire, une,** n.	skating rink	pista de patinaje	pista de patinação	pista di pattinaggio	παγοδρόμειο
5	**patrie, la,** n.	native land	patria	pátria	patria	πατρίδα
14	**patron, un,** n.	boss	jefe	chefe	capo	αφεντικό
2	**patronne, une,** n.	patron saint	patrona	padroeira	patrona	πολιούχος
8	**paysage, un,** n.	landscape	paisaje	paisagem	paesaggio	τοπίο
19	**péage, un,** n.	tollgate	peaje	pedágio	casello	διόδια
3	**pêche, la,** n.	fishing	pesca	pesca	pesca	ψάρεμα
4	**pêcheur, un,** n.	fisherman	pescador	pescador	pescatore	ψαράς
17	**pédale, une,** n.	pedal	pedal	pedal	pedale	πετάλι
2	**pèlerinage, un,** n.	pilgrimage	peregrinación	peregrinação	pellegrinaggio	προσκύνημα

12	**perce-neige, un,** n.	snowdrop	narciso de las nieves	campainhas-brancas	bucaneve	λευκάνθος
3	**perdre,** v.	to lose	perder	perder	perdere	χάνω
6	**permettre de,** v.	to permit	autorizar	permitir	permettere	επιτρέπω
15	**permettre de,** v.	to enable	permitir	permitir	permettere	δίνω τη δυνατότητα
19	**permis de conduire, le,** n.	driving licence	carnet de conducir	carteira de motorista	patente	άδεια οδήγησης
15	**permission, la,** n.	permission	permiso	permissão	permesso	άδεια
18	**personnel, le,** n.	employees	plantilla	pessoal	personale	προσωπικό
14	**perte, une,** n.	loss	pérdida	perda	perdita	απώλεια
11	**pessimiste,** adj.	pessimistic	pesimista	pessimista	pessimista	απαισιόδοξος
16	**pétanque, la,** n.	petanque (bowls)	petanca	« pétanque »	pétanque	παιχνίδι με μπίλλιες
4	**peuple, le,** n.	people	pueblo	povo	popolo	λαός
17	**phare, un,** n.	headlight	faro	farol	faro	φάρος
10	**phonétique, la,** n.	phonetics	fonética	fonética	fonetica	φωνητική
14	**pièce d'identité, une,** n.	identity paper	documento de identidad	documento de identidade	documento d'identitá	δελτίο ταυτότητας
16	**pièce (de théâtre), une,** n.	play	obra (de teatro)	peça	spettacolo	(θεατρικό) έργο
4	**pierre, une,** n.	stone	piedra	pedra	pietra	πέτρα
17	**pile, une,** n.	battery	pila	pilha	pila	μπαταρία
13	**pipe, une,** n.	pipe	pipa	cachimbo	pipa	πίπα
13	**piquer,** v.	to sting	picar	picar	pungere	τσιμπάω
19	**piste cyclable, la,** n.	cycle track	carril para bicis	pista para bicicletas	pista ciclabile	λωρίδα για ποδήλατα
12	**place, sur,** loc.adv.	there, on the spot	al lugar	no próprio local	posto	επί τόπου
14	**placer,** v.	to place	colocar	colocar	mettere	τοποθετώ
7	**plaindre, se,** v.	to complain	quejarse	queixar	lamentarsi	παραπονιέμαι
12	**plainte, une,** n.	complaint	denuncia	queixa	denuncia	παράπονο
18	**plan de carrière, un,** n.	career plan	programa profesional	plano de carreira	piano di carriera	σχέδιο καριέρας
6	**planche à voile, une,** n.	sail board	tabla	prancha a vela	tavola a vela	ουιντσέρφ
4	**plat, un,** n.	dish	plato	prato	piatto	πιάτο
6	**plein air, en,** loc.adv.	in the open air	al aire libre	ao ar livre	esterno	υπαίθρια
12	**pleurer,** v.	to cry	llorar	chorar	piangere	κλαίω
6	**plongée, la,** n.	diving	submarinismo	mergulho	immersione	κατάδυση
11	**pluie, la,** n.	rain	lluvia	chuva	pioggia	βροχή
5	**poésie, la,** n.	poetry	poesía	poesia	poesia	ποίηση
5	**poids-lourd, un,** n.	heavy goods vehicle	camión de carga pesado	carga-pesada	camion	βαρύ όχημα
10	**point commun, un,** n.	thing in common	punto en común	ponto em comum	punto comune	κοινό σημείο
14	**point d'eau, un,** n.	water tap	fuente	ponto de água	fontana	πηγή
13	**pôle, un,** n.	centre	polo	pólo	polo	πόλος
14	**police, la,** n.	police	policía	polícia	polizia	αστυνομία
1	**pollution, la,** n.	pollution	contaminación	poluição	inquinamento	μόλυνση
10	**polyglotte,** adj.	polyglot	políglota	poliglota	poliglotta	πολύγλωσσος
4	**pomme-vapeur, une,** n.	boiled potato	patatas al vapor	batata cozida	patata bollita	βραστή πατάτα
17	**pompe, une,** n.	pump	bomba	bomba-de-ar	pompa	τρόμπα
12	**pompiers, les,** n.m.p.	firemen	bomberos	bombeiros	pompieri	πυροσβέστες
4	**populaire,** adj.	popular	popular	popular	popolare	λαϊκή
4	**population, la,** n.	population	población	população	popolazione	πληθυσμός
4	**porc, le,** n.	pig	cerdo	porco	maiale	γουρούνι
17	**porte-bagages, un,** n.	luggage rack	portaequipaje	porta-embrulho	porta bagagli	πόρτπαγκάζ
5	**portefeuille, un,** n.	wallet	cartera	carteira	portafogli	πορτοφόλι
3	**possibilité, la,** n.	possibility	posibilidad	possibilidade	possibilitá	πιθανότητα
11	**postchèque, un,** n.	Girocheque	cheque postal	cheque-postal	vaglia postale	ταχυδρομική επιταγή
3	**poste, un,** n.	position	puesto	posto	posto	θέση
12	**poste (de radio), un,** n.	radio set	aparato de radio	aparelho	radio	δέκτης
19	**poubelle, une,** n.	dustbin	papelera	lixeira	pattumiera	σκουπιδοντενεκές
9	**pouvoir, le,** n.	power	poder	poder	potere	εξουσία
15	**pratiquant/e,** adj.	practising	practicante	praticante	praticante	εξασκών
6	**pratiquer,** v.	to practise	practicar	praticar	praticare	εξασκώ
16	**précis/e,** adj.	precise	preciso	preciso	preciso	σαφής
5	**préféré/e,** adj.	favourite	preferido	preferido	preferito	ο πιο αγαπημένος
8	**préhistoire, la,** n.	prehistory	prehistoria	pré-história	preistoria	προϊστορία
8	**préhistorique,** adj.	prehistoric	prehistórico	pré-histórico	preistorico	προϊστορικός
15	**premier ministre, le,** n.	Prime Minister	primer ministro	primeiro-ministro	primo ministro	πρωθυπουργός
15	**prendre part à,** loc.v.	to take part in	participar en	participar	prender parte a	παίρνω μέρος
18	**prendre pour, se,** loc.v.	to think oneself to be	creerse alguien	tomar-se	credersi	περνιέμαι για
12	**prénommé/e,** adj.	named	llamado	chamado	chiamarsi	ονομάζω

13	**prescrire,** v.	to prescribe	recetar	prescrever	prescrivere	ορίζω
5	**présenter,** v.	to introduce	presentar	apresentar	presentare	παρουσιάζω, συστήνω
5	**président, le,** n.	president	presidente	presidente	presidente	πρόεδρος
15	**présidentielles, les élections,** n.f.p.	presidential elections	elecciones presidenciales	presidenciais	elezioni presidenziali	προεδρικές εκλογές
15	**presse, la,** n.	press	prensa	imprensa	stampa	τύπος
14	**presser,** v.	to be urgent	correr prisa, urgir	apressar	urgere	βιάζομαι
12	**prévenir,** v.	to call, inform	avisar	prevenir	avvertire	προειδοποιώ
1	**principal/e,** adj.	main	principal	principal	principale	σπουδαιότερος
15	**principe, un,** n.	principle	principio	príncipe	in linea di massima	ο κανόνας
19	**priorité, la,** n.	right of way	preferencia	prioridade	prioritá	προτεραιότητα
11	**prise, une,** n.	taking, capture	toma	tomada	presa	κατάληψη
17	**prise, une,** n.	socket	toma (enchufe)	tomada	presa	μπρίζα
9	**prison, une,** n.	prison	prisión	prisão	prigione	φυλακή
2	**privilégié/e,** adj.	privileged	privilegiado	privilegiado	privilegio	προνομιούχος
6	**probablement,** adv.	probably	probablemente	provavelmente	probabilmente	πιθανώς
19	**proche,** adj.	close	cerca	próximo	vicino	κοντινός
2	**produire,** v.	to produce	producir	produzir	produrre	παράγω
3	**profession, une,** n.	profession	profesión	profissão	professione	επάγγελμα
2	**profond/e,** adj.	deep	profundo	profundo	profondo	βαθύς
10	**progrès, le,** n.	progress	progreso	progresso	progresso	πρόοδος
1	**projet, un,** n.	project	proyecto	projeto	progetto	σχέδιο
18	**promotion, une,** n.	promotion	ascenso	promoção	promozione	προαγωγή
12	**prompt/e,** adj.	rapid	rápido	pronto	veloce	ταχύς,άμεσος
12	**propriétaire, un,** n.	owner	dueño	proprietário	proprietário	ιδιοκτήτης
3	**protéger,** v.	to protect	proteger	proteger	proteggere	προστατεύω
15	**protestant, un,** n.	Protestant	protestante	protestante	protestante	προτεστάντης
11	**Prusse, la,** n.	Prussia	Prusia	Prússia	Prussia	Προύσσα
19	**punir,** v.	to punish	castigar	punir	punire	τιμωρώ
6	**pur/e,** adj.	pure	puro	puro	puro	καθαρός
11	**Pyrénées, les,** n.f.p.	Pyrenees	Pirineos, los	Pireneus	Pirenei	Πυρηναία

Q

5	**quai, un,** n.	quay	muelle	cais	lungofiume	προκυμαία
12	**quarantaine, la,** n.	about forty	unos cuarenta	quarentena	quarantina	σαρανταριά
4	**quart, un,** n.	quarter	cuarto	um quarto	quarto	τέταρτο
12	**quête, une,** n.	collection	colecta	coleta	colletta	έρανος
11	**queue, la,** n.	queue	cola	fila	coda	ουρά
15	**quotidien, un,** n.	daily newspaper	diario	diário	quotidiano	εφημερίδα

R

11	**raccrocher,** v.	to hang up	colgar	desligar	riattaccare	κατεβάζω το ακουστικό
19	**rail, le,** n.	rail	ferrocarril	calha	rotaia	ράγα
2	**raison, la,** n.	reason	razón	razão	ragione	λόγος
19	**ralentir,** v.	to slow down	aminorar	desacelerar	rallentare	επιβραδύνω
15	**ramassage scolaire, le,** n.	school bus service	recogida escolar	transporte escolar	servizio trasporto scolastico	μεταφορά μαθητών στο σχολείο με πούλμαν
1	**rappeler,** v.	to mention	recordar	recordar	ricordare	θυμίζω
17	**raser, se,** v.	to shave	afeitarse	barbear-se	radersi	ξυρίζομαι
17	**rasoir, un,** n.	razor	maquinilla de afeitar	barbeador	rasoio	ξυραφάκι
18	**rater,** v.	to miss	dejar escapar	perder	perdere	χάνω, αποτυγχάνω
18	**réaliser, se,** v.	to become a reality	realizarse	realizar-se	realizzare	πραγματοποιούμαι
13	**réception, la,** n.	reception	recepción	recepção	accoglienza	υπόδοχή
14	**récolte, la,** n.	harvesting	cosecha	colheita	raccolta	σοδειά, δουλίτσα
19	**recommander,** v.	to recommend	recomendar	recomendar	raccomandare	συστήνω
17	**récompense, une,** n.	reward	recompensa	recompensa	ricompensa	ανταπόδοση
12	**reconstruire,** v.	to rebuild	reconstruir	reconstruir	ricostruire	ανακατασκευάζω
19	**record, un,** n.	record	récord	êxito desportivo	record	ρεκόρ
19	**réduit/e,** adj.	reduced	bajo	reduzido	ridotto	μειωμένος
9	**refléter, se,** v.	to be reflected	reflejar	refletir	riflettere	αντικατοπτρίζομαι
5	**refuser,** v.	to refuse	rechazar	recusar	rifiutare	αρνούμαι
5	**regard, le,** n.	look	mirada	olhar	sguardo	βλέμμα
15	**régional/e,** adj.	regional	regional	regional	regionale	τοπικός
7	**régler,** v.	to settle	solucionar	resolver	regolare, risolvere	διευθετώ
15	**régulièrement,** adv.	regularly	regularmente	regularmente	regolarmente	συστηματικά
14	**relâche,** n.	no performance	descanso	folga	riposo	διακοπή

10	**relations internationales, les,** n.f.p.	international relations	relaciones internacionales	relações internacionais	relazioni internazionali	διεθνείς σχέσεις
2	**religion, la,** n.	religion	religión	religião	religione	θρησκεία
13	**remarquer,** v.	to notice	ver	observar	notare	επισημαινω
17	**remercier,** v.	to thank	dar las gracias	agradecer	ringraziare	ευχαριστώ
13	**rembourser,** v.	to reimburse	reembolsar	reembolsar	rimborsare	πληρώνω οφειλή
12	**remettre en état,** loc.v.	to refurbish	revisar	consertar	rimettere in sesto	επαναφέρω στην αρχ κατάσταση
2	**rempart, un,** n.	battlements	muralla	muralha	mura	οχύρωμα
17	**remplacer,** v.	to replace	cambiar	substituir	sostituire	αντικαθιστώ
11	**remplir,** v.	to write out	rellenar	preencher	riempire	συμπληρώνω
9	**Renaissance, la,** n.	Renaissance	Renacimiento	Renascimento	Rinascimento	Αναγέννηση
1	**rencontre, une,** n.	meeting	encuentro	peleja	incontro	συνάντηση
5	**rencontrer, se,** v.	to meet	encontrarse	encontrar-se	incontrarsi	συναντιέμαι
12	**rendre, se,** v.	to go	acudir	encontrar-se	andare	καταφθάνω
13	**rendre compte de, se,** v.	to realize	darse cuenta	dar-se conta	rendersi conto	συνειδητοποιώ
19	**rénover,** v.	to renovate	renovar	renovar	rinnovare	ανακαινίζω
8	**renseigner,** v.	to inform	informar	informar	informare	πληροφορώ
13	**renseigner, se,** v.	to inquire	informarse	informar-se	informarsi	πληροφορούμαι
17	**réparer,** v.	to mend	arreglar	reparar	riparare	επισκευάζω
17	**repasser,** v.	to come back	volver a pasar	retornar	ripassare	ξαναπερνάω
9	**replacer,** v.	to put back	colocar de nuevo	recolocar	risistemare	ξαναβάζω
15	**repos, le,** n.	rest	descanso	repouso	riposo	ανάπαυση
2	**reposer,** v.	to rest	reposar	repousar	riposare	βρίσκομαι,κείμαι
1	**reposer, se,** v.	to take a rest	descansar	repousar	riposarsi	ξεκουράζομαι
1	**reprendre,** v.	to return	volver a coger	retomar	riprendere	επανακτώ
16	**représentation, une,** n.	performance	representación	representação	rappresentazione	παράσταση
15	**représenter,** v.	to represent	representar	representar	rappresentare	αντιπροσωπεύω
11	**reprise, une,** n.	recapture	recuperación	retomada	ripresa	ανάκτηση
5	**république, la,** n.	republic	república	república	repubblica	δημοκρατία
18	**réputation, la,** n.	reputation	reputación	reputação	reputazione	υπόληψη
19	**réservation, une,** n.	reservation	reserva	reserva	prenotazione	κράτηση
2	**réserve zoologique, une,** n.	animal reserve	reserva zoológica	reserva zoológica	riserva zoologica	φυσικό πάρκο προστασ ζώων
11	**Résistance, la,** n.	Resistance	Resistancia, la	Resistência	Resistenza	Αντίσταση
18	**respecter,** v.	to respect	respetar	respeitar	rispettare	σέβομαι
6	**respirer,** v.	to breathe	respirar	respirar	respirare	αναπνέω
1	**ressembler à,** v.	to look like	parecerse a	parecer	rassomigliare	μοιάζω με
11	**Restauration, la,** n.	Restoration	Restauración	Restauração	Restaurazione	τα εστιατόρια
1	**résumé, un,** n.	summary	resumen	resumo	riassunto	περίληψη
12	**rétablissement, le,** n.	recovery	restablecimiento	restabelecimento	guarigione	ανάρρωση
7	**réunion, une,** n.	gathering	reunión	reunião	riunione	συνάθροιση
3	**réussir à,** v.	to pass	aprobar	ter êxito	riuscire, passare	επιτυγχάνω σε
13	**réveiller, se,** v.	to wake up	despertarse	despertar	svegliarsi	ξυπνάω
15	**réveillonner,** v.	to celebrate (Christmas)	cenar (en Nochevieja)	festejar	festeggiare (Natale)	κάνω ρεβεγιόν
17	**révision, une,** n.	service	revisión	revisão	revisione	επιθεώρηση
11	**révolte, une,** n.	revolt	revuelta	revolta	rivolta	επανάσταοη
12	**rez-de-chaussée, le,** n.	ground floor	planta baja	rés-do-chão	pianterreno	ισόγειο
10	**ridicule,** adj.	ridiculous	ridículo	ridículo	ridicolo	γελοίος
1	**rire,** v.	to laugh	reir	rir	ridere	γελώ
4	**riz, le,** n.	rice	arroz	arroz	riso	ρύζι
8	**roche, une,** n.	rock	roca	rocha	roccia	πέτρα
8	**rocher, un,** n.	rock	peña	rochedo	roccia	βράχος
1	**roman, un,** n.	novel	novela	romance	romanzo	μυθιστόρημα
13	**rond/e,** adj.	round	redondo	redondo	tondo	στρογγυλός
2	**rose,** adj.	pink	rosa	rosa	rosa	ροζ
5	**rose, une,** n.	rose	rosa	rosa	rosa	τριαντάφυλλο
17	**roue, une,** n.	wheel	rueda	roda	ruota	ρόδα
2	**roulette, une,** n.	roulette	ruleta	roleta	roulette	ρουλέττα
19	**routier/routière,** adj.	road	de carretera	relativo á estrada	stradale	οδικός
5	**roux/rousse,** adj.	red-haired	pelirrojo	ruivo	rosso	κοκκινομάλλης

14	**sac, un,** n.	bag	bolso	bolsa	borsa	τσάντα
11	**sacrer,** v.	to crown	coronar	sacrar	consacrare	χειροτονώ
16	**sacro-saint,** adj.	sacrosanct	sagrado	sacro-santo	sacrosanto	αδιος αγίων (ειρ.)
6	**sage,** adj.	wise	prudente	sagaz	prudente	συνετός
2	**sainte, une,** n.	saint	santa	santa	santa	αγία
12	**saisir,** v.	to take hold of	coger	agarrar	afferrare	αρπάζω
4	**salade, une,** n.	salad	lechuga	salada	insalata	σαλάτα
14	**salaire, un,** n.	salary	sueldo	salário	stipendio	μισθός
6	**salé/e,** adj.	salt	salado	salgado	salato	αλμυρός
6	**santé, la,** n.	health	salud	saúde	salute	υγεία
16	**satisfaire,** v.	to satisfy	satisfacer	satisfazer	soddisfare	ικανοποιώ
4	**sauce, une,** n.	sauce	salsa	molho	salsa	σάλτσα
12	**sauver,** v.	to rescue	salvar	salvar	salvare	σώνω
13	**Savoie, la,** n.	Savoy	Saboya	Savóia	Savoia	Σαβουά
16	**séance, une,** n.	performance	sesión	sessão	spettacolo	παράσταση
10	**secret, un,** n.	secret	secreto	segredo	segreto	μυστικό
3	**secteur, un,** n.	sector	sector	sector	settore	τομέας
19	**sécurité, la,** n.	safety	seguridad	segurança	sicurezza	ασφάλεια
9	**seigneur, un,** n.	lord	señor	senhor	signore	φεουδάρχης
2	**séjour, un,** n.	stay	estancia	estadia	soggiorno	διαμονή
17	**selle, une,** n.	saddle	sillín	selim	sellino	σέλλα
15	**Sénat, le,** n.	senate	Senado, el	Senado	Senato	Γερουσία
15	**sénateur, un,** n.	senator	senador	senador	senatore	γερουσιαστής
19	**sens, le,** n.	direction	dirección	sentido	senso	διευθυνση
4	**sens, le,** n.	sense	sentido	sentido	senso	αίσθηση
19	**serrer (à droite),** v.	to keep (to the right)	pegarse (a la derecha)	estreitar	stringere	παίρνω τη δεξιά
2	**servante, une,** n.	servant	sirvienta	criada	serva	υπηρετρια
14	**serveuse, une,** n.	waitress	camarera	servente	cameriera	γκαρσόνα
4	**service compris**	service charge included	servicio incluido	serviço incluso	servizio compreso	μετά φιλοδωρήματος
14	**service, un,** n.	service	servicio	serviço	servizio	υπηρεσιία
14	**servir de, se,** v.	to use	utilizar	usar	servirsi	χρησιμοποιώ
1	**seulement,** adv.	only	solamente	somente	solo	μονάχα
19	**sévère,** adj.	stern	severo	severo	severo	αυστηρός
12	**sexe, le,** n.	sex	sexo	sexo	sesso	φύλλο
13	**shampooing, un,** n.	shampoo	champú	« shampoo »	shampoo	σαμπουάν
2	**show-biz, le,** n.	show business	mundo del espectáculo	« show-biz »	show-biz	σόου μπίζνες
5	**signalement, un,** n.	description	descripción	descrição	connotati	περιγραφή χαρακτηριρτικών
19	**signe, un,** n.	symbol	señal	sinal	segno	σήμα
14	**silence, le,** n.	silence	silencio	silêncio	silenzio	ησυχία
8	**site, un,** n.	site	lugar	sítio	luogo	τοποθεσία
2	**snobisme, le,** n.	snobbery	esnobismo	snobismo	snobbismo	σνομπισμός
3	**social/e,** adj.	social	social	social	sociale	κοινωνικός
11	**socialiste,** adj.	socialist	socialista	socialista	socialista	σοσιαλιστικός
3	**société, la,** n.	society	sociedad	sociedade	societá	κοινωνία
18	**société, une,** n.	business	sociedad	sociedade	societá	εταιρεία
15	**soigné/e,** adj.	well-done	esmerado	cuidadoso	curato	προσεγμένος
2	**soigner,** v.	to treat	cuidar	cuidar	curare	φροντιζω
9	**soldat, un,** n.	soldier	soldado	soldado	soldato	στρατίώτης
4	**sole, une,** n.	sole	lenguado	linguado	sogliola	γλώσσα (ψάρι)
10	**solution, une,** n.	solution	solución	solução	soluzione	λύση
5	**sombre,** adj.	dark	sombrío	sombrio	scuro	σκοτεινός
12	**somme, une,** n.	sum	suma	soma	somma	ποσό
13	**sommet, le,** n.	summit	cima	cúpula	cima	κορυφή
16	**son, le,** n.	sound	sonido	som	suono	ήχος
16	**son et lumière, le,** n.	son et lumière display	sonido y luz	som e luz	suoni e luci	ηχος και φως
3	**sondage, un,** n.	opinion poll	sondeo	sondagem	sondaggio	βολιδοσκόπηση
17	**sonnette, une,** n.	bell	timbre	campainha	campanello	κουδούνι
4	**sorbet, un,** n.	sorbet	sorbete	sorvete	sorbetto	γρανίτα
16	**sortie, une,** n.	evening out	salida	saída	uscita	έξοδος
2	**souffler,** v.	to blow	soplar	soprar	soffiare	φυσσάω
13	**souffrir,** v.	to suffer	sufrir	sofrer	soffrire	υποφέρω
8	**source, une,** n.	spring	fuente	fonte	sorgente	πηγή

16	**sous-titrer,** v.	to subtitle	subtitular	colocar legenda	mettere isottotitoli	βάζω υπότιτλους
3	**spécialisation, une,** n.	specialization	especialización	especialização	specializzazione	ειδικότητα
16	**spécialiser,** v.	to specialize	especializar	especializado	specializzare	ειδικεύω
3	**spécialiste, un,** n.	specialist	especialista	especialista	specialista	ειδικός
4	**spécialité, une,** n.	speciality	especialidad	especialidade	specialitá	σπεσιαλιτέ
16	**spectacle, un,** n.	display	espectáculo	espetáculo	spettacolo	θέαμα
13	**sport d'hiver, le,** n.	winter sport	deporte de invierno	esporte de inverno	sport invernale	χειμερινό σπόρ
18	**stabiliser, se,** v.	to settle down	estabilizarse.	estabilizar-se	sistemarsi	σταθεροποιούμαι
6	**stage, un,** n.	training period	período de prácticas	estágio	corso	προεξάσκηση
14	**station de vacances, une,** n.	resort	estación de vacaciones	estância	stazione turistica	κέντρο διακοπών
19	**station-service, une,** n.	service station	gasolinera	posto-de-gasolina	stazione di servizio	μεγάλο βενζινάδικο
4	**steak, un,** n.	steak	filete	bife	bistecca	μπιφτέκι
18	**stimuler,** v.	to stimulate	estimular	estimular	stimolare	παρακινώ
18	**strict/e,** adj.	strict	estricto	rigoroso	severo	αυστηρός
13	**successivement,** adv.	successively	sucesivamente	sucessivamente	successivamente	διαδοχικά
16	**suffire,** v.	to be sufficient	bastar	bastar	bastare	αρκώ
2	**supérieur/e,** adj.	upper, superior	superior	superior	superiore	ανώτερος
18	**surmener, se,** v.	to overwork	trabajar en exceso	fatigar-se	lavorare troppo	εξουθενώνω
18	**surveiller,** v.	to monitor	vigilar	vigiar	sorvegliare	επιβλέπω
10	**sympathiser,** v.	to get on well	simpatizar	simpatizar	simpatizzare	αλληλοσυμπαθιέμαι
18	**syndicaliste, un(e),** n.	trade unionist	sindicalista	sindicalista	sindacalista	συνδικαλιστής
14	**Syndicat d'Initiative, le,** n.	tourist information bureau	Oficina de Turismo	Escritório de turismo	Ufficio del Turismo	τοπικός οργανισμός τουρισμού

T

19	**tableau, un,** n.	board	cuadro	quadro	quadro	πίνακας
5	**taille, la,** n.	height	altura	tamanho	taglia	ύψος
19	**tarif, un,** n.	price	tarifa	tarifa	tariffa	τιμή
4	**tartare,** adj.	tartare (sauce)	tártaro	tártaro	tartaro	ταρτάρ (ωμό, μευαγό)
4	**tarte, une,** n.	tart	tarta	torta	torta	πίττα
2	**taureau, un,** n.	bull	toro	touro	toro	ταύρος
2	**taxi, un,** n.	taxi	taxi	táxi	taxi	ταξί
11	**télécarte, une,** n.	phonecard	tarjeta telefónica	carta de telefone	carta telefonica	κάρτα τηλεφώνου
12	**téléviseur, un,** n.	television set	televisor	televisor	televisore	τηλεοπτικός δέκτης
14	**temps en temps, de,** loc.adv.	from time to time	de vez en cuando	de vez em quando	ogni tanto	πότε, πότε
4	**tenir à,** v.	to be attached to	apreciar	apegar-se	tenerci	κρατάω
18	**tenir le coup,** loc.v.	to keep going	aguantar	aguentar	resistere	αντέχω το χτύπημα
11	**tentative, une,** n.	attempt	tentativa	tentativa	tentativo	απόπειρα
13	**terminer,** v.	to finish	terminar	terminar	finire	τελειώνω
9	**terrasse, une,** n.	terrace roof	terraza	terraço	terrazza	ταράτσα
4	**terrine, une,** n.	pâté	terrina	terrina	terrine	πηχτή κρέμα
19	**test, un,** n.	test	test	teste	test	τέστ
3	**textile, le,** n.	textile industry	textil	têxtil	tessile	ύφασμα
19	**TGV (train à grande vitesse), le,** n.	TGV (high-speed train)	TGV (tren de gran velocidad)	TGV	T.G.V. (treno grande velocitá)	τραίνο μεγάλης ταχύτ
15	**tiers, un,** n.	third	tercio	um terço	terzo	τρίτο
5	**timide,** adj.	shy	tímido	tímido	timido	συνεσταλμένος
12	**tirer,** v.	to shoot	tirar	atirar	sparare	πυροβολώ
15	**tombe, une,** n.	grave	tumba	tumba	tomba	τάφος
11	**tonalité, une,** n.	tone	señal de llamada	tonalidade	tonalitá	τηλεφωνικό σήμα
8	**tort, à**	incorrectly	sin razón	erroneamente	torto	άδικα
15	**total/e,** adj.	total	total	total	totale	συνολικός
16	**tour de chant, un,** n.	singing tour	actuación	excursão	tournée	ρεσιτάλ
2	**touristique,** adj.	tourist	turístico	turístico	turistico	τουριστικός
4	**tournedos, un,** n.	tournedos	tournedos	fatia de lombo de vaca	tournedos	βοδινό φιλέτο
1	**tourner,** v.	to film	rodar	virar	girare	γυρίζω
3	**tourner vers, se,** v.	to turn to	ser partidario	voltar-se	rivolgersi	στρέφομαι προς
19	**tournoi, un,** n.	tournament	torneo	torneio	torneo	τουρνουά
13	**tousser,** v.	to cough	toser	tossir	tossire	ξεροβήχω
17	**tout à coup,** loc.adv.	suddenly	de repente	subitamente	di colpo	ξαφνικά
3	**tout à fait,** loc.adv.	completely	completamente	completamente	proprio cosí	εντελώς
13	**toux, la,** n.	cough	tos	tosse	tosse	βήχας
4	**traditionnel/le,** adj.	traditional	tradicional	tradicional	tradizionale	παραδοσιακός
11	**tranquille,** adj.	quiet	tranquilo	tranquilo	tranquillo	ήσυχος
3	**transmettre,** v.	to transmit	transmitir	transmitir	trasmettere	μεταδίδω

14	**transpirer,** v.	to sweat	sudar	transpirar	sudare	ιδρώνω
12	**transporter,** v.	to transport	trasladar	transportar	trasportare	μεταφέρω
15	**travailleur,** n.	hard-working	trabajador	trabalhador	lavoratore	εργατικός
1	**traverser,** v.	to cross	atravesar	atravessar	attraversare	διασχίζω
8	**traverser,** v.	to cross	atravesar	atravessar	attraversare	διασχίζω
14	**tremper,** v.	to soak	mojar	ensopar	bagnare	μουσκεύω
12	**trentaine, une,** n.	about thirty	unos treinta	trintena	trentina	τριανταριά
16	**trésor, un,** n.	treasure	tesoro	tesouro	tesoro	θησαυρός
3	**tricoter,** v.	to knit	hacer punto	tricotar	lavorare ai ferri	πλέκω
12	**troisième âge, le,** n.	senior citizens	tercera edad	terceira-idade	terza etá	οι ηλικιωμένοι
8	**tromper, se,** v.	to make a mistake	equivocarse	enganar-se	sbagliarsi	σφάλλω
11	**trône, un,** n.	throne	trono	trono	trono	θρόνος
14	**trou, un,** n.	hole	agujero	buraco	buco	τρύπα
7	**troupe, une,** n.	band	grupo	grupo	truppa	ομάδα
14	**trousseau de clés, un,** n.	bunch of keys	manojo de llaves	molho de chaves	mazzo di chiavi	μάτσο με κλειδιάη
16	**trouver son compte,** loc.v.	to find something one likes	salir ganando	beneficiar-se	trovare il proprio interesse	καταφέρνω να επωφεληθώ
19	**truc, un,** n.	thing, something	algo		'cosa	κάτι, πράγμα
8	**truffe, une,** n.	truffle	trufa	trufa	tartufo	τρούφα
8	**truffé/e,** adj.	garnished with truffles	trufado	trufado	con tartufi	με τρούφα
4	**truite, une,** n.	trout	trucha	truta	trota	πέστροφα
13	**tube, un,** n.	tube	tubo	tubo	tubo	σωληνάριο
1	**type, un,** n.	chap, man	tipo	tipo	tipo	τύπος

U

19	**urgence, une,** n.	emergency	urgencia	urgência	urgenza	το κατεπείγον
12	**usage, un,** n.	use	uso	uso	uso	χρήση
6	**utile,** adj.	useful	útil	útil	utile	χρήσιμος
19	**utiliser,** v.	to use	utilizar	utilizar	utilizzare	χρησιμοποιώ

V

19	**valable,** adj.	valid	válido	válido	valido	ισχύων
4	**vapeur, la,** n.	steam	vapor	vapor	vapore	ατμός
11	**variable,** adj.	unsettled	variable	variável	variabile	άστατος
8	**varié/e,** adj.	varied	variado	variado	vario	ποικιλόμορφος
16	**variétés, les,** n.f.p.	varieties	variedades	variedade	varietá	επιθεώρηση
4	**végétarien/ne,** adj.	vegetarian	vegetariano	vegetariano	vegetariano	χορτοφάγος
13	**ventre, le,** n.	stomach	barriga	ventre	ventre	κοιλιά
12	**venue au monde, la,** n.	coming into the world	nacer	nascimento	nascita	γέννηση
19	**verglas, le,** n.	black ice	hielo	geada	ghiaccio	πάγος στο έδαφος
16	**version, une,** n.	version	versión	versão	versione	εκτέλεση
16	**version originale, la,** n.	original version	versión original	versão original	versione originale	πρωτότυπη εκτέλεση
3	**vétérinaire, un,** n.	vet	veterinario	veterinário	veterinario	κτηνίατρος
17	**vidange, une,** n.	oil change	cambio de aceite	troca de óleo	cambio dell'olio	αλλαγή λαδιών
5	**vide,** adj.	empty	vacío	vazio	vuoto	κενός
1	**vidéo, la,** n.	video	vídeo	vídeo	video	βίντεο
19	**virage, un,** n.	bend	curba	curva	curva	στροφή
5	**visage, le,** n.	face	cara	rosto	viso	πρόσωπο
6	**visite médicale, une,** n.	medical examination	visita médica	consulta	visita medica	ιατρική επίσκεψη
11	**visiteur, un,** n.	visitor	visitante	visitante	visitatore	επισκέπτης
12	**vitrine, une,** n.	shop window	escaparate	vitrina	vetrina	βιτρίνα
19	**voie, une,** n.	lane	carril	via	via	λωρίδα
6	**voile, la,** n.	sailing	vela	vela	vela	ιστιοπλοΐα
12	**voisin/e, un(e),** n.	neighbour	vecino	vizinho	vicino	γειτονας,-ισσα
12	**vol, un,** n.	theft	robo	roubo	furto	κλοπή
19	**volant, un,** n.	steering wheel	volante	volante	volante	τιμόνι
3	**voler,** v.	to fly	volar	voar	volare	πετάω
12	**voler,** v.	to steal	robar	roubar	rubare	κλέβω
12	**voleur, un,** n.	thief	ladrón	ladrão	ladro	κλέφτης
6	**volley, le,** n.	volleyball	balónvolea	voleibol	palla a volo	βόλλευ
13	**Vosges, les,** n.f.p.	Vosges	Vosgos, los	Vosges	Vosai	Βόδηδες
15	**vote, le droit de,** n.	right to vote	derecho al voto	voto, direito de	voto, il diritto di	δικαίωμα ψήφου
15	**voter,** v.	to vote	votar	votár	votáre	ψηφίζω
2	**vrai/e,** adj.	true	verdadero	verdadeiro	vero	αληθινός

Z

19	**zone, une,** n.	zone	zona	zona	zona	ζώνη

Table des matières

Imprimé en France par I.M.E. - 25-Baume-les-Dames
Dépôt légal 1546-11/1992 - Collection n° 34 - Edition n° 03 15/4811/4